国家自然科学基金项目成果·管理科学文库

Research on Supply Chain and Closed-loop Supply Chain
Decision-making Considering Fairness Concern, Carbon
Emission Reduction and Corporate Social Responsibility

考虑公平关切、碳减排及企业社会责任的供应链及闭环供应链决策研究

孙嘉轶　姚锋敏　著

中国财经出版传媒集团
经济科学出版社
Economic Science Press

图书在版编目（CIP）数据

考虑公平关切、碳减排及企业社会责任的供应链及闭
环供应链决策研究/孙嘉轶，姚锋敏著．－－北京：经
济科学出版社，2022.10
（管理科学文库）
国家自然科学基金项目成果
ISBN 978 – 7 – 5218 – 4150 – 3

Ⅰ.①考… Ⅱ.①孙…②姚… Ⅲ.①循环经济 – 供
应链管理 – 研究 Ⅳ.①F252.1

中国版本图书馆 CIP 数据核字（2022）第 194802 号

责任编辑：崔新艳
责任校对：王京宁
责任印制：范 艳

考虑公平关切、碳减排及企业社会责任的供应链
及闭环供应链决策研究
孙嘉轶 姚锋敏 著
经济科学出版社出版、发行 新华书店经销
社址：北京市海淀区阜成路甲 28 号 邮编：100142
经管中心电话：010 – 88191335 发行部电话：010 – 88191522
网址：www. esp. com. cn
电子邮箱：expcxy@ 126. com
天猫网店：经济科学出版社旗舰店
网址：http://jjkxcbs. tmall. com
北京季蜂印刷有限公司印装
710 × 1000 16 开 12 印张 210000 字
2022 年 11 月第 1 版 2022 年 11 月第 1 次印刷
ISBN 978 – 7 – 5218 – 4150 – 3 定价：66.00 元
（图书出现印装问题，本社负责调换。电话：010 – 88191510）
（版权所有 侵权必究 打击盗版 举报热线：010 – 88191661
QQ：2242791300 营销中心电话：010 – 88191537
电子邮箱：dbts@ esp. com. cn）

国家自然科学基金项目成果·管理科学文库
出版说明

经济科学出版社自 1983 年建社以来一直重视集纳国内外优秀学术成果予以出版。诞生于改革开放发轫时期的经济科学出版社，天然地与改革开放脉搏相通，天然地具有密切关注经济、管理领域前沿成果、倾心展示学界翘楚深刻思想的基因。

改革开放 40 年来，我国不仅在经济建设领域取得了举世瞩目的成就，而且在科研领域也有了长足发展。国家社会科学基金和国家自然科学基金的资助无疑在各学科的基础研究与纵深研究方面发挥了重要作用。

为体系化地展示国家社会科学基金项目取得的成果，在 2018 年改革开放 40 周年之际，我们推出了"国家社科基金项目成果经管文库"，已经并将继续组织相关成果纳入，希望各成果相得益彰，既服务于学科成果的积累传承，又服务于研究者的研读查考。

国家自然科学基金在聚焦基础研究的同时，重视学科的交叉融通，强化知识与应用的融合，"管理科学部"的成果亦体现了相应特点。从 2019 年开始，我们推出"国家自然科学基金项目成果·管理科学文库"，一来向躬耕于管理科学及相关交叉学科的专家致敬，二来完成我们"尽可能全面展示我国管理学前沿成果"的夙愿。

本文库中的图书将陆续与读者见面，欢迎国家自然科学基金管理科学部的项目成果在此文库中呈现，亦仰赖学界前辈、专家学者大力推荐，并敬请给予我们批评、建议，帮助我们出好这套文库。

经济科学出版社经管编辑中心

2019 年 9 月

　　本书受到国家自然科学基金项目"低碳经济背景下闭环供应链定价决策与协调机制研究"（71701056）、黑龙江省自然科学基金项目"基于区块链技术的制造企业减排与融资策略研究"（LH2022G010）、中央支持地方高校改革发展资金人才培养项目"基于绿色设计的再制造闭环供应链生产决策与优化研究"（2021）、黑龙江省哲学社会科学研究规划项目"基于区块链的黑龙江省制造业低碳供应链运作策略研究"（22GLB108）的资助。

前言

PREFACE

随着经济全球化的发展，市场竞争日益激烈，企业面临着产品生命周期及交货期缩短、产品种类繁多等挑战，传统的"一体化"模式已不能满足经济快速发展的需要，如何最大限度地减少激烈的市场竞争带来的原料供应及市场需求等的不确定，如何快速准确地对市场做出反应，如何有效配置优化资源、降低成本、提高生产效率以及如何满足用户的个性化需求成为困扰企业的重要问题。为此，许多企业开始将主要精力放在企业的关键业务上，同时与其他企业建立战略合作关系，将非关键业务外包，以此在市场竞争中获得优势。国际上著名的企业，如惠普、丰田等在供应链管理的实践中都取得了巨大的成功，使人们愈加坚信供应链是适应当代经济发展的有效途径。随着经济的快速发展及人们对资源的不断消耗，产生了大量的废旧产品，如何对各种废旧产品进行回收利用进而实现节能减排具有重要的现实意义。闭环供应链管理能有效实现废旧产品的回收及再利用，目前已成为国内外相关领域的热点研究问题之一。

传统经济学中假设决策者是完全理性的，并认为决策者以利益最大化作为其决策准则。然而以诺贝尔经济学奖获得者卡尼曼和特沃斯基（Kahneman and Tversky，1979）为代表的一批行为科学家通过大量的实证研究，揭示出人们在现实问题中往往对公平表现出极大关注，即公平关切，从而开创了决策科学的一个全新研究领域。

与此同时，近年来，美团、飞猪等在线平台相继被曝光大数据杀熟等问题，引发消费者不满。2020 年，文化和旅游部正式施行《在线旅游经营服务管理暂行规定》，严禁在线旅游平台设置不公平交易条件。可见，消费者对低碳环保的关注越来越多地影响企业的决策，甚至引发社会的共同关注。在此背景下，本书第一篇"考虑公平关切的供应链及闭环供应链决策研究"以考虑公平关切的供应链及闭环供应链为研究对象，探讨不同主体的公平关切行为对系统决策的影响，并提出协调策略，进一步关注消费者公平关切及消费者偏好对闭环供应链决策的影响。

全球气候环境问题日益严重，受到国际社会的广泛关注，多国政府相继制定碳排放相关政策，以期实现减排目标。2016 年，国务院颁布《"十三五"节能减排综合工作方案》，提出发展循环经济体系，完善节能减排市场化机制的目标。2017 年我国正式启动全国碳排放权交易市场。2020 年，在第 75 届联合国大会期间，中国提出了要在 2030 年达到碳排放量峰值，2060 年前实现碳中和的目标，彰显了我国走绿色低碳发展道路的坚定决心。同时，消费者低碳环保意识逐年增强，《2019 中国可持续消费报告》表明，超过七成的消费者愿意为可持续产品支付更高的价格，产品的低碳环保属性可以有效提高消费者的支付意愿。京东大数据研究院发布的《2019 绿色消费趋势发展报告》显示，"绿色消费"商品种类超过 1 亿种，其销量增速超出京东全站 18%。在此背景下，本书第二篇"考虑碳减排的闭环供应链决策研究"以制造商碳减排的闭环供应链为研究对象，考虑消费者低碳偏好对低碳闭环供应链决策的影响，比较政府补贴及股权合作两种机制的协调效果，分析渠道权力结构对系统股权合作策略的影响。

近年来，越来越多的企业在追求获利的同时也开始积极履行企业义务、承担企业社会责任。企业社会责任（corporate social responsibility，CSR）要求企业不能把追求经济利益作为唯一目标，还强调在生产过程中对其利益相关者、消费者、环境及社会的贡献。废旧产品的回收及再制造不仅可以减少环境污染、节约资源、降低成本，也成为企业履行社会责任的一项重要发展战略。很多知名企业如惠普、IBM、海尔等通过实施闭环供应链管理在取得巨大收益的同时也履行了企业的社会责任。在此背景下，本书第三篇"考虑企业社会责任的闭环供应链决策研究"以考虑 CSR 的闭环供应链为研究对象，分析不同主体实施 CSR、不同权力结构下闭环供应链的决策，并分别考虑销售努力行为及专利保护与 CSR 行为的交互影响，并提出相应的协调机制。

综上所述，本书共分为三篇十章，每章的具体研究内容如下。

第 1 章在公平关切下，决策者愿意放弃部分利润而追求公平性，从而形成公平效用。据此，针对由一个制造商和一个主导零售商构成的供应链系统，分析了当零售商公平关切时，传统批发价格契约下制造商和公平关切零售商的最优决策以及供应链系统的协调等问题。研究表明零售商主导的供应链系统中，无论零售商是否公平关切，批发价格契约均不能协调供应链系统；同时，发现零售商的最优销售价以及最大效用值在一定条件下与其公平关切系数有关。最后，给出了零售商公平关切下，协调供应链系统的收益共享契约和数量折扣契约，并且表明两种契约的协调条件均仅与零售商的渠道能力有关，而与其公平关切系数无关。

第 2 章研究公平关切行为偏好对闭环供应链定价策略的影响，构建了相应的决策模型，并探讨制造商与零售商同时公平关切下的废旧产品最优回收问题。研究发现，制造商的公平关切行为对提高新产品的批发价格及零售价格是有利的，对提高废旧产品回收率及新产品需求量是不利的；制造商公平关切程度的增强对自身利润及效用最大化是有利的，但对主导零售商及系统整体利润最大化是不利的；当制造商与零售商同时公平关切时，二者公平关切程度的增强对提高废旧产品回收率及新产品需求量均是不利的。

第 3 章基于消费者偏好及消费者公平关切，建立单渠道及双渠道闭环供应链决策模型，针对不同情形下的均衡结果进行比较分析，并讨论了消费者对再制品的接受程度以及公平关切程度对成员决策及利润的影响。研究结果表明，无论单渠道还是双渠道，消费者公平关切总是使得产品的零售价格降低，零售商的利润减小，且随着公平关切系数的增加，零售价格及零售商利润递减，可知消费者公平关切行为对消费者有利，对零售商不利；消费者对再制品接受程度的提高，使得产品的零售价格提高，废旧产品的回收率及市场需求增加，有利于循环经济的发展；无论消费者公平中性还是公平关切，双渠道下新品的价格更高，市场需求降低，消费者对再制品的接受程度及对不公平交易的厌恶程度影响企业的利润，在一定条件下，闭环供应链中存在"搭便车"现象，制造商的渠道策略取决于消费者偏好及公平关切程度。

第4章研究考虑消费者低碳偏好的闭环供应链回收、碳减排与专利授权决策问题。利用 Stackelberg 博弈理论，分别构建了制造商回收再制造、零售商回收再制造支付固定专利费、零售商回收再制造支付单位专利费的闭环供应链模型，分析了低碳消费者比例、普通消费者对再制品的接受程度及碳权交易价格，对企业回收、碳减排及定价决策的影响，并比较了三种模式下闭环供应链成员及整体的利润。研究表明随着市场中低碳消费者比例及普通消费者对再制品接受程度的提高，总会使得回收率及碳减排率增加；碳权交易价格的提高，也会促使制造商提高碳减排率；对于制造商来说，零售商回收再制造且支付固定专利费用时，制造商的利润总是最优的。从自身利润最优的角度出发，作为领导者的制造商将总是选择零售商回收再制造且支付固定专利费用模式。

第5章针对低碳产品生产高投入和零售商"搭便车"的问题构建集中式、分散式、政府补贴低碳产品及零售商持股制造商碳减排投资的四种闭环供应链决策模型，通过比较不同情形下的最优决策及成员利润，分析政府补贴及股权合作两种机制的协调效果。研究表明，两种协调机制均能消除零售商"搭便车"的现象；当政府单位碳补贴小于一定阈值时，低碳闭环供应链内部股权合作机制更优，且当零售商持股比例满足一定条件时，碳减排率、回收率和市场需求达到集中式水平，闭环供应链实现部分协调；当政府单位碳补贴满足一定条件时，低碳闭环供应链外部政府补贴机制更优，且当政府单位碳补贴达到一定阈值时，能够实现闭环供应链的完美协调。

第 6 章为了研究股权合作和不同权力结构下闭环供应链的减排与定价决策，分别构建了集中式决策、分散式决策下 Stackelberg 博弈及 Nash 非合作博弈模型，对比分析不同权力结构下企业的最优决策及利润，探讨零售商持股制造商减排投资对低碳闭环供应链的协调效果。结果表明，股权合作可以提高制造商减排积极性，且随着持股比例的提高闭环供应链中主导企业的利润总是增加的，而跟随企业的利润则不总是增加的；分散式决策下，废旧产品回收率、产品碳减排率及市场需求的大小需视零售商持股比例和消费者碳减排敏感度而定；当零售商持股比例满足一定条件时，不同权力结构下企业最优决策均可达到集中式水平，但企业利润均不能达到集中式水平，低碳闭环供应链实现部分协调。

第 7 章研究具有企业社会责任的闭环供应链销售努力与定价决策问题，在零售商和制造商分别负责销售努力的情形下，探讨了 CSR 行为对闭环供应链定价策略的影响。研究表明无论哪一方负责销售努力，制造商的 CSR 行为有利于提高社会福利，增加零售商、第三方及系统整体的利润。当制造商承担较少 CSR 时，制造商的纯利润大于零售商，反之零售商的利润更大，且第三方利润总是最小。当制造商承担 CSR 时，由零售商负责销售努力时的社会福利、闭环供应链成员及整体的利润更大。当零售商负责销售努力时，由零售商承担 CSR 时的废旧产品回收率、第三方及系统整体的利润更大。

第 8 章研究了不同权力结构下具有企业社会责任的闭环供应链定价决策问题。探讨了 Stackelberg 博弈及 Nash 均衡下各成员企业的 CSR 最优分摊机制及定价策略，分析了成员企业的 CSR 行为对新产品定价及废旧产品回收的影响。研究表明无论在何种权力结构下，闭环供应链成员企业的 CSR 行为都有利于降低新产品零售价格、扩大新产品市场需求以及提高废旧产品回收率。通过对三种权力结构下最优结果的比较发现,在零售商主导权力结构下废旧产品的回收效果最好,而在 Nash 均衡下新产品零售价格最低并且市场需求量最高;零售商或制造商在追求社会福利最大化时获取的总效益均在自身主导的权力结构下最大。

第 9 章研究政府补贴下考虑企业社会责任的闭环供应链定价决策问题,在制造商和零售商分别承担 CSR 的情形下,探讨了政府补贴机制及 CSR 行为对闭环供应链定价策略的影响。研究表明,在政府补贴机制下,无论制造商还是零售商承担 CSR,其承担 CSR 程度的增强会导致新产品需求量增加、废旧产品回收率提高。承担 CSR 的一方通过牺牲部分纯利润的方式实现了社会福利、其他成员企业及闭环供应链整体利润的增加。不同 CSR 分担模式下,政府对制造商和零售商补贴差额的大小是决定新产品定价及废旧产品回收率的重要影响因素。政府补贴机制不仅可以鼓励企业积极承担 CSR,也有利于改善闭环供应链成员企业及整体的绩效。

第 10 章在制造商和零售商同时进行 CSR 投入下,研究制造商许可第三方回收及再制造的闭环供应链定价决策及协调问题。利用博弈理论讨论了分散与集中情况下闭环供应链节点企业的最优决策,分析了制造商和零售商的 CSR 投入对闭环供应链成员及整体绩效的影响。研究表明,随着制造商和零售商 CSR 投入的增加,新产品的批发价格、零售价格及专利保护费都会随之增加,制造商、零售商及系统整体的利润也会随之增大。针对分散式决策存在"双重边际"的问题,以集中决策的最优解为基准,设计了"收益共享成本共担"契约,该契约不仅可以实现闭环供应链系统协调,还能促使制造商和零售商提高 CSR 投入水平。

本书由哈尔滨理工大学经济与管理学院孙嘉轶和姚锋敏共同撰写,其中,第 3 章至第 6 章由孙嘉轶撰写,第 1 章、第 2 章、第 7 章和第 8 章由姚锋敏撰写,第 9 章和第 10 章由孙嘉轶和姚锋敏共同撰写,其中,孙嘉轶撰写约 11 万字,姚锋敏撰写约 10 万字。

　　本书的研究得到国家自然科学基金青年项目"低碳经济背景下闭环供应链定价决策与协调机制研究"（项目编号：71701056）、黑龙江省自然科学基金项目"基于区块链技术的制造企业减排与融资策略研究"（项目编号：LH2022G010）等项目的资助和支持。

　　但因作者水平有限，书中的疏漏之处在所难免，敬请读者批评指正。

作　者

2022 年 7 月

目录

contents

第一篇 考虑公平关切的供应链及闭环供应链决策研究

第二篇　考虑碳减排的闭环供应链决策研究

第一篇 考虑公平关切的供应链及闭环供应链决策研究

第 1 章   公平关切下零售商主导的
供应链决策及协调模型

1.1   问 题 提 出

传统经济学中假设决策者是完全理性的，并认为决策者以利益最大化作为其决策准则。然而以诺贝尔经济学奖获得者卡尼曼和特沃斯基（1979）为代表的一批行为科学家通过大量的实证研究，揭示出人们在现实问题中往往对公平表现出极大关注，即公平关切，从而开创了决策科学的一个全新研究领域。

目前，行为经济学的研究已引起了国内外学者的广泛关注，并且已有大量研究将公平关切因素引入决策行为选择中（Ruffle，1998；Kahneman and Knetsch，1986；Bolton，1991；Rabin，1993；Fehr et al.，1999），还对行为科学中决策者公平关切的形式进行了刻画。此类研究认为具有公平关切的决策者会厌恶不公平现象，也即决策者倾向于放弃一部分物质收益以获得公平的结果（公平效用）。

虽然行为经济学的研究受到了广泛关注，但是行为科学理论在供应链管理中的应用还较少。洛赫等（Loch et al.，2008）利用实证研究的方法，分析了社会偏好（social preference）因素对供应链交易决策的影响。有学者利用参照点依赖（reference-dependent）的方法研究了两层供应链的双边际效用问题（Ho et al.，2008）。崔海涛等（Cui H T et al.，2007）将公平关切引入确定型供应链模型的研究中，分析了制造商主导供应链中公平关切对供应链协调的影响，并指出在一定条件下，当零售商存在公平关切行为时，批发价格契约可以协调供应链。国内学者杜少甫等（2010）在传统两阶段供应链报童模型中引入公平关切，分析了公平关切行为对批发价契约、收益共享契约和回购契约等协调性的影响，并指出当零售商存在公平关切行为时，批发价契约不能实现供应链协调。刑伟等（2011）以双渠道供应链系统为背景，分析了渠道公平性对制造商和零售商均衡策略的影响，并指出渠道公平性可以有效地改善"双重边际效应"。马利军（2011）还研究了两阶段供应链中零售商具有公平偏好时，零售商和制造商的最优策略及利润。张跃平等（2011）研究了零售商具有损失规避和公平关切偏好下，基于回购契约、收益共享契约和联合契约的供应链协调问题，并指出这三种契约均能协调供应链系统。黄松等（2013）研究了指数需求下考虑绝对公平的供应链定价模型。张克勇等（2013）还将公平关切因素引入闭环供应链的定价决策中。以上研究虽然考虑了供应链系统中制造商或者零售商的公平关切，但研究的都是制造商主导的情形。

当不考虑公平关切时，众所周知，制造商主导的供应链中的批发价格契约通常不能协调供应链（此时供应链系统中会出现"双重边际"效应），因此可以利用数量折扣、收益共享、两部定价（Two Part Tariff）等契约来协调供应链。有学者的研究指出，在零售商主导的供应链中，批发价格同样不能协调供应链，并指出相较于制造商主导的情形，零售商获得了更多的渠道利润（Lau，2007）。在零售商主导的供应链系统中，同样有学者指出批发价格契约不能协调供应链，并在信息不对称条件下利用收益共享契约协调了供应链（Zhuang P，2010）。还有学者分析了零售商主导供应链中需求不确定性对制造商、零售商合作的影响（Hua，2008）。以上研究多数表明，当不考虑公平关切时，无论是制造商主导还是零售商主导的供应链系统中，批发价格契约均不能协调供应链。

在以上研究基础上，本书提出以下问题：首先，零售商主导的供应链系统中，当零售商公平关切时，批发价格契约能协调供应链吗？如果不能协调，有无其他协调方法？其次，零售商的公平关切性一定会使得供应链系统的"双重边际"效应有所缓和吗？最后，零售商的公平关切系数以及渠道能力对供应链系统的协调有影响吗？

本章具体研究内容如下：首先，针对由一个制造商和一个占主导地位零售商构成的供应链系统，分析了不考虑公平关切时，零售商主导供应链系统的决策及协调等问题；其次，给出了公平关切零售商效用函数的刻画；再次，分析了零售商具有公平关切时，零售商主导供应链系统的决策及协调等问题，并指出无论零售商是否公平关切，批发价格契约均不能实现供应链系统的协调；最后，给出了占主导地位的零售商公平关切时协调供应链系统的收益共享契约和数量折扣契约。

1.2　不考虑公平关切时供应链系统的决策分析

当不考虑公平关切时，在分散式决策下，制造商和零售商往往以自身利益最大化作为决策标准，此时供应链系统常会出现"双重边际"效应，从而降低供应链系统整体的效率。

本书考虑由一个制造商和一个零售商构成的供应链系统，且零售商占主导地位。制造商生产一种产品并将该产品以一定的批发价格 w 销售给下游的零售商，零售商将产品以一定的零售价格 p 销售给终端消费者。假设需求函数为：

$$D(p) = a - bp \tag{1-1}$$

式中，$a > 0$ 表示零售商的市场容量，$b > 0$ 表示价格敏感性。

为了方便研究，不考虑制造商和零售商的固定成本。因此，零售商的利润函数 π_r、制造商的利润函数 π_m 以及供应链系统的利润函数 $\prod_c$ 可以分别表示为：

$$\pi_r(p) = (p - w)D(p) \tag{1-2}$$

$$\pi_m(p) = (w - c)D(p) \tag{1-3}$$

$$\prod_c(p) = (p - c)D(p) \tag{1-4}$$

由于 $\dfrac{\mathrm{d}^2 \prod_c(p)}{\mathrm{d}p^2} = -2b < 0$，因此供应链系统的利润函数 $\prod_c(p)$ 关于 p 为严格凹函数，由 $\dfrac{\mathrm{d}\prod(p)}{\mathrm{d}p} = 0$，可求得供应链系统的唯一最优零售价格 $p_c^* = \dfrac{a + bc}{2b}$，并且：

$$\prod_c^* = \frac{(a - bc)^2}{4b} \tag{1-5}$$

其中，p_c^*，$\prod_c^*$ 分别表示集中式决策下供应链系统的最优销售价格和的最大利润，且假设 $a > bc$。

零售商占主导的供应链系统中，当采用分散式决策时（Lau，2007），易知 $p_D^* = \dfrac{3a+bc}{4b}$，$\pi_r^* = \dfrac{(a-bc)^2}{8b}$，$w_D^* = \dfrac{a+3bc}{4b}$，$\pi_m^* = \dfrac{(a-bc)^2}{16b}$。显然，$p_D^* = \dfrac{3a+bc}{4b} > p_C^* = \dfrac{a+bc}{2b}$，$\prod_D^* = \pi_m^* + \pi_r^* = \dfrac{3(a-bc)^2}{16b} < \prod_C^* = \dfrac{(a-bc)^2}{4b}$，且 $\dfrac{\pi_r^*}{\pi_m^*} = 2$。

式中，p_D^*，π_r^* 表示分散式决策下零售商的最优销售价格和最大利润；w_D^*，π_m^* 表示制造商的最优批发价格和最大利润；$\prod_D^*$ 表示供应链系统的最大利润。

即当不考虑公平关切时，零售商主导的供应链系统中，批发价格契约本身不能实现供应链系统的协调。此外，零售商的最优销售价严格高于集中式决策下供应链系统的最优销售价格，并且零售商的最大利润为制造商最大利润的 2 倍。

1.3 公平关切下零售商主导供应链系统的决策分析

公平关切下零售商主导供应链系统的博弈顺序为：（1）零售商首先宣布单位利润率（unit profit margin）u_r；（2）制造商依据零售商的单位利润率 u_r 确定批发价格 w；（3）零售商根据制造商的批发价格 w 选择最优销售价格 p，使其自身效用最大化。

1.3.1 公平关切零售商效用函数的刻画

本书假设零售商是公平关切的，即零售商会在综合考虑自身实力及贡献的基础上，愿意放弃部分利润而追求公平利润，从而形成公平效用。参照崔海涛等的定义（2007），公平关切零售商的效用函数为：

$$U_r = \pi_r + f_r(w, p) \tag{1-6}$$

其中，U_r 表示零售商公平关切下的效用函数，π_r 表示零售商效用值中追求利润最大化部分，$f_r(w, p)$ 表示零售商效用值中公平关切部分。

零售商的公平利润为制造商利润的 γ 倍（通常假设零售商的公平利润以制造商的利润作为参考）（Cui H T et al.，2007），即为 $\gamma\pi_m$。其中，$\gamma > 0$ 描述了零售商在供应链系统中的渠道能力且为外生变量，γ 越大表示零售商认为其相对于制造商在供应链系统中的渠道能力越强。如果 $\gamma = 2$，此时零售商和制造商的最大利润比例刚好为不考虑零售商公平关切时分散式决策下的最大利润比例，由于本书讨论的是考虑零售商公平关切时的情形，因此本书假定 $\gamma \neq 2$。$\gamma\pi_m$ 表示零售商认为其应该得到的公平利润，当 $\pi_r \geq \gamma\pi_m$ 时，说明零售商实际获得的利润不低于其应得的公平利润，此时零售商会产生不公平的心理感受；当 $\pi_r \leq \gamma\pi_m$ 时，说明零售商实际获得的利润不超过其应得的公平利润，此时零售商也会产生不公平的心理感受。引入关切系数 α 和 β，α 和 β 的大小描述了零售商的公平关切程度，且 $0 < \beta < 1$。其中 α 表示当 $\pi_r \leq \gamma\pi_m$ 时，零售商的公平关切系数；β 表示当 $\pi_r \geq \gamma\pi_m$ 时，零售商的公平关切系数。

根据卡尼曼等人的观点，在面对同等利润和损失时，经济主体对损失更加敏感，因此，$0 < \beta \leq \alpha$。据此，零售商公平关切部分的效用值可以表示为：

$$f_r(w, p) = -\alpha \mathrm{Max}\{\gamma\pi_m - \pi_r, 0\} - \beta \mathrm{Max}\{\pi_r - \gamma\pi_m, 0\} \qquad (1-7)$$

进而，公平关切的零售商的效用函数可以表示为：

$$U_r = \pi_r - \alpha \mathrm{Max}\{\gamma\pi_m - \pi_r, 0\} - \beta \mathrm{Max}\{\pi_r - \gamma\pi_m, 0\} \qquad (1-8)$$

1.3.2 制造商的决策分析

当零售商宣布单位利润率 $u_r(u_r > 0)$ 以后，制造商的优化问题如下：

$$\mathop{\mathrm{Max}}\limits_{w} \pi_m = (w-c)(a - b(u_r + w))$$

$$\text{s. t. } w > c \qquad (1-9)$$

其中，$u_r = p - w$。由于 $\dfrac{\mathrm{d}^2\pi_m}{\mathrm{d}w^2} = -2b < 0$，令 $\dfrac{\mathrm{d}\pi_m}{\mathrm{d}w} = 0$，可得制造商的最优批发价格为：

$$\tilde{w} = \frac{a + bc}{2b} - \frac{1}{2}u_r \qquad (1-10)$$

此外，由于 $\tilde{w} > c$，$u_r > 0$，易知 $0 < u_r < \dfrac{a - bc}{b}$ 且 $a > bc$，进而制造商的最大利润为：

$$\tilde{\pi}_m = \frac{1}{4} b u_r^2 - \frac{a - bc}{2} u_r + \frac{(a - bc)^2}{4b} \tag{1-11}$$

1.3.3　公平关切零售商的决策分析

由于零售商的效用函数 U_r 不是处处可微的，分情形对式（1-1）和式（1-2）进行分析：

情形（1-1）：当 $\pi_r - \gamma \pi_m = (p - w - \gamma(w - c)) D(p) \leq 0$，即 $p \leq (1 + \gamma)w - \gamma c$ 时。

在 $0 < u_r < \dfrac{a - bc}{b}$ 条件下，将 $\tilde{w} = \dfrac{a + bc}{2b} - \dfrac{1}{2} u_r$ 以及 $p = u_r + \tilde{w}$ 带入 $p \leq (1 + \gamma)w - \gamma c$ 中，可得 $0 < u_r \leq \dfrac{\gamma(a - bc)}{b(2 + \gamma)}$，则零售商的优化问题如下：

$$\underset{u_r}{\mathrm{Max}} U_r = (p - w)(a - bp) - \alpha [\gamma(w - c) - (p - w)](a - bp)$$

$$\text{s. t. } 0 < u_r \leq \min \left\{ \frac{\gamma(a - bc)}{b(2 + \gamma)}, \frac{a - bc}{b} \right\} = \frac{\gamma(a - bc)}{b(2 + \gamma)} \tag{1-12}$$

将相关变量带入式（1-12），化简可得如下等价问题：

$$\underset{u_r}{\mathrm{Max}} U_r = -\frac{1}{4} b(2 + \alpha\gamma + 2\alpha) u_r^2 + \frac{1}{2}(1 + \alpha + \alpha\gamma)(a - bc) u_r - \frac{1}{4b} \alpha\gamma(a - bc)^2$$

$$\text{s. t. } 0 < u_r \leq \frac{\gamma(a - bc)}{b(2 + \gamma)} \tag{1-13}$$

对式（1-13），由于 $\dfrac{\mathrm{d}^2 U}{\mathrm{d} u_r^2} = -\left(1 + \dfrac{1}{2}\alpha\gamma + \alpha\right) b < 0$。令 $\dfrac{\mathrm{d} U}{\mathrm{d} u_r} = 0$，当不考虑约束条件 $u_r \leq \dfrac{\gamma(a - bc)}{b(2 + \gamma)}$ 时，可得优化问题式（1-13）的稳定点 $\tilde{u}_r = \dfrac{(1 + \alpha + \alpha\gamma)(a - bc)}{b(2 + 2\alpha + \alpha\gamma)}$，优化问题式（1-13）的最佳反馈解为：

$$u_r^* = \begin{cases} \dfrac{(1 + \alpha + \alpha\gamma)(a - bc)}{b(2 + 2\alpha + \alpha\gamma)}, & 0 < \alpha \leq \dfrac{\gamma - 2}{2 + \gamma} \\[4mm] \dfrac{\gamma(a - bc)}{b(2 + \gamma)}, & \alpha > \dfrac{\gamma - 2}{2 + \gamma} \end{cases} \tag{1-14}$$

将 u_r^* 带入式（1-10）中，可得制造商的最佳批发价格为：

$$w^* = \begin{cases} \dfrac{a+3bc+\alpha a+3\alpha bc+2\alpha\gamma bc}{2b(2+2\alpha+\alpha\gamma)}, & 0<\alpha\leqslant\dfrac{\gamma-2}{2+\gamma} \\[3mm] \dfrac{a+bc(1+\gamma)}{b(2+\gamma)}, & \alpha>\dfrac{\gamma-2}{2+\gamma} \end{cases} \quad (1-15)$$

进而，由 $p=u_r+w$，得零售商的最佳销售价格为：

$$p^* = \begin{cases} \dfrac{3a+bc+3\alpha a+\alpha bc+2\alpha a\gamma}{2b(2+2\alpha+\alpha\gamma)}, & 0<\alpha\leqslant\dfrac{\gamma-2}{2+\gamma} \\[3mm] \dfrac{a+bc+\gamma a}{b(2+\gamma)}, & \alpha>\dfrac{\gamma-2}{2+\gamma} \end{cases} \quad (1-16)$$

将 u_r^* 带入式（1-13）的目标函数中，可得零售商的最大效用值为：

$$U_r^* = \begin{cases} \dfrac{(1+\alpha)^2(a-bc)^2}{4b(2+2\alpha+\alpha\gamma)}, & 0<\alpha\leqslant\dfrac{\gamma-2}{2+\gamma} \\[3mm] \dfrac{\gamma(a-bc)^2}{b(2+\gamma)^2}, & \alpha>\dfrac{\gamma-2}{2+\gamma} \end{cases} \quad (1-17)$$

将 u_r^* 带入式（1-11），可得制造商的最大利润值为：

$$\pi_m^* = \begin{cases} \dfrac{(1+\alpha)^2(a-bc)^2}{4b(2+2\alpha+\alpha\gamma)^2}, & 0<\alpha\leqslant\dfrac{\gamma-2}{2+\gamma} \\[3mm] \dfrac{(a-bc)^2}{b(2+\gamma)^2}, & \alpha>\dfrac{\gamma-2}{2+\gamma} \end{cases} \quad (1-18)$$

式中，$\gamma>2$。

情形（1-2）：当 $\pi_r-\gamma\pi_m=(p-w-\gamma(w-c))D(p)\geqslant0$ 时，即 $p\geqslant(1+\gamma)$ $w-\gamma c$ 时。

在 $0<u_r<\dfrac{a-bc}{b}$ 条件下，将 $\tilde{w}=\dfrac{a+bc}{2b}-\dfrac{1}{2}u_r$ 以及 $p=u_r+w$ 带入 $p\geqslant(1+\gamma)w-\gamma c$ 中，可得 $u_r\geqslant\dfrac{\gamma(a-bc)}{b(2+\gamma)}$，则零售商的优化问题如下：

$$\underset{u_r}{\text{Max}}U_r=(p-w)(a-bp)-\beta[(p-w)-\gamma(w-c)](a-bp)$$

$$\text{s. t. } \dfrac{\gamma(a-bc)}{b(2+\gamma)}\leqslant u_r<\dfrac{a-bc}{b} \quad (1-19)$$

同样，化简可得式（1-19）的如下等价问题：

$$\underset{u_r}{\text{Max}}U_r=-\dfrac{1}{4}b(2-\beta\gamma-2\beta)u_r^2+\dfrac{1}{2}(1-\beta-\beta\gamma)(a-bc)u_r+\dfrac{1}{4b}\beta\gamma(a-bc)^2$$

$$\text{s. t.} \quad \frac{\gamma(a-bc)}{b(2+\gamma)} \leqslant u_r < \frac{a-bc}{b} \tag{1-20}$$

对式（1-20），由于 $\dfrac{d^2 U_r}{du_r^2} = -\dfrac{1}{2}(2-\beta\gamma-2\beta)b$，当 $\dfrac{d^2 U_r}{du_r^2} = -\dfrac{1}{2}(2-\beta\gamma-2\beta)b < 0$ 时，即 $\beta < \dfrac{2}{2+\gamma}$ 时，式（1-20）有极大值。

令 $\dfrac{dU}{du_r} = 0$，同样当不考虑约束条件 $u_r \geqslant \dfrac{\gamma(a-bc)}{b(2+\gamma)}$，可得优化问题式（1-20）的稳定点 $\tilde{u}_r = \dfrac{(1-\beta-\beta\gamma)(a-bc)}{b(2-\beta\gamma-2\beta)}$，则易知，优化问题式（1-20）的最佳反馈解为：

$$u_r^* = \begin{cases} \dfrac{(1-\beta-\beta\gamma)(a-bc)}{b(2-\beta\gamma-2\beta)}, & 0 < \beta \leqslant \dfrac{2-\gamma}{2+\gamma} \\[3mm] \dfrac{\gamma(a-bc)}{b(2+\gamma)}, & \dfrac{2-\gamma}{2+\gamma} < \beta < \dfrac{2}{2+\gamma} \end{cases} \tag{1-21}$$

同样将 u_r^* 带入式（1-10）中，可得制造商的最佳批发价格为：

$$w^* = \begin{cases} \dfrac{a+3bc-\beta a-3\beta bc-2\beta\gamma bc}{2b(2-2\beta-\beta\gamma)}, & 0 < \beta \leqslant \dfrac{2-\gamma}{2+\gamma} \\[3mm] \dfrac{a+bc(1+\gamma)}{b(2+\gamma)}, & \dfrac{2-\gamma}{2+\gamma} < \beta < \dfrac{2}{2+\gamma} \end{cases} \tag{1-22}$$

进而，由零售商的最佳销售价格为：

$$p^* = \begin{cases} \dfrac{3a+bc-3\beta a-\beta bc-2\beta a\gamma}{2b(2-2\beta-\beta\gamma)}, & 0 < \beta \leqslant \dfrac{2-\gamma}{2+\gamma} \\[3mm] \dfrac{a+bc+\gamma a}{b(2+\gamma)}, & \dfrac{2-\gamma}{2+\gamma} < \beta < \dfrac{2}{2+\gamma} \end{cases} \tag{1-23}$$

将 u_r^* 带入式（1-20）的目标函数中，可得零售商的最大效用值为：

$$U_r^* = \begin{cases} \dfrac{(1-\beta)^2(a-bc)^2}{4b(2-2\beta-\beta\gamma)}, & 0 < \beta \leqslant \dfrac{2-\gamma}{2+\gamma} \\[3mm] \dfrac{\gamma(a-bc)^2}{b(2+\gamma)^2}, & \dfrac{2-\gamma}{2+\gamma} < \beta < \dfrac{2}{2+\gamma} \end{cases} \tag{1-24}$$

同样，将 u_r^* 带入式（1-11），可得制造商的最大利润值为：

$$\pi_m^* = \begin{cases} \dfrac{(1-\beta)^2(a-bc)^2}{4b(2-2\beta-\beta\gamma)^2}, & 0 < \beta \leqslant \dfrac{2-\gamma}{2+\gamma} \\[3mm] \dfrac{(a-bc)^2}{b(2+\gamma)^2}, & \dfrac{2-\gamma}{2+\gamma} < \beta < \dfrac{2}{2+\gamma} \end{cases} \tag{1-25}$$

其中，$0 < \gamma < 2$。

定理 1 - 1　零售商主导的供应链系统中，当零售商公平关切时，零售商的最优销售价格严格高于集中式决策下供应链系统的最优销售价格。

证明： 如果 $\gamma > 2$，当 $0 < \alpha \leqslant \dfrac{\gamma - 2}{2 + \gamma}$ 时，由于 $a > bc$，则 $p^* - p_c^* = \dfrac{(a - bc)(1 + \alpha + \alpha\gamma)}{2b(2 + 2\alpha + \alpha\gamma)} > 0$；如果 $0 < \gamma < 2$，当 $0 < \beta \leqslant \dfrac{2 - \gamma}{2 + \gamma}$ 时，由于 $\dfrac{2 - \gamma}{2 + \gamma} < \dfrac{1}{1 + \gamma} < \dfrac{2}{2 + \gamma}$，进而 $1 - \beta - \beta\gamma > 0$，$2 - 2\beta - \beta\gamma > 0$，又由于 $a > bc$，则 $p^* - p_c^* = \dfrac{(a - bc)(1 - \beta - \beta\gamma)}{2b(2 - 2\beta - \beta\gamma)} > 0$；如果 $\gamma > 2$，当 $\alpha > \dfrac{\gamma - 2}{2 + \gamma}$，或者，如果 $0 < \gamma < 2$，$\dfrac{2 - \gamma}{2 + \gamma} < \beta < \dfrac{2}{2 + \gamma}$ 时，由于 $\gamma > 0$，则 $p^* - p_c^* = \dfrac{\gamma(a - bc)}{2b(2 + \gamma)} > 0$。

定理 1 - 1 表明，零售商主导的供应链系统中，当零售商公平关切时，零售商制定的最优销售价格均高于集中式决策下供应链系统的最优销售价格（这与零售商不考虑公平关切时的情况结果相同）。

推论 1 - 1　零售商主导的供应链系统中，当零售商公平关切时，批发价格契约不能协调供应链系统。

结合定理 1 - 1，在零售商主导的供应链系统中，当零售商公平关切时，零售商的最优销售价格严格高于集中式决策下供应链系统的最优销售价格，所以批发价格契约不能协调供应链系统（只有当 $p^* = p_c^* = \dfrac{a + bc}{2b}$ 才可以实现协调）。推论 1 - 1 的这一研究结果和崔海涛等（2017）的研究结果有所不同，崔海涛等（2017）的研究指出，制造商主导的供应链系统中，当零售商公平关切时，批发价格契约可以协调供应链系统。本书的研究则表明，零售商主导的供应链中，即使零售商具有公平关切性时，批发价格依然无法实现供应链协调。

定理 1 - 2　零售商主导的供应链系统中，当零售商公平关切时，

（1）如果 $\gamma > 2$，当 $0 < \alpha \leqslant \dfrac{\gamma - 2}{2 + \gamma}$ 或 $\alpha > \dfrac{\gamma - 2}{2 + \gamma}$ 时，$p^* > p_D^* > p_c^*$，$\prod^* < \prod_D^* < \prod_c^*$；

（2）如果 $0 < \gamma < 2$，当 $0 < \beta \leqslant \dfrac{2-\gamma}{2+\gamma}$ 或 $\dfrac{2-\gamma}{2+\gamma} < \beta < \dfrac{2}{2+\gamma}$ 时，$p_D^* > p^* > p_C^*$，$\prod_D^* < \prod^* < \prod_C^*$。

其中，$\prod^*$ 表示零售商主导的供应链系统中，当零售商公平关切时，分散式决策下供应链系统的最大利润。

证明：对（1），由前述的分析可知，$p_D^* > p_C^*$ 恒成立，再由定理 1-1 知，$p^* > p_C^*$ 也恒成立。因此为了证明 $p^* > p_D^* > p_C^*$，只需说明 $p^* > p_D^*$ 即可。如果 $\gamma > 2$，当 $0 < \alpha \leqslant \dfrac{\gamma-2}{2+\gamma}$ 时，由于 $a > bc$，易得 $p^* - p_D^* = \dfrac{\alpha\gamma(a-bc)}{4b(2+2\alpha+\alpha\gamma)} > 0$；而当 $\alpha > \dfrac{\gamma-2}{2+\gamma}$ 时，由于 $\gamma > 2$ 以及 $a > bc$，易得 $p^* - p_D^* = \dfrac{(\gamma-2)(a-bc)}{4b(2+\gamma)} > 0$，所以 $p^* > p_D^* > p_C^*$。同样，由前述的分析可知，$\prod_D^* < \prod_C^*$ 恒成立，因此为了证明 $\prod^* < \prod_D^* < \prod_C^*$，只需说明 $\prod^* < \prod_D^*$ 即可。如果 $\gamma > 2$，当 $0 < \alpha \leqslant \dfrac{\gamma-2}{2+\gamma}$ 时，显然，$\prod^* = U_r^* + \pi_m^* = \dfrac{(1+\alpha)^2(a-bc)^2(3+2\alpha+\alpha\gamma)}{4b(2+2\alpha+\alpha\gamma)^2}$，进而容易得到 $\prod^* - \prod_D^* = \dfrac{\alpha(a-bc)^2(4\alpha^2(2+\gamma)+\alpha(16-4\gamma-3\gamma^2)+8-8\gamma)}{4b(2+2\alpha+\alpha\gamma)^2}$，令 $f(\alpha) = 4\alpha^2(2+\gamma)+\alpha(16-4\gamma-3\gamma^2)+8-8\gamma$，显然当 $\gamma > 2$ 时，$f(0) = 8-8\gamma < 0$，$f\left(\dfrac{\gamma-2}{2+\gamma}\right) = \dfrac{-3\gamma^3-2\gamma^2+16}{2+\gamma} < 0$，所以 $f(\alpha) < 0$，又因为 $a > bc$，所以 $\prod^* - \prod_D^* < 0$；而当 $\alpha > \dfrac{\gamma-2}{2+\gamma}$ 时，$\prod^* = U_r^* + \pi_m^* = \dfrac{(1+\gamma)(a-bc)^2}{b(2+\gamma)^2}$，显然当 $\gamma > 2$ 时，易见 $\prod^* - \prod_D^* = \dfrac{(a-bc)^2(-3\gamma^2+4\gamma+4)}{b(2+\gamma)^2} < 0$，所以，$\prod^* < \prod_D^* < \prod_C^*$。

同理，可以证明：在（2）中，如果 $0 < \gamma < 2$，当 $0 < \beta \leqslant \dfrac{2-\gamma}{2+\gamma}$ 或 $\dfrac{2-\gamma}{2+\gamma} < \beta < \dfrac{2}{2+\gamma}$ 时，$p_D^* > p^* > p_C^*$，$\prod_D^* < \prod^* < \prod_C^*$。详细证明略去。

定理 1-2 有很好的经济解释：当 $\gamma > 2$ 时，零售商主导的供应链系统中，零售商虽然是公平关切的，但是供应链系统中仍然存在"双重边际"效应，并且"双重边际"效应较之不考虑公平关切时更为强烈（$\gamma > 2$ 表明公平关切零售商的渠道能力过于强大）；但当 $0 < \gamma < 2$ 时，虽然供应链系统中仍然存在"双重边际"效应，但是零售商的公平关切使得"双重边际"效应较之不考虑公平关切时有所减弱（$0 < \gamma < 2$ 表明公平关切零售商的渠道能力相对较弱）。

推论 1 - 2　零售商主导的供应链系统中，当零售商公平关切时，如果零售商的渠道能力相对较强（$\gamma > 2$），则供应链系统的"双重边际"效应将进一步加强；反之，如果零售商的渠道能力相对较弱（$0 < \gamma < 2$），则供应链系统的"双重边际"效应将有所减弱。

推论 1 - 2 的这一研究结果是对刑伟等（2011）研究结果的推广，刑伟等指出，渠道关切会缓和供应链系统的"双重边际"效应。本书的研究进一步表明，零售商的公平关切性不一定总会使得供应链系统的"双重边际"效应有所缓和，一定条件下反而会增强。

性质 1 - 1　零售商主导的供应链系统中，如果零售商是公平关切的，

（1）如果 $\gamma > 2$，当 $0 < \alpha \leqslant \dfrac{\gamma - 2}{2 + \gamma}$ 时，$\dfrac{\partial p^*}{\partial \alpha} > 0$，$\dfrac{\partial U_r^*}{\partial \alpha} \leqslant 0$；

（2）如果 $0 < \gamma < 2$，当 $0 < \beta \leqslant \dfrac{2 - \gamma}{2 + \gamma}$ 时，$\dfrac{\partial p^*}{\partial \beta} < 0$，$\dfrac{\partial U_r^*}{\partial \beta} \leqslant 0$；

（3）当 $\alpha > \dfrac{\gamma - 2}{2 + \gamma}$ 或者 $\dfrac{2 - \gamma}{2 + \gamma} < \beta < \dfrac{2}{2 + \gamma}$ 时，p^* 以及 U_r^* 与关切系数 α 和 β 均无关。

证明： 对（1），如果 $\gamma > 2$，当 $0 < \alpha \leqslant \dfrac{\gamma - 2}{2 + \gamma}$ 时，因为 $a > bc$，由式（1 - 16）易得 $\dfrac{\partial p^*}{\partial \alpha} = \dfrac{\gamma(a - bc)}{2b(2 + 2\alpha + \alpha\gamma - \gamma)^2} > 0$；同时，易见 $2 + 2\alpha + \alpha\gamma - \gamma \leqslant 0$，又因为 $a > bc$ 以及 $\gamma > 0$，由式（1 - 17）易得 $\dfrac{\partial U_r^*}{\partial \alpha} = \dfrac{(a - bc)^2(1 + \alpha)(2 + 2\alpha + \alpha\gamma - \gamma)}{4b(2 + 2\alpha + \alpha\gamma)^2} \leqslant 0$。

对（2），如果 $0 < \gamma < 2$，当 $0 < \beta \leqslant \dfrac{2 - \gamma}{2 + \gamma}$ 时，因为 $a > bc$，$2 - 2\beta - \beta\gamma > 0$，由式（1 - 23）易得 $\dfrac{\partial p^*}{\partial \beta} = -\dfrac{\gamma(a - bc)}{2b(2 - 2\beta - \beta\gamma)^2} < 0$；同时，易见 $2 - 2\beta - \beta\gamma - \gamma \geqslant 0$，

又因为 $a > bc$，由式（1 - 24）易得 $\dfrac{\partial U_r^*}{\partial \beta} = -\dfrac{(a - bc)^2 (1 - \beta)(2 - 2\beta - \beta\gamma - \gamma)}{4b (2 - 2\beta - \beta\gamma)^2} \leqslant 0$。

对（3），当 $\alpha > \dfrac{\gamma - 2}{2 + \gamma}$ 或 $\dfrac{2 - \gamma}{2 + \gamma} < \beta < \dfrac{2}{2 + \gamma}$ 时，显然 p^* 以及 U_r^* 与关切系数 α 和 β 均无关。

性质 1 - 1 有很好的经济解释：如果 $\gamma > 2$，当 $0 < \alpha \leqslant \dfrac{\gamma - 2}{2 + \gamma}$ 时，则 $\dfrac{\partial p^*}{\partial \alpha} > 0$。此时，由于零售商的实际利润值不高于其认为应得的公平利润，所以零售商为了维持公平性，会随着其关切系数 α 的增大（面对损失时的敏感性增大）而提高销售价格，以实现公平性；相反，如果 $0 < \gamma < 2$，当 $0 < \beta \leqslant \dfrac{2 - \gamma}{2 + \gamma}$ 时，则 $\dfrac{\partial p^*}{\partial \beta} < 0$。此时，由于零售商的实际利润值不低于其认为应得的公平利润，所以零售商为了维持公平性，会随着其关切系数 β 的增大（面对收益时的敏感性增大）而降低销售价格，以实现公平性。由式（1 - 8）的定义可知，显然公平关切零售商的效用函数总是和其公平关切系数成反比。因此，无论是对（1）还是（2），公平关切系数 α 或者 β 的增大都会导致不公平性增大，从而降低公平关切零售商的公平效用。然而当 $\alpha > \dfrac{\gamma - 2}{2 + \gamma}$ 或者 $\dfrac{2 - \gamma}{2 + \gamma} < \beta < \dfrac{2}{2 + \gamma}$ 时，p^* 以及 U_r^* 与关切系数 α 和 β 均无关。

1.4 公平关切下零售商主导供应链系统的协调契约

对公平关切下零售商主导的供应链系统，本书已经证明了批发价格契约不能实现系统的协调。本书进一步分析可以实现供应链系统协调的契约，分别利用收益共享契约和数量折扣契约进行分析。

1.4.1 收益共享契约

定理 1 - 3 零售商主导的供应链系统中，如果零售商是公平关切的，则

仅当 $\gamma = \dfrac{1-\phi}{\phi}$ 时，收益共享契约可以协调供应链系统。其中，$0 < \phi < 1$，表示制造商的利润占到供应链系统总利润的比例。

证明： 因为在收益共享契约下，制造商的最大利润应满足 $\pi_m^* = \phi \prod_c^* = \phi \dfrac{(a-bc)^2}{4b}$，零售商的最大效用值应满足 $U_r^* = (1-\phi) \prod_c^* = (1-\phi) \dfrac{(a-bc)^2}{4b}$，并且 $p^* = p_c^* = \dfrac{a+bc}{2b}$。对制造商而言，无论是何种情形，由 $\pi_m^* = \phi \prod_c^* = \phi \dfrac{(a-bc)^2}{4b}$，均可得 $w^* = \dfrac{a-bc}{2b}\phi + c$。

对零售商而言，分两种情形分别讨论：

(1) 当 $\pi_r - \gamma\pi_m = (p - w - \gamma(w-c))D(p) \leq 0$ 时，即 $p \leq (1+\gamma)w - \gamma c$ 时，由式（1-12）可知，$U_r^* = (p^* - w^*)(a - bp^*) - \alpha(\gamma(w^* - c) - (p^* - w^*))(a - bp^*)$，结合 $U_r^* = (1-\phi)\dfrac{(a-bc)^2}{4b}$，可得 $\gamma = \dfrac{1-\phi}{\phi}$；再将 $w^* = \dfrac{a-bc}{2b}\phi + c$ 以及 $p^* = \dfrac{a+bc}{2b}$ 带入 $p \leq (1+\gamma)w - \gamma c$ 中，可得 $\gamma \geq \dfrac{1-\phi}{\phi}$。因此，当 $\gamma = \dfrac{1-\phi}{\phi}$ 时，收益共享契约可以协调供应链系统。

(2) 当 $\pi_r - \gamma\pi_m = (p - w - \gamma(w-c))D(p) \geq 0$ 时，即 $p \geq (1+\gamma)w - \gamma c$ 时，利用式（1-19），同样可以证明，当 $\gamma = \dfrac{1-\phi}{\phi}$ 时，收益共享契约可以协调供应链系统。

综上，无论何种情形，仅当 $\gamma = \dfrac{1-\phi}{\phi}$，且 $0 < \phi < 1$ 时，收益共享契约可以协调供应链系统。

定理 1-3 也有很好的经济解释：$\gamma = \dfrac{1-\phi}{\phi}$，且 $0 < \phi < 1$，表明如果零售商的利润占整个供应链系统的利润比例越高（ϕ 值越小），则主导零售商在供应链系统中的渠道能力越强；反之，如果零售商的利润占整个供应链系统的利润比例越低（ϕ 值越大），则主导零售商在供应链系统中的渠道能力越弱。

推论 1-3 零售商主导的供应链系统中，当零售商公平关切时，收益共享契约可以协调供应链系统，且协调的条件仅与零售商的渠道能力有关，与零售商的公平关切系数无关。

推论 1-3 的这一研究结果和杜少甫等（2010）的研究结果相似，杜少甫等的研究指出，在传统报童模型中，当零售商具有公平关切时，收益共享契约可以协调供应链系统，并且协调的条件和零售商的公平关切系数（公平关切程度）无关。

1.4.2　数量折扣契约

在数量折扣契约下，制造商需要选择适当的折扣批发价格 $w(D)$ 来协调零售商，以使得零售商的效用函数转变为同渠道利润直接相关的一个函数，参照崔海涛等（2007）的研究，如果这样的折扣批发价格 $w(D)$ 存在，一定有：

$$U_r(w, p) = (p - w(D))D(p) + f_r(w, p) = k_1(p - c)D(p) + k_2$$

定理 1-4　零售商主导的供应链系统中，如果零售商是公平关切的，当制造商采用 $w(D) = \frac{a - bc}{2b}(1 - k_1) + c - k_2$ 形式的数量折扣契约时，可以协调供应链系统。

证明： 在数量折扣契约下，仍然分两种情况讨论。

（1）当 $\pi_r - \gamma\pi_m = (p - w - \gamma(w - c))D(p) \leqslant 0$ 时，在协调情况下，零售商的零售价格为：$p^* = \frac{a + bc}{2b}$，令 $\frac{(a - bc)^2}{4b} = \pi_m^* + U_r^* = (w(D) - c)D(p^*) + k_1$ $(p^* - c)D(p^*) + k_2$，可得：$w(D) = \frac{a - bc}{2b}(1 - k_1) + c - k_2$，进而，带入式（1-9），可得制造商的利润函数为：$\pi_m = \frac{(a - bc)(1 - k_1) - 2bk_2}{4b}(a - bc)$。

进一步，依据式（1-8），$U_r = (p - w)(a - bp) - \alpha[\gamma(w - c) - (p - w)]$ $(a - bp)$，利用 $\frac{(a - bc)^2}{4b} = \pi_m^* + U_r^*$，可求得制造商的最佳折扣批发价格为 $w^* = \frac{a + bc(1 + 2\gamma)}{2b(\gamma + 1)}$；进而，制造商通过选择适当的 k_1，k_2，可获得最大的利润为 $\pi_m^* = \frac{(a - bc)^2}{4b(1 + \gamma)}$。此时，将 p^* 和 w^* 带入零售商的效用函数 U_r，可得

$U_r^* = \pi_r^* = \dfrac{(a-bc)^2\gamma}{4b(1+\gamma)}$,即供应链渠道实现了协调。

（2）当 $\pi_r - \gamma\pi_m = (p - w - \gamma(w-c))D(p) \geqslant 0$ 时，有类似的分析结果，此处省略过程。

推论 1-4 零售商主导的供应链系统中，当零售商公平关切时，数量折扣契约也可以协调供应链系统，且协调的条件同样仅与零售商的渠道能力有关，而与零售商的公平关切系数无关。

推论 1-4 是对崔海涛等（2017）研究结果的推广，崔海涛等（2017）在制造商主导的供应链中得到了协调供应链的数量折扣契约，本书则进一步表明零售商主导的供应链中，数量折扣契约依然可以实现供应链的协调，且协调的条件与公平关切系数无关。

1.5 结　论

本书针对由一个制造商和一个主导零售商构成的供应链系统，当零售商具有公平关切时，分析了供应链系统及其成员的决策和协调等问题，得到如下主要结论：（1）零售商主导的供应链系统中，无论零售商是否公平关切，批发价格契约均不能实现供应链系统协调；（2）零售商的最优销售价以及最大效用值在一定条件下与其公平关切系数有关；（3）当公平关切零售商的渠道能力过于强大时，供应链系统的双重边际效应会进一步加强，而当公平关切零售商的渠道能力相对较弱时，供应链系统的双重边际效应会有所减弱；（4）当零售商公平关切时，收益共享契约和数量折扣契约均可以协调零售商主导的供应链系统，并且协调的条件均仅与零售商的渠道能力有关，而与其公平关切系数无关。

第 2 章　公平关切下零售商主导闭环
供应链的定价策略

2.1　问 题 提 出

经济的快速发展及人们对资源的不断消耗产生了大量的废旧产品，如何对各种废旧产品进行回收、利用，进而实现节能减排具有重要的现实意义。闭环供应链管理能有效实现废旧产品的回收及再利用，目前已成为国内外相关领域的热点研究问题之一（Gilvan，2013；Kannan et al.，2015）。

针对不同领导力量下的闭环供应链回收渠道设计及定价决策问题。萨瓦斯坎等（Savaskan et al.，2004）研究了制造商主导闭环供应链的三种不同回收模式，并指出在一定条件下由零售商负责回收的渠道结构是最佳的。进一步在零售商和第三方分别回收的渠道结构下，有学者探讨了制造商主导闭环供应链的定价决策问题，研究指出零售商负责回收时的渠道回收率、制造商利润以及渠道总利润不一定总是优于第三方负责回收的情形（Hong et al.，2012）。此外，有学者探究了不同渠道领导力量下闭环供应链的决策问题，对闭环供应链整体绩效进行了比较（Choi et al.，2013）。杰娜等（Jena et al.，2014）分别在闭环供应链成员"非合作""部分合作""全局合作"三种情形下，构建了闭环供应链的决策模型，并指出"全局合作"的闭环供应链系统结构是最优的。魏杰等（Wei et al.，2015）在信息对称和非对称情形下，研究了两种渠道领导力量下的四种闭环供应链决策模型。王文宾等（2011）在三种不同渠道权力结构下研究了闭环供应链的定价及协调问题。林杰等（2014）分别在两种不同渠道权力结构下研究了闭环供应链的定价问题，并比较了两种不同结构下的均衡结果。孙嘉轶等（2014）针对单周期模型在刻画废旧产品回收和再制造过程中的局限性，利用均衡理论和变分不等式的方法构建了基于再制造的多周期闭环供应链网络均衡模型。姚锋敏等（2016）进一步研究了双回收渠道下零售商主导闭环供应链的最优决策问题，并指出在一定条件下，由零售商负责回收对制造商和整个闭环供应链系统是最优的。上述研究从不同角度分别研究了闭环供应链的最优决策问题，取得了大量的研究成果，然而并未考虑闭环供应链成员的决策偏好。

目前，无论是正向还是逆向供应链的研究大多基于理性"经济人"假设，大量实验发现现实中的人们往往具有某种行为偏好，并且证实了公平关切行为在供应链环境中的存在性（Ho and Zhang et al.，2008）。近年来不少学者将公平关切行为引入供应链系统的优化及建模中。库马尔等（Kumar et al.，1995）指出公平关切性是维持某些行业销售渠道关系的重要因素之一。崔海涛等（2007）研究了公平关切下制造商主导两阶段供应链的决策及协调问题。马蒂斯等（Mathies et al.，2011）研究了消费者在公平关切行为的影响下是如何选择的。卡托克等（Katok et al.，2013）基于一系列实验和测试，指出公平关切性是影响供应链契约达成效果的重要因素。国内学者杜少甫等（2013）对公平关切效用函数做了简化，研究了公平关切供应链的契约与协调问题。浦徐进等（2014）指出供应商的过度自信和公平关切都是促使其自身提高努力投入的因素。李波等（2015）的研究表明，零售商的公平关切行为有利于其自身效用的增加，但会造成制造商利润的减小。姚锋敏等（2016）在零售商公平关切下，进一步利用完整而非简化的不平等厌恶模型，分析了两阶段供应链的决策及协调等问题。以上研究分析了公平关切行为对供应链决策及协调的影响，完善了闭环供应链的决策理论，然而上述研究仍然基于正向供应链，并未涉及闭环供应链。

目前将公平关切行为引入闭环供应链的研究相对较少。张克勇等（2014）研究了零售商具有公平关切行为时的闭环供应链差别定价策略。丁雪峰等（2014）进一步研究了零售商公平关切下闭环供应链的定价及协调等问题。韩小花等（2015）针对零售商主导的闭环供应链进行研究，结果表明，决策者的实际决策结果与完全理性定价模型的最优结果存在较大差异。刘志等（2016）研究了制造商关注和不关注再制造商的公平关切性时，闭环供应链的最优决策及协调问题。陈章跃等（2016）构建了闭环供应链的竞争模型，指出新产品的批发价格受制造商的公平关切行为影响最为明显。孙嘉轶等（2021）基于消费者偏好及消费者公平关切，建立单渠道及双渠道闭环供应链决策模型，针对不同情形下的均衡结果进行比较分析，并讨论了消费者对再制品的接受程度以及公平关切程度对成员决策及利润的影响。上述研究大多假设主导制造商负责废旧产品回收，并未讨论主导零售商负责回收的情形。另外，少有研究在制造商与零售商同时公平关切下，分析主导零售商负责回收时对废旧产品回收率产生的影响。

现实中，以某些从事家电产品的生产、销售、回收的企业构成的闭环供应链为例，零售商通常是渠道的主导企业（比如苏宁、国美），主导零售商不但负责新产品的销售，同时也负责废旧产品的回收。此外，由于闭环供应链的决策环境更为复杂，渠道利润的分配和废旧产品的回收效果依赖回收模式、渠道力量、回收成本等多种因素，在这种复杂环境下，渠道利润分配的不合理更容易导致成员企业公平关切行为的产生。

综上，在零售商主导且负责回收的闭环供应链系统中，零售商的主导地位及制造商的公平关切行为对闭环供应链成员及系统整体的最优策略的影响、制造商的公平关切行为偏好对新产品定价及废旧产品回收的影响、以及当制造商与零售商同时公平关切时二者的公平关切行为对废旧产品的回收率及新产品需求量的影响将是本书的主要研究内容。

2.2　问题描述与基本假设

假设本书的闭环供应链系统由一个制造商和一个主导零售商组成，且两者属于完全信息下的 Stackelberg 博弈。在正向供应链中，作为跟随者的制造商主要负责新产品的生产及废旧产品的再制造，主导零售商负责新产品的销售。在逆向供应链中，主导零售商负责废旧产品的回收。假设闭环供应链系统的需求函数为：

$$D(p) = a - \beta p \qquad (2-1)$$

其中，a 表示市场容量，$a > 0$；p 表示新产品的单位零售价格，β 表示价格敏感系数，$\beta > 0$。书中其他变量及符号假设如下：

w 表示新产品的单位批发价格；m 表示零售商新产品的单位利润，$m = p - w$；c_m 表示新产品的单位固定生产成本；c_r 表示制造商将回收来的废旧产品进行再制造的单位再制造成本；c_f 表示零售商回收废旧产品时，制造商给零售商的单位转移支付。为了保证再制造对制造商是有意义的，假设 $c_m - c_r - c_f > 0$；τ 表示废旧产品的回收率，$0 \leqslant \tau < 1$；$c(\tau) = k\tau^2$ 表示回收废旧产品的回收努力成本。其中，k 表示规模参数，代表回收废旧产品的难易程度。

为了保证废旧产品最优回收率在给定范围是有界的，以及书中各种函数和表达式具有一定的经济意义。类似一些学者的假设（Wei et al.，2015；Avaskan et al.，2004），要求规模参数 k 应足够大，即满足 $k > \mathrm{Max}\left\{\dfrac{\beta(c_m - c_r)^2}{2},\right.$

$\left.\dfrac{(a - \beta c_m)(c_m - c_r) + \beta(c_m - c_r)^2}{8}\right\}$。

2.3　公平中性下零售商主导闭环供应链的最优决策

当不考虑公平关切（即公平中性）行为时，闭环供应链系统的所有成员作为理性决策者均追求自身利润的最大化，则闭环供应链中主导零售商及制造商的利润函数分别为：

$$\pi_r = (p - w)D(p) + c_f D(p)\tau - k\tau^2 \qquad (2-2)$$

$$\pi_m = (w - c_m)D(p) + (c_m - c_r - c_f)D(p)\tau \qquad (2-3)$$

根据零售商主导两阶段闭环供应链的博弈关系，则零售商及制造商的决策顺序为：（1）主导零售商首先决定新产品的零售价格 p 及废旧产品的回收率 τ；（2）制造商依据主导零售商的决策变量确定新产品的批发价格 w。

根据上述两阶段决策问题，本书采用如下逆向递推法进行求解。

首先，将 $p = w + m$ 代入式（2-3）中，由于 $\dfrac{\partial \pi_m^2(w)}{\partial w^2} = -2\beta < 0$，即制造商的利润函数 $\pi_m(w)$ 关于 w 为严格凹函数。根据一阶条件，可求得制造商的均衡批发价格为：

$$w^* = c_m - \tau(c_m - c_r - c_f) - p + \frac{a}{\beta} \qquad (2-4)$$

接着，将式（2-4）代入零售商的利润函数式（2-2）中，易知 π_r 关于 p 和 τ 均为严格凹函数。根据一阶条件，可求得零售商的最优零售价格及回收率分别为：

$$p^* = \frac{a\Delta_2 + 2k\beta c_m}{\beta\Delta_3} \qquad (2-5)$$

$$\tau^* = \frac{(c_m - c_r)(a - \beta c_m)}{\Delta_3} \qquad (2-6)$$

将式（2-5）代入式（2-1），可求得新产品的最优需求量为：

$$D^* = \frac{2k(a - \beta c_m)}{\Delta_3} \qquad (2-7)$$

将式（2-5）和式（2-6）代入式（2-4）中，可求得制造商的最优批发价格为：

$$w^* = \frac{a\Delta_1 + \beta c_m(\Delta_2 + \beta(c_m - c_r)(c_m - c_r - c_f))}{\beta\Delta_3} \qquad (2-8)$$

式中，令 $2k - \beta(c_m - c_r)(c_m - c_r - c_f) = \Delta_1$，$6k - \beta(c_m - c_r)^2 = \Delta_2$，$8k - \beta(c_m - c_r)^2 = \Delta_3$。

最后，将式（2-5）至式（2-8）分别代入式（2-2）和式（2-3）中，可得零售商、制造商、闭环供应链系统的最大利润分别为：

$$\pi_r^* = \frac{k(a - \beta c_m)^2}{\beta\Delta_3} \qquad (2-9)$$

$$\pi_m^* = \frac{4k^2(a - \beta c_m)^2}{\beta\Delta_3^2} \qquad (2-10)$$

$$\pi_s^* = \pi_r^* + \pi_m^* = \frac{k\Delta_4(a - \beta c_m)^2}{\beta\Delta_3^2} \qquad (2-11)$$

式中，令 $12k - \beta(c_m - c_r)^2 = \Delta_4$。在规模参数 k 的假设条件下，不难发现 Δ_1，Δ_2，$\cdots$，$\Delta_4 > 0$。

2.4　公平关切下零售商主导闭环供应链的最优决策

2.4.1　制造商公平关切下的最优决策

在零售商主导的闭环供应链中，当处于跟随者的制造商具有公平倾向时，参照杜少甫（2010），张克勇等（2014）的研究，假设公平关切制造商的效用函数为：

$$u_m = \pi_m - \lambda_m (\pi_r - \pi_m) \qquad (2-12)$$

式中，$0 < \lambda_m < 1$ 表示制造商的公平关切系数，且假设 λ_m 值对零售商是已知的。当 λ_m 越接近 0 时表示制造商的公平关切程度越弱（$\lambda_m = 0$ 表示公平中性），λ_m 越接近 1 表示制造商的公平关切程度越强。

由于本书假设零售商是公平中性的，与 2.3 节的分析过程相似。在给定主导零售商的决策变量 p 及 τ 后，容易发现 $\dfrac{\partial^2 u_m(w)}{\partial w^2} < 0$，因此 $u_m(w)$ 关于 w 为严格凹函数，根据一阶条件，可求得制造商的均衡批发价格如下（将制造商公平关切下的均衡结果用加下角标"λ_m"的形式表示）：

$$w_{\lambda_m}^* = \frac{(\lambda_m+1)a}{(2\lambda_m+1)\beta} + \frac{(\lambda_m+1)c_m}{2\lambda_m+1} - \frac{p}{2\lambda_m+1} + \frac{((2\lambda_m+1)c_f - (\lambda_m+1)(c_m-c_r))\tau}{2\lambda_m+1}$$

$$(2-13)$$

进一步，将式（2-13）代入零售商的目标函数 $\pi_r(p,\ \tau)$ 中，根据一阶条件，可得零售商的最优零售价格及回收率分别为：

$$p_{\lambda_m}^* = \frac{a\Delta_5 + 2k(2\lambda_m+1)\beta c_m}{\beta\Delta_7} \qquad (2-14)$$

$$\tau_{\lambda_m}^* = \frac{(\lambda_m+1)(c_m-c_r)(a-\beta c_m)}{\Delta_7} \qquad (2-15)$$

将式（2-14）、式（2-15）分别代入式（2-1）及式（2-13）中，可求得公平关切下新产品的最优需求量、制造商的最优批发价格分别为：

$$D_{\lambda_m}^* = \frac{2k(2\lambda_m+1)(a-\beta c_m)}{\Delta_7} \qquad (2-16)$$

$$w^*_{\lambda_m} = \frac{a\Delta_6 + 2k(4\lambda_m + 3)\beta c_m}{\beta\Delta_7} + \frac{\beta c_f(\lambda_m + 1)(c_m - c_r)(a - \beta c_m)}{\beta\Delta_7} \quad (2-17)$$

式中，令 $6k(2\lambda_m + 1) - \beta(\lambda_m + 1)(c_m - c_r)^2 = \Delta_5$，$2k(4\lambda_m + 1) - \beta(\lambda_m + 1)$ $(c_m - c_r)^2 = \Delta_6$，$8k(2\lambda_m + 1) - \beta(\lambda_m + 1)(c_m - c_r)^2 = \Delta_7$。

将式（2-14）至式（2-17）分别代入式（2-2）和式（2-3）中，可求得公平关切下零售商、制造商、闭环供应链系统的最大利润：

$$\pi^*_{\lambda_m r} = \frac{k(\lambda_m + 1)(a - \beta c_m)^2}{\beta\Delta_7} \quad (2-18)$$

$$\pi^*_{\lambda_m m} = \frac{4k^2(2\lambda_m + 1)(4\lambda_m + 1)(a - \beta c_m)^2}{\beta\Delta_7^2} \quad (2-19)$$

$$\pi^*_{\lambda_m s} = \pi^*_{\lambda_m r} + \pi^*_{\lambda_m m} = \frac{k\Delta_8(a - \beta c_m)^2}{\beta\Delta_7^2} \quad (2-20)$$

进而，根据式（2-12），可求得公平关切下制造商的最大效用为：

$$u^*_{\lambda_m m} = \frac{k\Delta_9(\lambda_m + 1)(a - \beta c_m)^2}{\beta\Delta_7^2} \quad (2-21)$$

式中，令 $12k(2\lambda_m + 1)^2 - \beta(\lambda_m + 1)^2(c_m - c_r)^2 = \Delta_8$，$4k(2\lambda_m + 1)^2 - \beta\lambda_m$ $(\lambda_m + 1)(c_m - c_r)^2 = \Delta_9$，在规模参数 k 的假设条件下，不难发现 Δ_5，Δ_6，$\cdots$，$\Delta_9 > 0$。

2.4.2 制造商与零售商同时公平关切下的最优决策

上述 2.1 节的分析表明制造商的公平关切行为会导致零售商利益受损，当制造商公平关切时，作为渠道领导者的零售商为了维护自身的利益，也会产生公平关切倾向。类似地，假设公平关切零售商的效用函数为：

$$u_r = \pi_r - \lambda_r(\pi_m - \pi_r) \quad (2-22)$$

式中，$0 < \lambda_r < 1$ 表示主导零售商的公平关切系数，且假设 λ_r 对制造商也是已知的。

与前述的分析过程相似，当制造商和零售商同时公平关切时，不难求得如下均衡结果（将制造商与零售商同时公平关切下的均衡结果用加下角标"λ"的形式表示）：

$$w_\lambda^* = \frac{2kf_2((2f_5\lambda_r\lambda_m + f_1f_7)a) + (2f_3f_5\lambda_r + f_1f_8)\beta c_m)}{\beta\Delta_{11}}$$

$$+ \frac{f_1^2(\beta c_m c_f + a(c_m - c_r - c_f))\beta(c_m - c_r)}{\beta\Delta_{11}} \qquad (2-23)$$

$$p_\lambda^* = \frac{2kf_2f_5(2f_5\lambda_r a + f_1\beta c_m) + af_1\Delta_{10}}{\beta\Delta_{11}} \qquad (2-24)$$

$$\tau_\lambda^* = \frac{f_1^2(c_m - c_r)(a - \beta c_m)}{\Delta_{11}} \qquad (2-25)$$

$$D_\lambda^* = \frac{2kf_1f_2f_3(a - \beta c_m)}{\Delta_{11}} \qquad (2-26)$$

式中，p_λ^*，w_λ^*，τ_λ^*，D_λ^* 分别表示制造商与零售商同时公平关切下的相关均衡变量。令 $\lambda_m + \lambda_r + 1 = f_1$，$\lambda_r + 1 = f_2$，$\lambda_m + 1 = f_3$，$2\lambda_r + 1 = f_4$，$2\lambda_m + 1 = f_5$，$3\lambda_r + 4 = f_6$，$4\lambda_m + 1 = f_7$，$4\lambda_m + 3 = f_8$，$6kf_2f_5 - f_1\beta(c_m - c_r)^2 = \Delta_{10}$，$4kf_2f_5(\lambda_r f_5 + 2f_1) - f_1^2\beta(c_m - c_r)^2 = \Delta_{11}$。在规模参数 k 的假设条件下，不难发现 $\Delta_{10} > 0$，$\Delta_{11} > 0$。

2.5　均衡结果分析

性质 2 - 1　$\dfrac{\partial u_{\lambda_m m}^*}{\partial\lambda_m} > 0$。

证明：根据式（2 - 21），容易发现：

$$\frac{\partial u_{\lambda_m m}^*}{\partial\lambda_m} = \frac{k(\Delta_{12} + 4k\Delta_{13})(a - \beta c_m)}{\beta^2(\Delta_7)^4} > 0,$$

式中，令 $16k^2(2\lambda_m + 1)^3 - \beta^2(\lambda_m + 1)^3(c_m - c_r)^4 = \Delta_{12}$，$4k(2\lambda_m + 1)^3 - \beta(\lambda_m + 1)(6\lambda_m + 1)(c_m - c_r)^2 = \Delta_{13}$。在规模参数 k 的假设条件下，不难发现 $\Delta_{12} > 0$，$\Delta_{13} > 0$，证毕。

性质 2 - 1 表明在零售商主导的闭环供应链中，当制造商公平关切时，随着制造商公平关切程度的增强（λ_m 增大），其自身效用值在增大。由于零售商的主导地位使其自身获得了较制造商更多的渠道利润，作为跟随者的制造商会产生不公平的心理感官，进而制造商在公平关切下会追求效用最大化。

性质 2 - 2 $\dfrac{\partial w^*_{\lambda_m}}{\partial \lambda_m} > 0$, $\dfrac{\partial p^*_{\lambda_m}}{\partial \lambda_m} > 0$, $\dfrac{\partial \tau^*_{\lambda_m}}{\partial \lambda_m} < 0$, $\dfrac{\partial D^*_{\lambda_m}}{\partial \lambda_m} < 0$。

性质 2 - 2 表明在零售商主导的闭环供应链中,随着制造商公平关切程度的增强,新产品的最优零售价格及批发价格均在增加,而废旧产品的最优回收率以及新产品的需求量在降低。

事实上,随着制造商公平关切程度的增强,制造商会通过提高批发价格的方式获得更大的效用,而零售商作为闭环供应链系统的领导者,在观察到制造商的最优批发价格后再制定零售价格。因此,制造商批发价格的增大会导致零售商零售价格的增大。这也表明了制造商的公平关切行为增强了其在市场中的讨价还价能力。

进一步,不难发现 $\dfrac{\partial w^*_{\lambda_m}}{\partial \lambda_m} > \dfrac{\partial p^*_{\lambda_m}}{\partial \lambda_m}$,即随着制造商公平关切程度的增强,零售商的单位利润在降低,零售商为维护自身的利益,会通过减少废旧产品回收的方式降低成本。因此,废旧产品回收率会随着制造商关切程度的增强而降低,即制造商公平关切程度越强,废旧产品的回收率就越低。最后,新产品零售价格的增大以及市场上废旧产品回收率的降低,两者的变化趋势共同导致了消费者对新产品需求量的减少,即制造商公平关切程度越强,新产品的需求量就越低。

性质 2 - 3 $\dfrac{\partial \pi^*_{\lambda_m m}}{\partial \lambda_m} > 0$, $\dfrac{\partial \pi^*_{\lambda_m r}}{\partial \lambda_m} < 0$, $\dfrac{\partial \pi^*_{\lambda_m s}}{\partial \lambda_m} < 0$。

性质 2 - 3 表明,在零售商主导的闭环供应链中,制造商的最大利润随着自身公平关切程度增强而增加,即制造商的公平关切行为对自身利润最大化总是有利的。然而主导零售商及系统整体的最大利润却随着制造商公平关切程度增强而减少。由于零售商的利润下降幅度要大于制造商利润上升的幅度(容易发现 $\left| \dfrac{\partial \pi^*_{\lambda_m r}}{\partial \lambda_m} \right| > \left| \dfrac{\partial \pi^*_{\lambda_m m}}{\partial \lambda_m} \right|$),从而制造商公平关切程度增强导致了闭环供应链系统整体利润的降低。当制造商的公平关切程度增强到一定范围时,势必会出现制造商的最大利润大于零售商的情况。此种情况的出现会严重威胁零售商的市场领导地位,因此,为了维持闭环供应链系统的正常运作,制造商不能一味追求其自身的公平关切性。

性质 2 - 4　$\dfrac{\partial p_\lambda^*}{\partial \lambda_m} > 0$，$\dfrac{\partial p_\lambda^*}{\partial \lambda_r} > 0$，$\dfrac{\partial \tau_\lambda^*}{\partial \lambda_m} < 0$，$\dfrac{\partial \tau_\lambda^*}{\partial \lambda_r} < 0$，$\dfrac{\partial D_\lambda^*}{\partial \lambda_m} < 0$，$\dfrac{\partial D_\lambda^*}{\partial \lambda_r} < 0$。

性质 2 - 4 表明在零售商主导的闭环供应链中，新产品的最优零售价格会随着零售商与制造商公平程度的增强而增加，而废旧产品的最优回收率以及新产品的最优需求量会随着零售商与制造商公平关切程度的增强而降低。

事实上，当零售商与制造商都具有公平关切行为时，与只考虑制造商公平关切时的情况相似，新产品的零售价格会随着二者公平关切程度的增强而增加，这必然会导致新产品市场销售量的降低，从而损害主导零售商的利益。为了避免这一现象，零售商作为回收主体，会通过减少废旧产品回收的方式来降低成本，从而造成新产品回收率的降低。同性质 2 - 2 分析相似，新产品零售价格的增加以及废旧产品回收率的降低共同导致了新产品需求量的降低。

定理 2 - 1　$p_{\lambda_m}^* > p^*$，$w_{\lambda_m}^* > w^*$，$\tau_{\lambda_m}^* > \tau^*$，$D_{\lambda_m}^* > D^*$。

定理 2 - 1 表明，在零售商主导的闭环供应链中，较之公平中性，制造商的公平关切性使得自身获得了更高的批发价格，而作为主导者的零售商为了提高自身的利润，会相应提高零售价格，同时零售商为了降低废旧产品回收成本，会进一步降低废旧产品的回收率，最终导致新产品需求量的降低。

推论 2 - 1　制造商的公平关切行为有利于提高新产品的批发价格及零售价格，不利于提高新产品的需求量以及废旧产品的回收率。

定理 2 - 2　$\pi_{\lambda_m m}^* < \pi_m^*$，$\pi_{\lambda_m r}^* < \pi_r^*$，$\pi_{\lambda_m s}^* < \pi_s^*$。

证明：根据式（2 - 9）至式（2 - 11）以及式（2 - 18）至式（2 - 20），容易发现：

$$\pi_{\lambda_m m}^* - \pi_m^* = \frac{4k^2 \lambda_m (16k(2\lambda_m + 1)\Delta_{17} + (7\lambda_m + 4)\beta^2 \Delta^4)(a - \beta c_m)^2}{\beta \Delta_3^2 \Delta_7^2} > 0$$

$$\pi_{\lambda_m r}^* - \pi_r^* = -\frac{8k^2 \lambda_m (a - \beta c_m)^2}{\beta \Delta_3 \Delta_7} < 0$$

$$\pi_{\lambda_m s}^* - \pi_s^* = -\frac{4k^2 \lambda_m \Delta_{18} \beta (c_m - c_r)^2 (a - \beta c_m)^2}{\beta \Delta_3^2 \Delta_7^2} < 0$$

其中，令 $8k - 3\beta(c_m - c_r)^2 = \Delta_{17}$，$16(3\lambda_m + 1)k - (5\lambda_m + 2)\beta(c_m - c_r)^2 = \Delta_{18}$。在规模参数 k 的假设条件下，不难发现 $\Delta_{17} > 0$，$\Delta_{18} > 0$，证毕。

定理 2 - 2 表明，在零售商主导的闭环供应链中，较之公平中性，制造

商的公平关切性使得自身利润有所增大，使得主导零售商及系统总利润有所减小。结合性质 2-1，制造商如果一味追求自身效用的最大化，而忽略了主导零售商废旧产品回收的积极性，势必会造成主导零售商利润的减小。由于 $\left|\dfrac{\partial \pi^*_{\lambda_m m}}{\partial \lambda_m}\right| < \left|\dfrac{\partial \pi^*_{\lambda_m r}}{\partial \lambda_m}\right|$，即制造商的利润增加幅度小于零售商的利润减小幅度，因此，制造商的公平关切行为使得系统的总利润减小。显然这对废旧产品的再回收、再利用以及环境保护都是无益的。

推论 2-2 制造商的公平关切行为对自身总是有利的，但对主导零售商及闭环供应链系统整体是不利的。

定理 2-3 当 $0 < \lambda_m < \lambda_m^*$ 时，$\pi^*_{\lambda_m r} > \pi^*_{\lambda_m m}$；当 $\lambda_m^* \leqslant \lambda_m < 1$ 时，$\pi^*_{\lambda_m r} \leqslant \pi^*_{\lambda_m m}$。

其中，$\lambda_m^* = \dfrac{-\beta(c_m - c_r)^2 + 2\sqrt{4k^2 + 3k(4k - \beta(c_m - c_r)^2)}}{16k + \beta(c_m - c_r)^2}$。

定理 2-3 表明随着制造商公平关切程度的增强，当制造商的公平关切程度超过某个特定值（即 λ_m^*）时，制造商的利润会超过主导零售商的利润，这对主导零售商来说是无法接受的。因此为了维持闭环供应链系统的正常运作，制造商不能一味只追求自身的公平关切性，还要考虑零售商的渠道领导地位，否则对新产品的销售和废旧产品的回收都是不利的。

推论 2-3 当制造商的公平关切程度相对较弱时，主导零售商获得了更多的渠道利润。反之，当制造商的公平关切程度相对较强时，制造商会获得较主导零售商更多的渠道利润。

已有公平关切下闭环供应链的研究表明，成员的公平关切行为会导致闭环供应链系统利润的重新分配（张克勇，丁雪峰等）。而本书的研究进一步表明，闭环供应链成员的公平关切行为虽然对自身总是有利的，但不一定对闭环供应链系统整体有利。

2.6 结 论

本书针对由一个制造商和一个主导零售商组成闭环供应链的定价决策问题，分析了公平关切行为对闭环供应链定价策略的影响，得到以下主要结论：

（1）制造商的公平关切行为会导致新产品零售价格的提高及废旧产品回收率、新产品需求量的降低；（2）制造商的公平关切行为对自身利润及效用的最大化是有利的，对主导零售商及闭环供应链系统整体利润的最大化是不利的；（3）较之公平中性，制造商的公平关切行为会导致更高的新产品零售价格、更低的废旧产品回收率及新产品需求量；（4）较之公平中性，制造商的公平关切行为有利于自身利润的增加，但不利于零售商及系统总体利润的增加；（5）当制造商与零售商同时公平关切时，二者的公平关切行为对提高废旧产品回收率及新产品需求量均是不利的。

第3章　考虑消费者偏好及公平关切的闭环供应链决策研究

3.1　问题提出

当今社会中资源枯竭，环境问题频发，如何实现经济的绿色循环发展已成为全世界共同关注的问题。随着消费者环保意识的提高以及政府律法规制的完善，实施资源循环利用、促进经济可持续发展已成为一种趋势。2020 年，国家发展改革委出台《汽车零部件再制造规范管理暂行办法》，标志着企业实施闭环供应链管理转入规范化、规模化发展的新阶段。近年来，有的在线平台相继被曝光大数据杀熟等问题，引发消费者不满。2020 年，文化和旅游部正式施行《在线旅游经营服务管理暂行规定》，严禁在线旅游平台设置不公平交易条件。可见，消费者对低碳环保的关注越来越多地影响企业的决策，甚至引发社会的共同关注。

马克等（Mark et al.，2006）较早关注了闭环供应链中新品与再制品之间的竞争问题，但没有关注消费者对新品及再制品的偏好。事实上，在很多领域，由于生产技术及设备先进，再制品与新品在外观、性能等方面并无差异。此时，消费者对新品与再制品的偏好将影响闭环供应链成员决策。蒋伟宇等（Chiang et al.，2003）较早在此方面做了研究，随后，易鹏兴等（Yi et al.，2016）构建了考虑消费者偏好的零售商再制造双回收渠道闭环供应链决策模型。熊宇等（Xiong et al.，2016）在消费者不同偏好下，比较了制造商再制造及供应商再制造的优势及劣势。赵俊杰等（Zhao et al.，2019）探讨了在不同再制造及专利授权模式下，消费者偏好对闭环供应链定价、服务及回收决策的影响。朱晓东等（Zhu et al.，2018）研究了消费者偏好对消费者购买决策的影响。王亚灿等

（Wang et al.，2016）分析了消费者在购买再制品时，再制品质量、成本及环境属性对消费者购买决策的影响。李新然等（2019）在消费者双重偏好下，比较了有无政府补贴下闭环供应链的渠道选择策略。然而，以上文献的研究有共同假定，即闭环供应链的参与者是完全理性的，仅以利润最大化为决策目标。

行为经济学的研究发现，决策过程中参与者关注自身收益的同时，也关注交易的公平性，具有明显的公平关切行为（Cui et al.，2007；杜少甫等，2010）。在闭环供应链中，很多学者关注了制造商、零售商或回收商的公平关切心理，展开了一系列的研究。姚锋敏等（2018）针对具有广告效应的闭环供应链制造商公平关切行为进行了研究。一些学者探讨了具有零售商公平关切的闭环供应链定价决策及协调策略，郑晓雪等（Zheng et al.，2019）研究了零售商公平关切下三级闭环供应链的协调策略。姚锋敏等（2017）构建了竞争零售商公平中性及公平关切下的闭环供应链决策模型。李新然等（2019）在"以旧换再"① 政策下，分析了零售商服务水平及其公平关切态度对闭环供应链决策及利润的影响。马晓平等（2021）在零售商公平关切下研究了闭环供应链的两种担保模式。曹晓刚等（2019）在制造商与零售商单向及双向公平关切下，研究了闭环供应链的定价及协调问题。随着回收商在闭环供应链中的作用愈加重要，王文宾等（2019）探究了回收商的公平关切行为及制造商对其行为的态度对闭环供应链决策的影响。以上研究仅关注了闭环供应链中企业的公平关切行为，忽略了消费者的公平关切心理。

随着经济的发展及互联网的普及，产品信息愈加透明，消费者有了获取产品批发价的可能性。消费者的公平关切心理会影响消费者的购买决策。已有部分学者关注到了供应链中的消费者公平关切行为。陈宇新等（Chen et al.，2013）通过构建价格竞争模型研究发现，消费者对公平的关注有利于缓解价格竞争并提高企业利润。郭晓萌等（Guo et al.，2016）讨论了消费者对不公平交易的厌恶情绪对企业质量及定价决策的影响。刘静等（2022）在消费者公平关切下研究了竞争供应链的歧视定价问题。经有国等（2020）在消费者具有公平关切及渠道偏好下，研究了入侵制造商的定价决策。部分学者关注了消费者公平关切行为对制造商渠道选择策略的影响问题，展开了一系列研究，如易

---

① "以旧换再"是指顾客将使用后的旧品返回给制造商并以一定价格换取再制造品。

泽龙等（Yi et al.，2018）、廖治通（2019）、刘静等（2020）。

然而，现有文献较少关注闭环供应链中消费者的公平关切行为。在闭环供应链中，当新品及再制品无显著差异时，消费者对新品及再制品的偏好将影响消费者的决策；同时，消费者的公平关切心理也将影响其消费决策。在消费者偏好及公平关切的共同作用下，闭环供应链成员应如何决策？基于此，本书试图解决同时考虑消费者对新品及再制品的偏好以及消费者公平关切下闭环供应链的决策问题，研究在制造商不同渠道策略与消费者不同公平关切态度下闭环供应链的定价及回收决策。进一步分析消费者对再制品接受程度及消费者对不公平交易的厌恶程度给企业最优决策及利润造成的影响，并探讨制造商的渠道选择策略。

3.2　问题描述与模型假设

本书假设闭环供应链由一个制造商、一个零售商和一个第三方回收商构成，制造商作为 Stackelberg 博弈的领导者，需决定是否生产再制品。若制造商仅生产新品，则制造商负责新品的生产，零售商负责新品的销售；若制造商同时生产新品及再制品，则制造商进行新品及再制品的生产，零售商销售新品及再制品，回收商回收废旧产品。p_n、p_r 分别表示新品及再制品的单位销售价格，w_n、w_r 分别表示新品及再制品的单位批发价格，$p_n > w_n$，$p_r > w_r$。c 表示新品的单位生产成本，s 表示相对于新品，再制品的单位节约生产成本，$c > s$。A 表示回收商支付给消费者的废旧产品单位回收价格，b 表示制造商支付给回收商的废旧产品单位回收价格，$A < b < s$。τ 表示废旧产品的回收率，$0 \leqslant \tau \leqslant 1$，$C(\tau) = k\tau^2$ 表示回收废旧产品的固定投资成本，其中 k 是回收成本系数，$k > 0$。

在消费者公平中性下，考虑市场中消费者对新品和再制品不同的接受程度，根据马克等（2006）的研究，假设消费者对单位新品的支付意愿为 θ，$\theta \in (0, 1)$，相对于新品，消费者对再制品的接受程度为 δ，$\delta \in (0, 1)$，δ 越大说明消费者对再制品的接受程度越高。此时，新品与再制品的需求函数如下（上标"I"表示考虑消费者偏好及消费者公平中性的情形）。

$$q_n^I = 1 - \frac{p_n - p_r}{1 - \delta} \qquad (3-1)$$

$$q_r^I = \frac{\delta p_n - p_r}{\delta(1-\delta)} \tag{3-2}$$

在消费者公平关切下，根据易泽龙等（2018）的研究，假设消费者的公平关切系数为 λ，$\lambda \in (0, 1)$，即消费者对于不公平交易的厌恶程度，且消费者仅关心零售商利益与自身利益的差异导致的公平性，λ 越大表明消费者对不公平交易的厌恶程度越高。此时，消费者购买新品的效用函数 U_n 与再制品的效用函数 U_r 分别为：

$$U_n = \theta - p_n - \lambda \mathrm{Max}\{(p_n - w_n) - (\theta - p_n), 0\} \tag{3-3}$$

$$U_r = \delta\theta - p_r - \lambda \mathrm{Max}\{(p_r - w_r) - (\delta\theta - p_r), 0\} \tag{3-4}$$

若 $U_n > 0$（即 $\theta > \theta_n$），其中 $\theta_n = \dfrac{(1+2\lambda)p_n - \lambda w_n}{1+\lambda}$，新品存在需求；若 $U_r > 0$（即 $\theta > \theta_r$），其中 $\theta_r = \dfrac{(1+2\lambda)p_r - \lambda w_r}{(1+\lambda)\delta}$，消费者可能购买再制品；若 $U_n = U_r$（即 $\theta = \theta_{nr}$），其中 $\theta_{nr} = \dfrac{(1+2\lambda)(p_n - p_r) - \lambda(w_n - w_r)}{(1-\delta)(1+\lambda)}$，消费者认为新品、再制品无差异；若 $\theta_r < \theta_n < \theta_{nr}$，消费者对新品和再制品皆存在需求。根据激励相容和个人理性原则，新品与再制品的需求函数如下（上标"F"表示考虑消费者偏好及消费者公平关切的情形）：

$$q_n^F = 1 - \frac{(1+2\lambda)(p_n - p_r) - \lambda(w_n - w_r)}{(1-\delta)(1+\lambda)}, \quad 若\ p_n < G \tag{3-5}$$

$$q_n^F = 1 - \frac{(1+2\lambda)p_n - \lambda w_n}{1+\lambda}, \quad 若\ p_n \geq G \tag{3-6}$$

$$q_r^F = \frac{(1+2\lambda)(p_n - p_r) - \lambda(w_n - w_r)}{(1-\delta)(1+\lambda)} - \frac{(1+2\lambda)p_r - \lambda w_r}{\delta(1+\lambda)}, \quad 若\ p_n < G \tag{3-7}$$

$$q_r^F = 0, \quad 若\ p_n \geq G \tag{3-8}$$

其中，$G = \dfrac{p_r}{\delta} + \dfrac{\lambda w_n}{(1+2\lambda)} - \dfrac{\lambda w_r}{(1+2\lambda)\delta}$。

3.3　模型构建及求解

本节在消费者公平中性及公平关切下，分别构建仅有新品的单渠道及具有新品及再制品的双渠道闭环供应链决策模型。

3.3.1 考虑消费者公平中性的单渠道情形

考虑消费者公平中性的单渠道情形下，制造商宣布新品的批发价格 w_n，进而零售商决定新品的零售价格 p_n，消费者决定是否购买新品。制造商和零售商皆以利润最大化为决策目标，其利润函数如下（上标"IS"表示考虑消费者公平中性的单渠道情形）。

$$\pi_M^{IS}(w_n) = (w_n - c)q_n \qquad (3-9)$$

$$\pi_R^{IS}(p_n) = (p_n - w_n)q_n \qquad (3-10)$$

此时，新品的需求函数为 $q_n = 1 - p_n$，将其分别代入式（3-9）和式（3-10）中，根据两阶段闭环供应链的博弈顺序，采用逆向递推法，可求得此情形的均衡结果如下：

$$\begin{cases} w_n^{IS*} = \dfrac{c+1}{2} \\[2mm] p_n^{IS*} = \dfrac{3+c}{4} \\[2mm] q_n^{IS*} = \dfrac{1-c}{4} \\[2mm] \pi_M^{IS*} = \dfrac{(c-1)^2}{8} \\[2mm] \pi_R^{IS*} = \dfrac{(c-1)^2}{16} \end{cases} \qquad (3-11)$$

3.3.2 考虑消费者偏好及消费者公平关切的单渠道情形

考虑消费者偏好及消费者公平关切的单渠道情形下，博弈顺序与考虑消费者公平中性的单渠道相同，此时新品的需求函数为式（3-6），将其代入式（3-9）和式（3-10）中，采用逆向递推法，可得此情形的均衡结果如下（上标"FS"表示考虑消费者偏好及消费者公平关切的单渠道情形）：

$$\begin{cases} w_n^{FS*} = \dfrac{c+1}{2} \\[2mm] p_n^{FS*} = \dfrac{c(1+3\lambda)+5\lambda+3}{4(1+2\lambda)} \\[2mm] q_n^{FS*} = \dfrac{1-c}{4} \\[2mm] \pi_R^{FS*} = \dfrac{(1+\lambda)(c-1)^2}{16(1+2\lambda)} \\[2mm] \pi_M^{FS*} = \dfrac{(c-1)^2}{8} \end{cases} \qquad (3-12)$$

性质 3 - 1　$\dfrac{\partial p_n^{FS*}}{\partial \lambda} < 0$，$\dfrac{\partial \pi_R^{FS*}}{\partial \lambda} < 0$。

证明：$\dfrac{\partial p_n^{FS*}}{\partial \lambda} = \dfrac{c-1}{4(2\lambda+1)^2} < 0$，$\dfrac{\partial \pi_R^{FS*}}{\partial \lambda} = -\dfrac{(c-1)^2}{16(2\lambda+1)^2} < 0$。证毕。

性质 3 - 1 表明，考虑消费者偏好及消费者公平关切的单渠道中，随着消费者公平关切系数的增加，新品的零售价格以及零售商的利润降低，但制造商的利润不受其影响。与经有国等（2020）的研究类似，本书进一步揭示出在闭环供应链中，随着消费者对不公平交易厌恶程度的增强，零售商需通过降低新品零售价格的方式降低消费者不公平的感受以维持新品的销售数量不变，由于此时制造商批发价格不变，故零售商利润降低，而制造商利润不受公平关切系数变化的影响。

3.3.3　考虑消费者偏好及消费者公平中性的双渠道情形

考虑消费者偏好及消费者公平中性的双渠道情形下，博弈顺序如下：制造商宣布新品和再制品的批发价格 w_n 和 w_r，进而零售商决定新品和再制品的零售价格 p_n 和 p_r，同时，第三方回收商决定废旧产品的回收率 τ。则制造商、零售商及回收商的利润函数如下（上标 "ID" 表示考虑消费者偏好及消费者公平中性的双渠道情形）：

$$\pi_M^{ID}(w_n,\ w_r) = (w_n - c)q_n + (w_r - c + s)q_r - b\tau(q_n + q_r) \qquad (3-13)$$

$$\pi_R^{ID}(p_n,\ p_r) = (p_n - w_n)q_n + (p_r - w_r)q_r \qquad (3-14)$$

$$\pi_T^{ID}(\tau) = (b - A)\tau(q_n + q_r) - k\tau^2 \qquad (3-15)$$

将式（3 - 1）和式（3 - 2）代入式（3 - 13）至式（3 - 15），采用逆向

递推法，可得此情形的均衡结果如下：

$$
\begin{cases}
w_n^{ID*} = \dfrac{b(b-A)(\delta+s+1)+4\delta k(c+1)}{2(b^2-bA+4\delta k)} \\[3mm]
w_r^{ID*} = \dfrac{\delta(b^2-bA+2k(c+\delta-s))}{b^2-bA+4\delta k} \\[3mm]
p_n^{ID*} = \dfrac{b(b-A)(\delta+s+3)+4\delta k(3+c)}{4(b^2-bA+4\delta k)} \\[3mm]
p_r^{ID*} = \dfrac{\delta(b(b-A)+k(c+3\delta-s))}{b^2-Ab+4\delta k} \\[3mm]
\tau^{ID*} = \dfrac{(b-A)(\delta-c+s)}{2(b^2-bA+4\delta k)}
\end{cases}
\tag{3-16}
$$

此时，新品与再制品的市场需求及企业利润分别为：

$$
\begin{cases}
q_n^{ID*} = \dfrac{\delta+s-1}{4(\delta-1)} \\[3mm]
q_r^{ID*} = \dfrac{b(b-A)(1-\delta-s)+4k(c-s-c\delta)}{4(\delta-1)(b^2-Ab+4\delta k)} \\[3mm]
\pi_M^{ID*} = \dfrac{\delta b^2(2-\delta-2s)-b^2(s-1)^2+Ab(\delta+s-1)^2}{8(\delta-1)(b^2-Ab+4\delta k)} \\[3mm]
\qquad\quad + \dfrac{4kc(1-\delta)(2s+2\delta-c)+4k(\delta(\delta-1)-s^2)}{8(\delta-1)(b^2-Ab+4\delta k)} \\[3mm]
\pi_R^{ID*} = \dfrac{(1-s-\delta)(b(b-A)(\delta+s-1)+4\delta k(c-1))}{16(\delta-1)(b^2-Ab+4\delta k)} \\[3mm]
\qquad\quad - \dfrac{\delta k(\delta-c+s)(b(b-A)(\delta+s-1)+4k(s-c+\delta c))}{4(\delta-1)(b^2-Ab+4\delta k)^2} \\[3mm]
\pi_T^{ID*} = \dfrac{k(b-A)^2(\delta-c+s)^2}{4(b^2-Ab+4\delta k)^2}
\end{cases}
\tag{3-17}
$$

性质 3-2 $\dfrac{\partial \tau^{ID*}}{\partial \delta}>0$, $\dfrac{\partial p_n^{ID*}}{\partial \delta}>0$, $\dfrac{\partial p_r^{ID*}}{\partial \delta}>0$, $\dfrac{\partial q_n^{ID*}}{\partial \delta}<0$, $\dfrac{\partial q_r^{ID*}}{\partial \delta}>0$, $\dfrac{\partial \pi_T^{ID*}}{\partial \delta}>0$。

性质 3-2 表明，考虑消费者偏好及消费者公平中性的双渠道中，随着消费者对再制品接受程度的提高，为了增加再制造部分的利润，零售商将提高新品的零售价格，使得新品的市场需求降低，同时，制造商将提高废旧产品的回收率和再制品的零售价格，由于消费者对再制品的接受程度提高，再制品的市场需求仍会增大，回收商将从中获益，其利润变大。

3.3.4　考虑消费者偏好及消费者公平关切的双渠道情形

考虑消费者偏好及消费者公平关切的双渠道情形下，博弈顺序与上文双渠道情形相同，将式（3-5）和式（3-7）代入式（3-13）至式（3-15），采用逆向递推法，可求得此情形的均衡结果如下（上标"*FD*"表示考虑消费者偏好及消费者公平关切的双渠道情形）：

$$
\begin{cases}
w_n^{FD*} = \dfrac{b(b-A)(\delta+s+1)+4\delta k(c+1)}{2(b^2-Ab+4\delta k)} \\[4mm]
w_r^{FD*} = \dfrac{\delta(b(b-A)+2k(c+\delta-s))}{b^2-bA+4\delta k} \\[4mm]
p_n^{FD*} = \dfrac{4\delta k(\lambda(3c+5)+c+3)+b(b-A)(\lambda(3\delta+3s+5)+\delta+s+3)}{4(1+2\lambda)(b^2-Ab+4\delta k)} \\[4mm]
p_r^{FD*} = \dfrac{\delta(k(c-s)(3\lambda+1)+b(b-A)(2\lambda+1)+\delta k(5\lambda+3))}{(1+2\lambda)(b^2-Ab+4\delta k)} \\[4mm]
\tau^{FD*} = \dfrac{(b-A)(\delta-c+s)}{2(b^2-Ab+4\delta k)}
\end{cases}
\tag{3-18}
$$

此时，新品与再制品的市场需求及企业利润分别为：

$$
\begin{cases}
q_n^{FD*} = \dfrac{\delta+s-1}{4(\delta-1)} \\[4mm]
q_r^{FD*} = \dfrac{b(b-A)(1-\delta-s)+4k(c-s-c\delta)}{4(\delta-1)(b^2-Ab+4\delta k)} \\[4mm]
\pi_M^{FD} = \dfrac{\delta b^2(2-\delta-2s)-b^2(s-1)^2+Ab\,(\delta+s-1)^2}{8(\delta-1)(b^2-Ab+4\delta k)} \\[4mm]
\qquad\quad + \dfrac{4kc(1-\delta)(2s+2\delta-c)+4k(\delta(\delta-1)-s^2)}{8(\delta-1)(b^2-Ab+4\delta k)} \\[4mm]
\pi_R^{FD} = \dfrac{(\lambda+1)(1-\delta-s)(b(b-A)(\delta+s-1)+4\delta k(c-1))}{16(2\lambda+1)(\delta-1)(b^2-Ab+4\delta k)} \\[4mm]
\qquad\quad - \dfrac{\delta k(\lambda+1)(\delta-c+s)(b(b-A)(\delta+s-1)+4k(s-c+\delta c))}{4(2\lambda+1)(\delta-1)(b^2-Ab+4\delta k)^2} \\[4mm]
\pi_T^{FD*} = \dfrac{k\,(b-A)^2(\delta-c+s)^2}{4\,(b^2-Ab+4\delta k)^2}
\end{cases}
$$

（3-19）

性质 3 – 3 $\dfrac{\partial p_n^{FD*}}{\partial \lambda} < 0$，$\dfrac{\partial p_r^{FD*}}{\partial \lambda} < 0$，$\dfrac{\partial \pi_R^{FD*}}{\partial \lambda} < 0$。

性质 3 – 3 表明，考虑消费者偏好及消费者公平关切的双渠道情形中，新品及再制品的零售价格、零售商的利润均是公平关切系数的减函数。与消费者公平中性的情形不同，随着消费者公平关切系数的增大，零售商为了降低消费者的不公平感受，需同时降低新品及再制品的零售价格，维持产品销售数量不变，而由于新品及再制品的批发价格不变，故零售商销售产品的单位利润降低，其利润减小。由于消费者仅关注零售商与自身收益的差异，故制造商及回收商的利润不受消费者公平关切程度的影响。

性质 3 – 4 $\dfrac{\partial \tau^{FD*}}{\partial \delta} > 0$，$\dfrac{\partial p_n^{FD*}}{\partial \delta} > 0$，当 $\lambda > \lambda_1$ 时，$\dfrac{\partial p_r^{FD*}}{\partial \delta} > 0$；当 $\lambda < \lambda_1$ 时，

$\dfrac{\partial p_r^{FD*}}{\partial \delta} < 0$，$\dfrac{\partial q_n^{FD*}}{\partial \delta} < 0$，$\dfrac{\partial q_r^{FD*}}{\partial \delta} > 0$，$\dfrac{\partial \pi_T^{FD*}}{\partial \delta} > 0$。其中：

$$\lambda_1 = \frac{kb(c + 6\delta - s)(b - A) - (b^2 - Ab)^2 - 12k^2\delta^2}{kb(3c + 10\delta - 3s)(b - A) + 2(b^2 - Ab)^2 + 20k^2\delta^2}$$

性质 3 – 4 表明，考虑消费者偏好及消费者公平关切的双渠道情形中，最优决策关于消费者对再制品接受程度的变化规律与消费者公平中性的双渠道情形类似。当消费者对再制品的偏好提高时，零售商通过提升新品的零售价格使得新品的市场需求降低，以此提高废旧产品的回收率，并增加再制品的市场需求，增大其再制造部分的利润；而再制品的零售价格的增减，需视消费者公平关切系数而定，当消费者对不公平交易的厌恶程度大于一定阈值时，消费者将转向更具有价格优势的再制品，此时，再制品价格与消费者对其接受程度成正比，零售商将提高再制品价格，获得更高的利润。

3.4 均衡结果分析

为保证上述均衡结果具有经济可行性，易知 $\text{Max}\left\{\dfrac{b(b - A)(1 - s) + 4k(c - s)}{b(b - A) + 4kc},\right.$

$\left. c - s\right\} < \delta < 1 - s$，$c < 1$，$c - s - c\delta < 0$。

命题 3 - 1　在消费者公平中性及消费者公平关切的单渠道模型中，$w_n^{IS*} = w_n^{FS*}$，$q_n^{IS*} = q_n^{FS*}$，$\pi_M^{IS*} = \pi_M^{FS*}$，$p_n^{IS*} > p_n^{FS*}$，$\pi_R^{IS*} > \pi_R^{FS*}$。

证明：$p_n^{IS*} - p_n^{FS*} = -\dfrac{\lambda(c-1)}{4(2\lambda+1)} > 0$，$\pi_R^{IS*} - \pi_R^{FS*} = \dfrac{\lambda(c-1)^2}{16(2\lambda+1)} > 0$。证毕。

命题 3 - 1 表明，当制造商仅生产新品时，即市场中仅存在新品渠道，消费者公平关切与否、新品的批发价格、市场需求及制造商的利润都不会改变；而消费者公平关切行为会使得产品的零售价格降低，零售商的利润减少。命题 3 - 1 揭示出当市场中的消费者对与其交易的零售商存在公平关切意识时，这种公平意识会导致产品的零售价格降低，这对消费者来说是有利的；同时，零售商的利润会降低，消费者的公平意识会损害零售商的利益；而制造商的利润不受消费者公平关切行为影响。零售商为了提升自身的利润，需降低消费者对不公平交易的厌恶情绪，如提升产品服务质量等。

命题 3 - 2　在消费者公平中性及消费者公平关切双渠道模型中，$\tau^{ID*} = \tau^{FD*}$，$w_n^{ID*} = w_n^{FD*}$，$w_r^{ID*} = w_r^{FD*}$，$q_n^{ID*} = q_n^{FD*}$，$q_r^{ID*} = q_r^{FD*}$，$\pi_M^{ID*} = \pi_M^{FD*}$，$\pi_T^{ID*} = \pi_T^{FD*}$，$p_n^{ID*} > p_n^{FD*}$，$p_r^{ID*} > p_r^{FD*}$，$\pi_R^{ID*} > \pi_R^{FD*}$。

命题 3 - 2 表明，当制造商生产新品与再制品时，即市场中存在新品及再制品双渠道，消费者公平关切与否、废旧产品的回收率、新品及再制品的批发价格与市场需求、制造商的利润及第三方的利润不变；而新品及再制品的零售价格会降低，零售商的利润会减小。同单渠道情形类似，消费者公平关切行为并不会对具有双渠道的制造商决策产生影响，仅会影响零售商的最优决策，当产品需求不变时，新品及再制品的零售价格降低，零售商利润相应减少。

命题 3 - 3　在消费者公平中性的单渠道及双渠道模型中，$w_n^{ID*} > w_n^{IS*}$，$p_n^{ID*} > p_n^{IS*}$，$q_n^{ID*} < q_n^{IS*}$，当 $0 < \delta < \delta_1$ 时，$\pi_M^{ID*} > \pi_M^{IS*}$；反之 $\pi_M^{ID*} \leqslant \pi_M^{IS*}$，当 δ 满足 $b(b-A)(b(b-A)-8k\delta)((\delta+s-1)^2 + (c-1)^2(\delta-1)) + 16\delta k^2(c\delta-c+s)^2 > 0$ 这一约束时，$\pi_R^{ID*} > \pi_R^{IS*}$；反之 $\pi_R^{ID*} \leqslant \pi_R^{IS*}$。其中：

$$\delta_1 = \frac{b(b-A)(c^2-2c+2s-1) - 8ck(c-s)}{2b(A-b) - 8kc^2}$$

$$- \frac{\sqrt{b(A-b)(c-1)^2(b(A-b)((c-1)^2+4s)-16ks(c-s))}}{2b(A-b)-8kc^2}$$

命题 3-3 表明，消费者公平中性下，与单渠道相比，双渠道中，为了促使消费者购买再制品，制造商将提高新品的批发价格，使得新品的零售价格增加，这样，新品的市场需求降低，而制造商及零售商的利润是否增加，需视消费者对再制品的偏好程度而定。

命题 3-4 在消费者公平关切的单渠道及双渠道模型中，$w_n^{FD*} > w_n^{FS*}$，$p_n^{FD*} > p_n^{FS*}$，$q_n^{FD*} < q_n^{FS*}$，当 $0 < \delta < \delta_1$ 时，$\pi_M^{FD*} > \pi_M^{FS*}$；反之 $\pi_M^{FD*} \leqslant \pi_M^{FS*}$，当 δ 及 λ 满足 $(\lambda+1)(b(b-A)(b(b-A)-8k\delta)((\delta+s-1)^2+(c-1)^2(\delta-1)) + 16\delta k^2(c\delta-c+s)^2) > 0$ 这一约束时，$\pi_R^{FD*} > \pi_R^{FS*}$；反之 $\pi_R^{FD*} \leqslant \pi_R^{FS*}$。

命题 3-4 表明，消费者公平关切下，与仅有新品的单渠道相比，具有新品及再制品的双渠道中，由于受到消费者公平关切行为的影响，制造商与零售商需分别降低批发价格及零售价格，同时由于再制品加入渠道，使得新品的市场需求降低，而制造商及零售商的利润是否增加，需视消费者对再制品的接受程度及消费者的公平关切系数而定。

命题 3-5 $\Delta\pi_M^1 = \Delta\pi_M^2$，其中 $\Delta\pi_M^1 = \pi_M^{IS*} - \pi_M^{ID*}$，$\Delta\pi_M^2 = \pi_M^{FS*} - \pi_M^{FD*}$。

证明： $\Delta\pi_M^1 = \pi_M^{IS*} - \pi_M^{ID*} = \dfrac{b(b-A)((\delta+s-1)^2+(c-1)^2(\delta-1))+4k(c\delta-c+s)^2}{8(\delta-1)(Ab-b^2-4\delta k)}$，

$\Delta\pi_M^2 = \pi_M^{FS*} - \pi_M^{FD*} = \dfrac{b(b-A)((\delta+s-1)^2+(c-1)^2(\delta-1))+4k(c\delta-c+s)^2}{8(\delta-1)(Ab-b^2-4\delta k)}$，

故 $\Delta\pi_M^1 = \Delta\pi_M^2$，证毕。

命题 3-5 表明，消费者公平中性及消费者公平关切下，单渠道及双渠道下制造商的利润差是相等的，这表明制造商的利润变化不受消费者是否公平关切的行为影响，而只是由于再制品加入渠道造成的制造商利润的变化。从另一个层面说明，消费者的公平关切行为不会影响制造商的利润。

3.5 数值分析

本节通过数值算例验证书中的主要结论。假设书中的参数取值为 $c = 0.8$，

$s = 0.4$，$b = 0.35$，$A = 0.1$，$k = 0.24$。假定 $\lambda = 0.8$，根据前文假设，此时 $\delta \in (0.5，0.6)$，对四种情形下，消费者对再制品的接受程度对最优决策的影响进行仿真，结果如表3 - 1所示。

表3 - 1   **消费者对再制品的接受程度对最优决策的影响**

δ	模型	w_n	w_r	p_n	p_r	τ	q_n	q_r
0.51	IS	0.75	—	0.875	—	—	0.125	—
	FS			0.8365				
	ID	0.782	0.3361	0.8905	0.423	0.0888	0.0459	0.1246
	FD			0.8569	0.3963			
0.53	IS	0.75	—	0.875	—	—	0.125	—
	FS			0.8365				
	ID	0.782	0.3465	0.8908	0.4383	0.0904	0.0372	0.1358
	FD			0.8572	0.41			
0.55	IS	0.75	—	0.875	—	—	0.125	—
	FS			0.8365				
	ID	0.782	0.357	0.891	0.4535	0.0914	0.0278	0.1477
	FD			0.8575	0.4238			
0.57	IS	0.75	—	0.875	—	—	0.125	—
	FS			0.8365				
	ID	0.782	0.3726	0.8913	0.4763	0.0931	0.0119	0.1669
	FD			0.8578	0.4444			
0.59	IS	0.75	—	0.875	—	—	0.125	—
	FS			0.8365				
	ID	0.782	0.3778	0.8914	0.4839	0.0941	0.0061	0.174
	FD			0.858	0.4512			

假定 $\delta = 0.55$，分析四种情形下消费者公平关切系数对最优决策的影响，仿真结果如表3 - 2所示。

表 3 - 2　　　　　　　　消费者公平关切系数对最优决策的影响

λ	模型	w_n	w_r	p_n	p_r	τ	q_n	q_r
0.1	IS	0.75	—	0.875	—	—	0.125	—
	FS			0.8645				
	ID	0.782	0.357	0.891	0.4154	0.0914	0.0278	0.1477
	FD			0.8819	0.3894			
0.3	IS	0.75	—	0.875	—	—	0.125	—
	FS			0.8516				
	ID	0.782	0.357	0.891	0.4383	0.0914	0.0278	0.1477
	FD			0.8706	0.41			
0.5	IS	0.75	—	0.875	—	—	0.125	—
	FS			0.8438				
	ID	0.782	0.357	0.891	0.4535	0.0914	0.0278	0.1477
	FD			0.8637	0.4238			
0.7	IS	0.75	—	0.875	—	—	0.125	—
	FS			0.8385				
	ID	0.782	0.357	0.891	0.4763	0.0914	0.0278	0.1477
	FD			0.8592	0.4444			
0.95	IS	0.75	—	0.875	—	—	0.125	—
	FS			0.8341				
	ID	0.782	0.357	0.891	0.4915	0.0914	0.0278	0.1477
	FD			0.8553	0.4581			

　　由表 3 - 1 与表 3 - 2 可得出以下观点。（1）在考虑消费者偏好的双渠道情形下，随着消费者对再制品接受程度的提高，废旧产品的回收率增加、新品及再制品的零售价格提高（由性质 3 - 4 可知，此时 $λ > -0.59$），新品的市场需求降低，但再制品的市场需求增大。消费者环保意识的提高，有利于促进循环经济的发展，但由于产品市场价格的提升，损害了消费者的利益。企业可以通过广告或"可循环"标识等措施，增强消费者的环保意识，同时应考虑增加售后服务或者延长质保等补偿机制，验证了书中性质 3 - 2 及性质 3 - 4 中的部分结论。（2）在考虑消费者公平关切情形下，随着公平关切系数的提高，新

品及再制品的零售价格都是降低的，即消费者对不公平交易的厌恶程度越大，也易迫使零售商降低其产品的零售价格。（3）无论是单渠道还是双渠道情形，相比于消费者公平关切，消费者公平中性下，新品及再制品的市场价格总是更高的，说明消费者的公平心理有利于零售商做出利于其的定价决策，验证了书中命题 3-1 及命题 3-2 中的部分结论。（4）无论是消费者公平中性还是消费者公平关切情形，相比于单渠道，双渠道下新品的批发价格与零售价格都更高，新品的市场需求更低，表明制造商希望通过提升新品零售价格的策略，提高再制品的销量，增大由再制造带来的利润，验证了书中命题 3-3 及命题 3-4 中的部分结论。

3.6　结　　论

本书以一个制造商、一个零售商及一个第三方回收商构成的闭环供应链为研究对象，分别建立消费者公平中性的单渠道情形、考虑消费者偏好及消费者公平关切的单渠道情形、考虑消费者偏好及消费者公平中性双渠道情形以及消费者偏好及消费者公平关切双渠道情形下的闭环供应链决策模型，分析了不同情形下其成员的最优决策，探讨了消费者对再制品的接受程度以及消费者公平关切系数对企业决策及利润的影响。

研究发现：（1）消费者公平关切下，无论单渠道还是双渠道，随着消费者公平关切系数的提高，产品（包括新品及再制品）的零售价格总是降低的，且零售商的利润随之减少，制造商与回收商的最优决策及利润不受其影响；（2）双渠道下，无论消费者公平中性还是公平关切，随着消费者对再制品偏好的提高，废旧产品的回收率增大，产品的零售价格提高，新品的市场需求减小，再制品的市场需求增加，故消费者环保意识的提高有利于资源的循环利用；（3）无论单渠道还是双渠道，与消费者公平中性相比，消费者公平关切行为使得产品零售价格及零售商利润降低，零售商应关注消费者的公平关切心理，通过提升服务等方式降低消费者不公平感受；（4）在一定条件下，零售商会通过制造商投资再制造而获益，存在"搭便车"现象，需考虑闭环供应链内的协调机制；（5）无论消费者是公平中性还是公平关切，与单渠道相比，双渠道下的新品批发价格及零售价格更高，新品的市场需求更低，而制造商及零售商利润的增减以及制造商的渠道选择需视消费者对再制品的接受程度及消费者公平关切程度而定。

第二篇　考虑碳减排的闭环供应链决策研究

第4章　考虑低碳偏好及碳减排的闭环供应链回收及专利授权策略

4.1　问 题 提 出

随着生产力的不断提高，人们创造了大量的物质财富，同时也过度消耗了地球的资源。为了缓解有限资源和过度消耗之间的矛盾，最大限度地利用废旧产品的剩余价值，我国在美国和日本等国提出的 3R（reduce、reuse，recycle）体系基础上，创造性地提出了 4R 体系，强化了再制造（remanufacture）的作用。再制造具有"两型社会、五六七"① 的特征，其社会效益，资源与环境效益十分巨大。我国作为世界第一制造大国，每年的碳排放量很大，为了降低排放量，国家相继出台了一些政策，并于 2017 年启动全国碳排放权交易市场。碳限额与交易机制是一种降低企业碳排放的有效的交易机制，政府分配给碳排放源企业一定单位的碳排放权，并允许企业在碳交易市场进行买卖。富士康作为全球最大的电子产业制造商，2013 年，富士康深圳公司仅靠出售部分结余碳配额，获利 1000 多万元。②

萨瓦斯坎等（Savaskan et al.，2004）最早提出了具有再制造的闭环供应链模型，在其研究的基础上，许多学者针对闭环供应链中的碳减排问题进行了研究。海达里等（Heydari et al.，2017）建立了政府分别对制造商和零售商采取

---

① 再制造产品的质量和性能不低于原型新品，有的还超过原型新品，而成本只是原型新品的 50% 左右，节能达到 60% 左右，节材则达 70% 以上，对环境的不良影响显著降低，从而有力促进资源节约型、环境友好型社会的建设。

② 从富士康"卖碳"获利千万到"合同能源管理"，碳排放交易网，http://www.tanpaifang.com/nenyuanguanli/2014/0929/38626.html。

补贴和免税两种政策下的闭环供应链碳减排模型，提出了数量折扣契约和成本共担契约对闭环供应链进行协调。研究表明，政府的激励措施更能促进闭环供应链成员的碳减排行为，同时政府对制造商的激励措施带来的经济效益更高。杨宇翔等（Yang et al.，2019）研究了政府补贴对闭环供应链网络成员碳减排决策的影响，发现政府补贴可以有效增加整个闭环供应链网络的利润，同时降低碳排放。李辉等（Li et al.，2019）在碳减排背景下，构建了不合作、单项合作、双向合作以及合作社四种闭环供应链模型，研究表明合作社模式下闭环供应链的低碳效用、碳减排率以及回收努力都可以实现最优。袁开复等（Yuan et al.，2019）构建了一个制造商和一个零售商组成的闭环供应链，研究了该闭环供应链的定价及碳减排决策，并对单位碳配额价格做了灵敏度分析。阿泰等（Ata et al.，2019）研究了碳减排、退货政策以及产品质量改进对闭环供应链绩效的影响。研究发现，高的退款价格对碳减排、产品质量改进以及闭环供应链绩效都有积极的影响。徐虎等（Xu et al.，2020）研究了中国再制造市场政府碳税及碳限额交易政策的有效性，通过建立一个闭环供应链模型进行数值分析，说明了两种政策效果几乎没有差异。李辉等（2019）分别构建了具有两竞争制造商、两竞争零售商以及两竞争制造商和两竞争零售商的闭环供应链模型，研究了不同竞争结构下闭环供应链的低碳推广决策。以上文献都从制造商负责再制造角度分别研究了碳税、碳减排及碳限额交易等问题。

实践中，制造商出于成本、品牌等因素的考量，不一定从事废旧产品的回收再制造工作，因此更接近消费终端的零售商及回收商就有了再制造的可能。在我国，很多进口大型企业再制造都是由零售商负责的，如千里马、沃德易、卡特彼勒等公司。而零售商或者第三方从事再制造工作需获得制造商的专利授权，目前已有学者关注到再制造专利授权等方面的研究。黄燕婷等（Huang et al.，2017）在专利保护的背景下比较了制造商回收再制造、制造商与零售商混合再制造、制造商与第三方混合再制造三种模式下闭环供应链的回收策略，分析了再制造能力对闭环供应链成员决策的影响。洪贤培等（Hong et al.，2017）研究了不同的专利许可模式对二阶段闭环供应链定价及回收决策的影响。张定月等（Zhang et al.，2018）建立了制造商、零售商及再制造商构成的闭环供应链模型，研究了三种回收再制造模式下闭环供应链的回收策略。曹晓刚等

（Cao et al.，2019）提出了由制造商、零售商及再制造商构成的二阶段闭环供应链模型，并得到了三方的均衡解，分析了消费者对再制造的关注程度及再制造销量对均衡解的影响。赵俊杰等（Zhao et al.，2019）研究了第三方回收且制造商再制造、零售商再制造支付固定专利费，以及零售商再制造支付单位专利费下闭环供应链的定价、服务及回收决策。许民利等（2016）构建了考虑消费者支付意愿的需求模型，在此基础上研究了有专利及无专利下新品和再制品的定价决策。郑本荣等（2017）建立了具有双销售渠道、且再制造商授权第三方再制造的闭环供应链模型，比较了集中式和分散式下闭环供应链成员均衡决策及利润的变化，设计了收益共享－费用共担契约，实现了闭环供应链的协调。刘志等（2018）研究了消费者对高端产品和低端产品的异质需求下，再制造专利许可对闭环供应链生产、利润及环境效益的影响。以上研究仅关注了再制造的专利授权策略，较少涉及碳减排策略的研究。

自"十二五"以来，我国实施了一系列措施鼓励企业进行节能减排，企业也通过生产和销售低碳产品建立自身的绿色形象。与此同时，市场中的消费者也发生了变化，开始关注产品的低碳属性。部分学者关注到了消费者低碳偏好对供应链的影响，展开了一系列的研究。顾文军等（Gu et al.，2015）首先定义了环境影响的度量标准，在考虑消费者环保意识的基础上，得到了制造商产品质量设计的最佳策略。王勤鹏等（Wang et al.，2016）在消费者低碳偏好下，研究了零售商主导及权利均衡的供应链的碳减排策略，并说明了成本共享契约与批发价契约对提高制造商碳减排率的有效性。万平等（Wan et al.，2017）在考虑消费者偏好背景下，研究了废旧产品的回收质量对闭环供应链成员企业碳减排和定价决策的影响。李祥等（Li et al.，2019）在消费者低碳偏好背景下，研究了两种碳排放管制方法对集中式和分散式情况下供应链成员碳减排决策的影响。以上文献考虑了消费者低碳偏好下供应链或闭环供应链成员质量、废旧产品回收、碳减排及定价决策问题，并未涉及专利授权问题。

综上，相对已有研究，本书的主要贡献如下：同时考虑了制造商的碳减排投资，零售商再制造的专利授权策略以及市场中消费者的低碳偏好，在上述背景下，研究消费者行为以及碳限额与交易政策对其成员决策的影响，并从闭环供应链领导者的角度，提出决策建议；利用 Stackelberg 博弈理论构建制造商回收再制造、零售商回收再制造支付固定专利费、零售商回收再制造支付单位专利费模型，分析低碳消费者比例、市场中普通消费者对再制品的接受程度以及碳交易价格对闭环供应链成员回收、碳减排及定价决策的影响，并比较三种模式下闭环供应链成员及整体的利润，得到制造商的最佳回收及专利授权策略。

4.2　问题描述及假设

本书假设低碳闭环供应链由一个制造商和一个零售商组成，制造商和零售商进行完全信息下的 Stackelberg 博弈，且制造商为渠道领导者。在正向供应链中，制造商负责新品的生产，零售商负责新产品的销售；在逆向供应链中，制造商和零售商皆可负责废旧产品的回收和再制造，且负责废旧产品再制造过程的一方同时负责废旧产品的回收。在实际中，制造商再制造且碳减排的案例很多，如柯达、富士施乐、波音公司等；而以沃尔沃为核心企业的汽车供应链中，沃尔沃公司进行碳减排投资，力争 2025 年实现总体运营碳排放量降低 25% 的目标，与此同时，沃尔沃授权广西中南华星机械设备有限公司全权负责沃尔沃品牌在广西境内的工程机械及零部件再制造、整机销售与维修生产线工作（蓝必祠，2015）。出于对制造商专利的保护，当零售商负责再制造时，需要付给制造商专利许可费用。本书采用两种专利许可费用模式：一种模式是零售商一次性支付制造商固定专利费用 F，以获得废旧产品再制造的专利；另一种模式是零售商每生产一个单位再制品需要支付制造商单位专利费用 f。同时，由于再制品与新品相比，大气污染物排放量降低 80% 以上，本书仅考虑新品生产过程中的碳排放，忽略再制品再制造过程中的碳排放，即只考虑制造商的碳排放策略和碳减排行为。在制造商的减排意识和政府碳交易政策下，政府最初免费分配给制造商碳排放限额 G，制造商可以以 P_e 的价格在碳交易市场对碳排放权进行买卖。本书考虑三种结构的低碳闭环供应链模型：M 模型（制造商自行回收再制造）、RF 模型（零售商回收再制造，且支付固定专利费用）和 Rf 模型（零售商回收再制造，且支付单位专利费用），闭环供应链结构如图 4-1 所示。

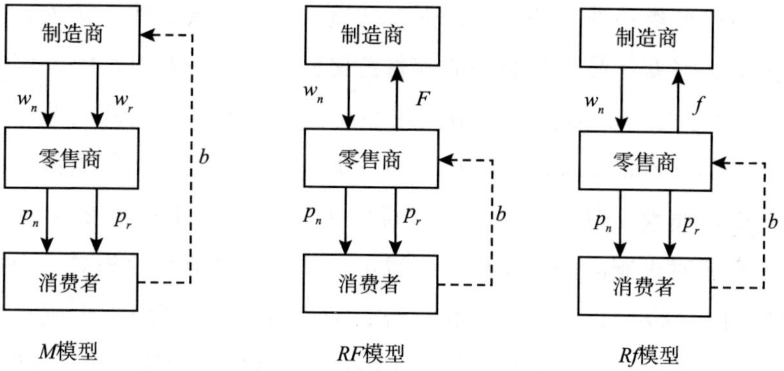

M模型　　　　　　　　RF模型　　　　　　　　Rf模型

图4-1　闭环供应链结构示意

本书中的相关符号定义及假设如表4-1所示。

表4-1　　　　　　　　　　　符号定义及假设

符号	定义及假设
p_n, p_r	新品及再制品的单位销售价格
w_n, w_r	新品及再制品的单位批发价格
c	新品的单位生产成本
c_r	再制品的单位生产成本，$c > c_r \geqslant 0$
e	新产品的碳减排率
τ	废旧产品的回收率，$0 \leqslant \tau \leqslant 1$
b	回收方支付的废旧产品单位回收价格，$c > b > 0$
$I(e)$	$I(e) = \dfrac{ke^2}{2}$ 碳减排的投资成本，k 是碳减排的投资系数
$C(\tau)$	$C(\tau) = a\tau^2$ 回收旧品的固定投资成本，a 是回收成本系数

　　优衣库、H&M、The North Face 等品牌通过消费折扣的方式来回收旧衣物，将旧衣物进行分类再制造出售，实现资源的循环利用。[①] 再制造业获得的社会效益、经济效益和生态环境效益显著。同时由于技术的进步，再制品与新品质量差距越来越小，由此市场中的消费者细分为两类：一类是低碳偏

---

　　① 旧衣回收或成优衣库、H&M 等快时尚商业模式重要部分，赢商网，http：//news. winshang. com/html/041/1258. html。

好的消费者，此类消费者环保意识强，注重商品的低碳属性，认为新品与再制品无差异，对新产品和再制品的支付意愿同为 θ，$\theta \sim U(0,1)$，服从 0 到 1 的均匀分布。由于再制品的价格相比新品价格更低，因此低碳偏好的消费者购买再制品（Zhao et al., 2019）。另一类是普通消费者，此类消费者不关注商品的低碳属性，对再制品的支付意愿为 $\delta\theta$，低于新品的支付意愿 θ（δ 是普通消费者对再制品的接受程度，也可理解为普通消费者相对于新品对再制品的折扣，$0 < \delta < 1$）。为了简化计算，假设市场容量为 1，低碳消费者所占比率为 β，普通消费者所占比率为 $(1-\beta)$。不失一般性，令 $c_r = 0$。以上假设不影响本书结论。

由许民利（2016）的研究可知，普通消费者购买新品和再制品的效用函数分别为 $U_n = \theta - p_n$，$U_r = \delta\theta - p_r$，低碳消费者购买再制品的效用函数为 $U_{lr} = \theta - p_r$，因此可以得到普通消费者购买新品和再制品的支付意愿分别为 $\theta_n = p_n$，$\theta_r = \dfrac{p_r}{\delta}$。当普通消费者认为购买新品和再制品无差异时，其支付意愿为 $\theta_{nr} = \dfrac{p_n - p_r}{1-\delta}$。同许民利（2016）的研究结果类似，可以得到如下需求函数。

情形（4-1）： 当 $\delta p_n > p_r$ 时，

$$q_n^1 = \left(1 - \frac{p_n - p_r}{1-\delta}\right)(1-\beta) \qquad (4-1)$$

$$q_r^1 = \left(\frac{\delta p_n - p_r}{\delta(1-\delta)}\right)(1-\beta) + (1-p_r)\beta \qquad (4-2)$$

情形（4-2）： 当 $\delta p_n \leq p_r$ 时，

$$q_n^2 = (1-p_n)(1-\beta) \qquad (4-3)$$

$$q_r^2 = (1-p_r)\beta \qquad (4-4)$$

4.3　模型构建及求解

在第 2 章 2.1 节至 2.3 节，本书分别构建当 $\delta p_n > p_r$ 时，即普通消费者对再制品的支付意愿大于再制品的实际价格时，制造商自行回收再制造、零售商回收再制造且支付固定专利费用，以及零售商回收再制造且支付单位专利费用三种模式下的闭环供应链决策模型并求得均衡解。在 2.4 节，本书给出当 $\delta p_n \leqslant p_r$ 时，即普通消费者对再制品的支付意愿小于再制品的实际价格时，三种模式下闭环供应链的均衡解。$\prod_{X}^{Yi}$ 表示成员企业 X 在情形 i 的需求函数及在 Y 种模型下的利润，其中 $X = \{m, r\}$，分别表示制造商和零售商；$i = \{1, 2\}$ 分别表示 $\delta p_n > p_r$ 和 $\delta p_n \leqslant p_r$ 两种情形；$Y = \{M, RF, Rf\}$，分别表 M 模型、RF 模型和 Rf 模型。

4.3.1　M 模型 – 制造商自行回收再制造模型

在 M 模型中，制造商投资碳减排技术用于新品的制造，且制造商自行回收再制造废旧产品，零售商负责产品的销售。博弈顺序如下：制造商作为 Stackelberg 领导者，先行确定新品与再制品批发价格、碳减排率和废旧品回收率；零售商作为跟随者，在观察到制造商的决策后，做出最利于己方的新品与再制品的零售价格决策。双方均以利润最大化为决策目标。当 $\delta p_n > p_r$ 时，制造商和零售商的利润函数分别为：

$$\prod_{m}^{M1}(\tau, e, w_n, w_r) = (w_n - c)q_n + w_r q_r - P_e((1 - e)q_n - G)$$
$$- b\tau(q_n + q_r) - \alpha\tau^2 - \frac{ke^2}{2} \quad (4-5)$$

$$\prod_{r}^{M1}(p_n, p_r) = (p_n - w_n)q_n + (p_r - w_r)q_r \quad (4-6)$$

命题 4 – 1　当 $\delta p_n > p_r$ 时，制造商回收再制造时，制造商和零售商的均衡结果如下：

$$\tau^{M1} = \frac{-b\delta}{(\beta - \beta\delta - 1)b^2 + 8a\delta},$$

$$e^{M1} = -\frac{P_e(\beta - 1)(c + \delta + P_e - 1)}{(1 - \beta)P_e^2 + 4k(\delta - 1)},$$

$$w_n^{M1} = \frac{((\delta - \delta^2)\beta - \delta)b^2 + 4a\delta^2}{8a\delta((\delta - 1)\beta + 1) - b^2(1 + (\delta - 1)\beta)^2}$$
$$- \frac{((2P_e + 2c + 2 - 2\delta)k + P_e^2(\beta - 1))(\delta - 1)}{(4 - 4\delta)k + P_e^2(\beta - 1)},$$

$$w_r^{M1} = \frac{\delta(b^2\beta - b^2\beta\alpha + 4a\delta - b^2)}{(\beta\delta - \beta + 1)(b^2\beta - b^2\beta\alpha + 8a\delta - b^2)},$$

$$p_n^{M1} = \left(1 - \delta + \frac{\delta}{1 + \beta\delta - \beta} - \frac{k(P_e + c + \delta - 1)(\delta - 1)}{P_e^2(1 + \beta) + 4k(\delta - 1)}\right)$$
$$- \frac{2a\delta^2}{(\beta\delta - \beta + 1)(b^2\beta - b^2\beta\delta + 8a\delta - b^2)},$$

$$p_r^{M1} = \frac{(b^2\beta(1 - \delta) + 6a\delta - b^2)\delta}{(\beta\delta - \beta + 1)(b^2\beta - b^2\beta\alpha + 8a\delta - b^2)},$$

$$q_n^{M1} = \frac{k(\beta - 1)(c + \delta + P_e - 1)}{\beta P_e^2 - 4k\delta - P_e^2 + 4k},$$

$$q_r^{M1} = \frac{((\delta + c + P_e - 1)((\delta - 2)b^2\beta^2 - b^2\beta(\delta - 1) + 8a\delta\beta + b^2) - 8a\delta(c + P_e))k - 2a\delta P_e^2(\beta - 1)}{(b^2\beta - b^2\beta\delta + 8a\delta - b^2)((4\delta - 4)k - P_e^2(\beta - 1))}。$$

证明： 将式（4 - 1）和式（4 - 2）分别代入式（4 - 5）和式（4 - 6），可得 $\prod_r^{M1}(p_n, p_r)$ 的海塞矩阵，其中 $|H_{1\times1}^1| = -\frac{2(1 - \beta)}{1 - \delta} < 0$, $|H_{2\times2}^1| = \frac{4\beta\delta(\beta - 1)(\delta - 1) + 4(\beta - 1)^2}{\delta(\delta - 1)^2} > 0$, 故 $\prod_r^{M1}(p_n, p_r)$ 是关于 p_n 和 p_r 的凹函数。

由一阶条件可得，$p_n^{M1} = \frac{w_n + 1 - (\delta - 1)(\delta - w_n - 1)}{2 + \beta(2\delta - 2)}$ 及 $p_r^{M1} = \frac{\beta\delta w_r - \beta w_r + \delta + w_r}{\beta\delta - \beta + 1}$。

将 p_n^{M1} 和 p_r^{M1} 代入式（4 - 5），可得 $\prod_m^{M1}(\tau, e, w_n, w_r)$ 的海塞矩阵，其中 $|H_{1\times1}^2| = \frac{\beta - 1}{1 - \delta} < 0$, $|H_{2\times2}^2| = \frac{(\beta - 1)(\beta\delta - \beta + 1)}{\delta(\delta - 1)} > 0$, $|H_{3\times3}^2| =$

$\frac{(1 - \beta)(\beta\delta - \beta + 1)(P_e^2(1 - \beta) + 4k(\delta - 1))}{\delta(\delta - 1)^2} < 0$, $|H_{4\times4}^2| = \frac{(\beta - 1)(\beta\delta - \beta + 1)(P_e^2(1 - \beta) + 4k(\delta - 1))(b^2\beta - b^2\beta\delta + 8a\delta - b^2)}{\delta^2(\delta - 1)^2} > 0$,

故 $\prod_m^{M1}(\tau, e, w_n, w_r)$ 是关于 τ、e、w_n 和 w_r 的凹函数，由一阶条件，可得 τ^{M1}、e^{M1}、w_n^{M1} 和 w_r^{M1}。进一步，可求得 p_n^{M1}、p_r^{M1}、q_n^{M1} 和 q_r^{M1}。证毕。

性质 4 - 1　当 $\delta p_n > p_r$ 时，(1) $\frac{\partial\tau^{M1}}{\partial\beta} > 0$, $\frac{\partial e^{M1}}{\partial\beta} > 0$, $\frac{\partial p_r^{M1}}{\partial\beta} > 0$, $\frac{\partial\tau^{M1}}{\partial\delta} > 0$, $\frac{\partial e^{M1}}{\partial\delta} > 0$, $\frac{\partial p_r^{M1}}{\partial\delta} > 0$。

（2）当 $\beta > \delta^2 - \delta + 1$ 时，$\dfrac{\partial \tau^{M1}}{\partial \beta} > \dfrac{\partial \tau^{M1}}{\partial \delta}$；反之 $\dfrac{\partial \tau^{M1}}{\partial \beta} \leqslant \dfrac{\partial \tau^{M1}}{\partial \delta}$，$\dfrac{\partial e^{M1}}{\partial \beta} > \dfrac{\partial e^{M1}}{\partial \delta}$，$\dfrac{\partial p_r^{M1}}{\partial \beta} > \dfrac{\partial p_r^{M1}}{\partial \delta}$。

（3）$\dfrac{\partial e^{M1}}{\partial P_e} > 0$，$\dfrac{\partial w_n^{M1}}{\partial P_e} > 0$，$\dfrac{\partial p_n^{M1}}{\partial P_e} > 0$，$\dfrac{\partial q_n^{M1}}{\partial P_e} < 0$。

证明：（1）$\dfrac{\partial \tau^{M1}}{\partial \beta} = \dfrac{\delta b^3 (1-\delta)}{(b^2\beta - b^2\beta\delta + 8a\delta - b^2)^2} > 0$，

$\dfrac{\partial e^{M1}}{\partial \beta} = \dfrac{4kP_e (1-\delta)(c+\delta+P_e-1)}{(\beta P_e^2 - 4\delta k + 4k - P_e^2)^2} > 0$，

$\dfrac{\partial p_r^{M1}}{\partial \beta} = \dfrac{\delta(1-\delta)\left(((\beta\delta-\beta+1)b^2 - 6a\delta)^2 + 12a^2\delta^2\right)}{(\beta\delta-\beta+1)^2 (b^2\beta - b^2\beta\delta + 8a\delta - b^2)^2} > 0$，

$\dfrac{\partial \tau^{M1}}{\partial \delta} = \dfrac{-b^3(\beta-1)}{(b^2\beta - b^2\beta\delta + 8a\delta - b^2)^2} > 0$，

$\dfrac{\partial e^{M1}}{\partial \delta} = \dfrac{P_e(\beta-1)(\beta P_e + 4ck + 4kP_e - P_e^2)}{(\beta P_e^2 - 4\delta k + 4k - P_e^2)^2} > 0$，

$\dfrac{\partial p_r^{M1}}{\partial \delta} = \dfrac{(1-\beta)\left((1+\beta\delta-\beta)b^2 - 6a\delta)^2 + 12a^2\delta^2\right)}{(1+\beta\delta-\beta)^2 (b^2\beta - b^2\beta\delta + 8a\delta - b^2)^2} > 0$。

（2）和（3）与（1）证明过程类似，故此处省略详细的证明过程。证毕。

性质 4-1 表明，当制造商自行回收再制造时，有如下结论。（1）随着市场中低碳消费者比例 β 和普通消费者对再制品的接受程度 δ 的增加，回收率和碳减排率均增加，再制造方倾向于提高再制品的单位零售价格以期获得更大的利润，可见市场中低碳消费者比例的增加不仅有利于碳减排，还有利于促进废旧产品的回收再制造。（2）当 β 大于一定阈值时，回收率关于 β 的增幅大于其关于 δ 的增幅；反之回收率关于 β 的增幅小于关于 δ 的增幅。而碳减排率及再制品单位价格关于 β 的增幅总是更大的。可知，在同等条件下，低碳消费者比例对碳减排率及再制品单位价格的影响更为显著，而对回收率而言，则与 β 的大小相关。因此，企业应加大宣传力度，提高市场中低碳消费者的比例，如百事可乐公司和英国超市连锁乐购（Tesco）对其部分产品贴上了产品的碳足迹标签，以实现环境效益和资源效益的共赢。（3）由于本书仅考虑新品的碳减排，故随着碳交易市场中碳排放权的单位交易价格 P_e 的增加，碳减排率、新品的批发价格及新品的零售价格均增加，而新品的需求降低，这与已有研究结果（Yuan et al.，2019）类似，本书的研究进一步揭示了不同回收及专利授权策略下低碳闭环供应链中碳权交易价格对碳减排及定价决策等的影响。碳权交易价格的提高，虽然促进了碳减排率的提升，但同时使得新品的零售价格增加，一定程度上损害了消费者的利益，因此，政府可以通过适当的调控碳权交易价格促进低碳减排。

4.3.2 RF 模型 – 零售商回收再制造支付固定专利费模型

在 RF 模型中，制造商投资碳减排技术用于新品的制造，零售商负责产品的销售以及回收再制造废旧产品，并支付给制造商固定的专利授权费用，博弈顺序与上文一致。双方均以各自利润最大化为决策目标。当 $\delta p_n > p_r$ 时，制造商和零售商的利润函数如下：

$$\prod_m^{RF1}(e, w_n) = (w_n - c)q_n + F - P_e((1-e)q_n - G) - \frac{ke^2}{2} \tag{4-7}$$

$$\prod_r^{RF1}(\tau, p_n, p_r) = (p_n - w_n)q_n + p_r q_r - F - b\tau(q_n + q_r) - \alpha\tau^2 \tag{4-8}$$

命题 4 – 2 当 $\delta p_n > p_r$ 时，零售商回收再制造支付固定专利费时，制造商和零售商的均衡结果如下：

$$\tau^{RF1} = \frac{-b\delta}{(\beta - \beta\delta - 1)b^2 + 4a\delta},$$

$$e^{RF1} = -\frac{P_e(\beta - 1)(c + \delta + P_e - 1)}{P_e^2\beta - 4k\delta - P_e^2 + 4k},$$

$$w_n^{RF1} = \frac{2(c - \delta + P_e + 1)(\delta - 1) + P_e^2(\beta - 1)(\delta - 1)}{(4\delta - 4)k - P_e^2(\beta - 1)},$$

$$p_n^{RF1} = \frac{b^2(\delta - 1)^3 - 4(a\delta^2 - a\delta + \frac{1}{2}b^2)(\delta - 1)\beta + (4a - b^2)\delta - b^2}{2(\beta\delta - \beta + 1)(b^2\beta - b^2\beta\delta + 4a\delta - b^2)}$$

$$+ \frac{2((c - \delta + P_e + 1)k + \frac{1}{2}P_e^2(\beta - 1))(\delta - 1)}{(8\delta - 8)k - 2P_e^2(\beta - 1)},$$

$$p_r^{RF1} = \frac{\delta(b^2\beta - b^2\beta\delta + 2a\delta - b^2)}{(\beta\delta - \beta + 1)(b^2\beta - b^2\beta\delta + 4a\delta - b^2)},$$

$$q_n^{RF1} = \frac{k(\beta - 1)(c + \delta + P_e - 1)}{\beta P_e^2 - 4k\delta - P_e^2 + 4k},$$

$$q_r^{RF1} = \frac{kb^2(\beta - 1)(\beta\delta - \beta + 1)(c + \delta + P_e - 1) - 4a\delta\left(((c + \delta + P_e - 1)\beta - c + \delta - P_e - 1)k - \frac{P_e^2(\beta - 1)}{2}\right)}{(b^2\beta - b^2\beta\delta + 4a\delta - b^2)(4k\delta - \beta P_e^2 + P_e^2 - 4k)}。$$

性质 4 - 2 当 $\delta p_n > p_r$ 时，（1）$\frac{\partial \tau^{RF1}}{\partial \beta} > 0$，$\frac{\partial e^{RF1}}{\partial \beta} > 0$，$\frac{\partial p_r^{RF1}}{\partial \beta} > 0$，$\frac{\partial \tau^{RF1}}{\partial \delta} > 0$，

$\frac{\partial e^{RF1}}{\partial \delta} > 0$，$\frac{\partial p_r^{RF1}}{\partial \delta} > 0$。

（2）当 $\beta > \delta^2 - \delta + 1$ 时，$\frac{\partial \tau^{RF1}}{\partial \beta} > \frac{\partial \tau^{RF1}}{\partial \delta}$；反之 $\frac{\partial \tau^{RF1}}{\partial \beta} \leq \frac{\partial \tau^{RF1}}{\partial \delta}$，$\frac{\partial e^{RF1}}{\partial \beta} > \frac{\partial e^{RF1}}{\partial \delta}$，

$\frac{\partial p_r^{RF1}}{\partial \beta} > \frac{\partial p_r^{RF1}}{\partial \delta}$。

（3）$\frac{\partial e^{RF1}}{\partial P_e} > 0$，$\frac{\partial w_n^{RF1}}{\partial P_e} > 0$，$\frac{\partial p_n^{RF1}}{\partial P_e} > 0$，$\frac{\partial q_n^{RF1}}{\partial P_e} < 0$。

当零售商回收再制造且支付固定专利费时，碳减排率、回收率、新品的批发价格、零售价格、需求及再制品零售价格的变化趋势及性质与制造商自行回收再制造类似。此处不再赘述。

4.3.3 *Rf* 模型——零售商回收再制造支付单位专利费模型

在 *Rf* 模型中，制造商投资碳减排技术用于新品的制造，零售商负责产品的销售，以及回收再制造废旧产品，并支付给制造商单位专利授权费用，其博弈顺序与前文一致。决策双方均以各自利润最大化为决策目标。当 $\delta p_n > p_r$ 时，制造商和零售商的利润函数如下：

$$\prod_m^{Rf1}(e, w_n) = (w_n - c)q_n + fq_r - P_e((1 - e)q_n - G) - \frac{ke^2}{2} \tag{4-9}$$

$$\prod_r^{Rf1}(\tau, p_n, p_r) = (p_n - w_n)q_n + (p_r - f)q_r - b\tau(q_n + q_r) - \alpha\tau^2$$

$$\tag{4-10}$$

命题 4 - 3 当 $\delta p_n > p_r$ 时，零售商回收再制造支付单位专利费用时，制造商和零售商的均衡结果如下：

$$\tau^{Rf1} = \frac{b((\delta\beta - \beta + 1)f - \delta)}{(\beta - \beta\delta - 1)b^2 + 4a\delta},$$

$$e^{Rf1} = -\frac{P_e(\beta - 1)(c + \delta + P_e - 1)}{P_e^2\beta - 4k\delta - P_e^2 + 4k},$$

$$w_n^{Rf1} = \frac{2(c - \delta + P_e + 1 + 2f)(\delta - 1) - P_e^2(\beta - 1)(f - \delta + 1)}{(4\delta - 4)k - P_e^2(\beta - 1)},$$

$$p_n^{Rf1} = \frac{4a\delta(\beta(\delta - 1)^2 - 1) - b^2(\beta - \beta\delta - 1)((\delta - 1)(f + \delta - 1)\beta + f - \delta - 1)}{2(\beta\delta - \beta + 1)(b^2\beta - b^2\beta\delta + 4a\delta - b^2)}$$
$$+ \frac{2((c - \delta + P_e + 1 + 2f)(\delta - 1) - P_e^2(\beta - 1))(f - \delta + 1)}{(8\delta - 8)k - 2P_e^2(\beta - 1)},$$

$$p_r^{Rf1} = \frac{\delta(-b^2\beta\delta + b^2\beta - b^2 + 2af(\beta\delta - \beta + 1))}{(\beta\delta - \beta + 1)(b^2\beta - b^2\beta\delta + 4a\delta - b^2)},$$

$$q_n^{Rf1} = \frac{k(\beta - 1)(c + \delta + P_e - 1)}{\beta P_e^2 - 4k\delta - P_e^2 + 4k},$$

$$q_r^{Rf1} = \frac{(\delta\beta - \beta + 1)(b^2k(\delta + c + P_e - 1)(\beta - 1) + 2af(4k\delta - \beta P_e^2 + P_e^2 - 4k))}{(b^2\beta - b^2\beta\delta + 4a\delta - b^2)(4k\delta - \beta P_e^2 + P_e^2 - 4k)}$$
$$- \frac{4a\alpha\left(((a + c + P_e - 1)\beta - c + \delta - P_e - 1)k - \frac{P_e^2(\beta - 1)}{2}\right)}{(b^2\beta - b^2\beta\delta + 4a\delta - b^2)(4k\delta - \beta P_e^2 + P_e^2 - 4k)}。$$

性质 4 - 3 当 $\delta p_n > p_r$ 时，

(1) $\frac{\partial \tau^{Rf1}}{\partial \beta} > 0$，$\frac{\partial e^{Rf1}}{\partial \beta} > 0$，当 $f < \frac{((1 + \beta\delta - \beta)b^2 - 2a\delta)^2 + 4a^2\delta^2}{2ab^2(1 + \beta\delta - \beta)^2}$ 时，$\frac{\partial p_r^{Rf1}}{\partial \beta} <$

0；反之 $\frac{\partial p_r^{Rf1}}{\partial \beta} > 0$，$\frac{\partial \tau^{Rf1}}{\partial \delta} > 0$，$\frac{\partial e^{RF1}}{\partial \delta} > 0$，当 $f < \frac{((1 + \beta\delta - \beta)b^2 - 2a\delta)^2 + 4a^2\delta^2}{2ab^2(1 + \beta\delta - \beta)^2}$ 时，

$\frac{\partial p_r^{Rf1}}{\partial \delta} < 0$；反之 $\frac{\partial p_r^{Rf1}}{\partial \delta} > 0$。

(2) 当 $\beta > \delta^2 - \delta + 1$ 时，$\frac{\partial \tau^{Rf1}}{\partial \beta} > \frac{\partial \tau^{Rf1}}{\partial \delta}$；反之 $\frac{\partial \tau^{Rf1}}{\partial \beta} < \frac{\partial \tau^{Rf1}}{\partial \delta}$，$\frac{\partial e^{Rf1}}{\partial \beta} > \frac{\partial e^{Rf1}}{\partial \delta}$，

$\frac{\partial p_r^{Rf1}}{\partial \beta} > \frac{\partial p_r^{Rf1}}{\partial \delta}$。

（3） $\dfrac{\partial e^{Rf1}}{\partial P_e}>0$，$\dfrac{\partial w_n^{Rf1}}{\partial P_e}>0$，$\dfrac{\partial p_n^{Rf1}}{\partial P_e}>0$，$\dfrac{\partial q_n^{Rf1}}{\partial P_e}<0$。

性质 4 - 3 表明，当零售商回收再制造且支付单位专利费用时：（1） 随着市场中低碳消费者比例 β 和普通消费者对再制品的接受程度 δ 的增加，回收率和碳减排率都将增加，再制品单位价格关于 β 和 δ 的变化趋势，视零售商支付的单位专利费用 f 大小而定；（2） 相对于 δ 而言，碳减排率和再制品单位价格关于 β 的增幅总是更大的，回收率增幅的大小，则视 β 的大小而定；（3） 关于 P_e 的变化趋势与性质 4 - 1 类似，故不再赘述。

4.3.4 当 $\delta p_n \leqslant p_r$ 时，闭环供应链成员在三种模型下的均衡解

将式（4 - 3）和式（4 - 4）分别代入式（4 - 5）至式（4 - 10），与前文的处理过程相似，采用逆向递推法，可分别求得普通消费者对再制品的支付意愿小于再制品的实际价格时，制造商回收再制造情形、零售商回收再制造支付固定专利费及零售商回收再制造支付单位专利费用时的均衡结果 T^{Y2}，其中，$T=\{e,\ \tau,\ p_r,\ p_n,\ w_n,\ q_n,\ q_r\}$，$Y=\{M,\ RF,\ Rf\}$，具体如表 4 - 2 所示。

表 4 - 2　　　　　　　当 $\delta p_n \leqslant p_r$ 时三种情形下的均衡结果

均衡解	M 模型	RF 模型	Rf 模型
e^{Y2}	$\dfrac{P_e(\beta-1)(C+4E)}{B}$	$\dfrac{P_e(\beta-1)C}{A}$	$\dfrac{P_e(\beta-1)C}{A}$
τ^{Y2}	$\dfrac{b(H(\beta P_e^2+4kD)+4k)}{B}$	$\dfrac{b(A\beta+C+D\beta(4a-b^2))}{A(4a-b^2\beta)}$	$\dfrac{b(A\beta+C+D\beta(4a-b^2))}{A(4a-b^2\beta)}+\dfrac{fb\beta}{-b^2\beta+4a}$
p_r^{Y2}		$\dfrac{A(-b^2\beta+2a)-Cb^2kH}{A(-b^2\beta+4a)}$	$\dfrac{A(-b^2\beta+2a)-Cb^2kH}{A(-b^2\beta+4a)}+\dfrac{2af}{-b^2\beta+4a}$
p_n^{Y2}	$\dfrac{B+k(C+4E)}{B}$	$\dfrac{A+kC}{A}$	$\dfrac{A+kC}{A}$
w_n^{Y2}	$\dfrac{B+2k(C+4E)}{B}$	$\dfrac{4aA+2kC(-b^2+4a)}{A(-b^2\beta+4a)}$	$\dfrac{4aA+2kC(-b^2+4a)}{A(-b^2\beta+4a)}-\dfrac{fb^2\beta}{-b^2\beta+4a}$

均衡解	M 模型	RF 模型	Rf 模型
q_n^{Y2}	$\dfrac{kH(C+4E)}{B}$	$\dfrac{kHC}{A}$	$\dfrac{kHC}{A}$
q_r^{Y2}	$\dfrac{E\beta(b^2kD+2aP_e^2)+8ak\beta}{B}$	$\dfrac{(2aA+kb^2DC)\beta}{A(-b^2\beta+4a)}$	$\dfrac{(2aA+kb^2DC)\beta}{A(-b^2\beta+4a)}-\dfrac{2fa\beta}{-b^2\beta+4a}$

注：其中，$A=-b^2\beta^2P_e^2+b^2\beta P_e^2+4aP_e^2-4aP_e^2-4kb^2+16ak$，

$B=-b^2\beta^2P_e^2+b^2\beta P_e^2+8a\beta P_e^2-8aP_e^2-4kb^2+32ak$，

$C=-b^2\beta c-b^2\beta P_e+4ac+4aP_e-4a$，$D=c+P_e$，$E=c+P_e-1$，$H=\beta-1$。

4.4 均衡结果分析

为了保证上文中得到的均衡解均具有经济可行性（即满足非负性约束），容易发现，当 $\delta p_n>p_r$ 时，$a<\dfrac{(1-\beta+\beta\delta)b^2}{8\delta}<\dfrac{(1-\beta+\beta\delta)b^2}{4\delta}$，$k>\dfrac{P_e^2(1-\beta)}{4(1-\delta)}$，

$0<f<\dfrac{\delta}{1-\beta+\beta\delta}$，$c+\delta+P_e-1>0$；当 $\delta p_n\leqslant p_r$ 时，$a<\dfrac{b^2P_e^2\beta(1-\beta)-4kb^2}{4P_e^2(\beta-1)+16k}<$

$\dfrac{b^2P_e^2\beta(1-\beta)-4kb^2}{8P_e^2(\beta-1)+32k}$，$k>\dfrac{P_e^2\beta-P_e^2}{4}$。

命题 4-4 当 $\delta p_n>p_r$ 时，（1）$\tau^{Rf1}<\tau^{RF1}<\tau^{M1}$，$e^{M1}=e^{RF1}=e^{Rf1}$；

（2）$w_n^{RF1}<w_n^{Rf1}<w_n^{M1}$，$p_n^{Rf1}<p_n^{RF1}<p_n^{M1}$，$p_r^{Rf1}<p_r^{M1}<p_r^{RF1}$；

（3）$q_r^{M1}<q_r^{RF1}<q_r^{Rf1}$，$q_n^{M1}=q_n^{RF1}=q_n^{Rf1}$。

证明：（1）$\tau^{M1}-\tau^{RF1}=\dfrac{4ab\delta^2}{(b^2\beta-b^2\beta\delta+8a\delta-b^2)(b^2\beta-b^2\beta\delta+4a\delta-b^2)}>0$，

$\tau^{RF1}-\tau^{Rf1}=-\dfrac{bf(\beta\delta-\beta+1)}{(b^2\beta-b^2\beta\delta+4a\delta-b^2)}>0$。

（2）和（3）与（1）证明过程类似，故此处省略详细的证明过程。证毕。

命题 4-4 表明，当 $\delta p_n>p_r$ 时，即普通消费者对再制品的支付意愿大于再制品的实际价格时，有如下结论。（1）制造商自行回收再制造下废旧产品的回收率是最高的，而零售商回收再制造且支付单位专利费用下废旧产品的回收

率最低。这是由于零售商回收再制造时，专利费的支出会减少再制品的利润，因此制造商自行回收再制造情况下，废旧产品的回收率最高；由于仅考虑制造商的碳减排，且碳减排不受回收渠道与专利模式的影响，因此，三种情形下，制造商的碳减排率是一致的。（2）当制造商自行回收再制造时，新品的批发价格和零售价格都是最高的，这是由于市场中新品与再制品存在竞争关系，当制造商自行回收再制造时，制造商都将制定相对更高的新品价格，以提高自身的利润；而对再制品的零售价格而言，当零售商支付固定专利费用时，由于一次性支付专利费用造成的资金压力，零售商需提高再制品的零售价格，此时再制品的零售价格是最高的。（3）由于再制品销量与价格成反比，因此零售商支付固定专利费用情形下，再制品的销量最高，而造商自行回收再制造时，再制品的销量最低，而新品的需求不受回收渠道的影响，在三种情形下新品需求相同。

命题 4-5 当 $\delta p_n \leqslant p_r$ 时，（1）$\tau^{Rf2} < \tau^{RF2}$，$e^{Rf2} = e^{RF2} < e^{M2}$；

（2）$w_n^{Rf2} < w_n^{RF2}$，$p_n^{Rf2} = p_n^{RF2} < p_n^{M2}$，$p_r^{Rf2} < p_r^{RF2}$；

（3）$q_r^{Rf2} > q_r^{RF2}$，$q_n^{RF2} = q_n^{Rf2} < q_n^{M2}$。

命题 4-5 表明，当 $\delta p_n \leqslant p_r$ 时，有如下结论。（1）零售商回收再制造且支付固定专利费用模型下回收率高于零售商支付单位专利费下的回收率，这是因为零售商支付固定专利费时再制品生产数量与单位生产成本成反比，所以零售商将通过提高回收率来增加生产数量减少再制品的单位生产成本。同时，制造商自行回收再制造时，由于此时再制品市场缩减而新品相对于再制品具有低碳属性且具有价格优势，所以碳减排率是最高的，而碳减排率不受专利费模式的影响，因此零售商回收再制造时，无论哪种支付专利费用的方式都不会影响新品的碳减排率。（2）制造商自行回收再制造时，新品的零售价格最高，此结论与 $\delta p_n > p_r$ 时结论一样，当零售商回收再制造时，零售商支付固定专利费用时的新品单位利润更高，但再制品的零售价格更低。（3）当制造商负责新品和再制品的回收及生产时，与零售商回收再制造相比，新品的销售量总是更高，新品和再制品需求都受碳减排率影响，且新品相对于再制品具有低碳属性且更具价格优势，而在零售商回收再制造时，零售商支付单位专利费用时再制品的销量总是比零售商支付固定专利费用情形下的销量更高。

4.5　数值分析及管理启示

本节通过数值算例分析和检验证书中的主要结论。

Π_X^{Y} 所代表的利润如表 4 - 3 所示，其中 $X = \{m, r, SC\}$，分别表示制造商、零售商和闭环供应链；$Y = \{M, RF, Rf\}$，分别表示 M 模型、RF 模型和 Rf 模型。假设书中的相关参数取值为：$\beta = 0.8$，$b = 0.5$，$P_e = 8$，$a = 0.1$，$k = 10$，$c = 1$，$f = 0.05$，$G = 8$，$F = 1$。具体仿真结果如表 4 - 3 所示。

表 4 - 3　　当 $\delta p_n > p_r$ 时，普通消费者对再制品不同接受程度下利润函数

参数	M 模型			RF 模型			Rf 模型		
δ	m	r	sc	m	r	sc	m	r	sc
0.05	66.5194	1.9909	68.5104	67.5715	0.9128	68.4843	66.702	1.9038	68.6058
0.15	67.3089	2.7761	70.085	68.1331	1.1609	69.294	67.1061	2.5119	69.618
0.45	71.9255	9.4141	81.3396	72.7611	9.1836	81.9448	72.2006	9.4546	81.6613
0.75	36.832	48.96	85.792	37.6563	48.5312	86.1875	37.0073	49.0182	86.0255
0.9	55.1785	2.1777	57.3563	55.9989	1.723	57.7218	55.3353	2.2432	57.5785

表 4 - 3 表明，当普通消费者对再制品的支付意愿大于再制品的实际价格时，有以下结论。（1）三种情形下，制造商的利润随着 δ（即普通消费者对再制品的支付意愿）的增加，呈现出"增加—降低—增加"的趋势，这是因为当 δ 较小或者较大时，市场中的消费者更愿意购买新品或再制品；δ 增加，对制造商来说是更有利的；而当 δ 处于中间位置时，市场中新品与再制品的竞争最大，反而使得制造商的利润降低；零售商支付固定专利费用时，制造商的利润总是最高的，说明零售商的固定专利费用对制造商来说总是更有利的。（2）三种情形下，零售商的利润随着 δ 增加而增加，但当 δ 过高时，零售商的利润反而会降低，这是因为，当市场当中的普通消费者对再制品和新品的支付意愿相差很小时，由于再制品的价格优势，再制品的销量增加，新品的销量降低，使得零售商的利润降低；当 δ 达到一定阈值时，零售商支付单位专利费情

形下零售商的利润是最高的，这是因为单位专利费用会使得零售商更有动力增加再制品的销售利润，进而实现零售商利润的优化。（3）三种情形下，闭环供应链的利润随着 δ 的变化规律与制造商相似，当 δ 达到一定阈值时，零售商支付固定专利费用下闭环供应链的利润是最高的。

当 $\delta p_n > p_r$ 时，$\delta = 0.5$。低碳消费者比例对企业利润的影响具体仿真结果如表 4-4 所示。

表 4-4　　　　当 $\delta p_n > p_r$ 时，不同低碳消费者比例下利润函数

参数	M 模型			RF 模型			Rf 模型		
β	m	r	sc	m	r	sc	m	r	sc
0.05	55.7526	2.2717	58.0243	56.5885	0.4756	57.0641	55.4854	1.5843	57.0697
0.15	55.2339	2.7847	58.0186	56.0738	0.73	56.8037	54.9286	1.8826	56.8111
0.45	51.0849	8.7514	59.8362	51.9285	12.761	64.6894	51.6665	12.992	64.6584
0.75	86.7422	56.58	143.322	87.5781	56.3596	143.9377	86.6853	57.2489	143.9342
0.9	66.8294	2.0851	68.9145	67.6563	1.6804	69.3366	66.7319	2.6026	69.9342

表 4-4 表明，当普通消费者对再制品的支付意愿大于再制品的实际价格时，有以下结论。（1）三种情形下，制造商、零售商以及闭环供应链的利润都随着市场中低碳消费者所占比例 β 的增加，出现"降低—增加—降低"的趋势，即当 β 处在中间一定范围内时，制造商、零售商以及闭环供应链的利润都随着 β 的增加而增加，而当 β 较小或者较大时，β 的增加反而会使各方的利润降低。（2）对制造商来说，总是零售商回收再制造且支付固定专利费用时，制造商的利润实现最优。

当 $\delta p_n > p_r$ 时，碳权交易价格对企业利润的影响，具体仿真结果如表 4-5 所示。

表 4-5　　　　当 $\delta p_n > p_r$ 时，不同碳权交易价格下利润函数

参数	M 模型			RF 模型			Rf 模型		
P_e	m	r	sc	m	r	sc	m	r	sc
6	51.47	2.7121	54.18	52.3	2.412	54.713	51.394	3.315	54.71

续表

参数	M 模型			RF 模型			Rf 模型		
9	95.92	62.63	158.55	96.75	62.33	159.08	95.84	63.236	159.08
15	110.56	3.98	114.53	111.39	3.68	115.067	110.48	4.58	115.06
21	161.39	1.13	162.52	162.22	0.827	163.05	161.32	1.73	163.05
25	193.9	0.726	194.7	194.8	0.423	195.23	193.94	1.326	195.23

表 4 – 5 表明，当普通消费者对再制品的支付意愿大于再制品的实际价格时，有以下结论。（1）制造商的利润总是随着碳权交易价格 P_e 的增加而增加，而零售商的利润呈现出先增加后降低的趋势，即当 P_e 小于一定阈值时，零售商的利润随着 P_e 的增加而增加；反之，零售商的利润则会降低。这是由于 P_e 的增加会造成新品的零售价格增高，进而新品的需求减少，从而零售商利润降低。故对政府而言，一味提高碳权交易价格，虽然有利于产品的碳减排，却会损害企业及消费者的利益，需制定合适的碳权交易价格实现环境效益及经济效益的平衡。（2）对制造商来说，总是零售商回收再制造且支付固定专利费用时，制造商的利润实现最优。

当 $\delta p_n \leqslant p_r$ 时，即普通消费者对再制品的支付意愿小于再制品的实际价格，此时，普通消费者不愿购买再制品，低碳消费者比例和碳权交易价格对企业利润的影响，与 $\delta p_n > p_r$ 情形所呈现的规律相似。

4.6 结　　论

本书在碳限额交易政策下，考虑新品的碳减排以及消费者的低碳偏好，构建了由一个主导制造商和一个零售商组成的闭环供应链，在三种不同的回收再制造以及专利授权模式（制造商自行回收再制造、零售商回收再制造且支付固定专利费用、零售商回收再制造且支付单位专利费用）下，研究了闭环供应链的专利授权决策，得到以下主要结论。（1）当普通消费者对再制品的支付意愿大于再制品的实际价格时，三种模式下，市场中低碳消费者比例以及普通消费者对再制品的接受程度增加，总会使得闭环供应链的回收率增加。因此，增加消费者对于再制品的接受程度以及对低碳产品的偏好有利于市场中废旧产品的回收，有利于闭环供应链成员产生社会效益和经济效益。(2) 当普通消费者对再制品的支付意愿大于再制品的实际价格时，三种模式下，低碳消费者比例及普通消费者对再制品的接受程度的增加，总会使得制造商新品的碳减排率增大。因此，加大市场中对再制品和低碳产品的宣传，总是有利于碳减排率的提高，提升企业的绿色形象。(3) 当普通消费者对再制品的支付意愿大于再制品的实际价格时，碳交易市场中碳权交易价格的提高总是有利于产品碳减排率的提升。(4) 三种模式下，对于制造商来说，零售商支付固定专利费时，制造商的利润总是最优的，因此，从自身利润最优的角度出发，作为领导者的制造商将总是选择零售商回收再制造且支付固定专利费用模式。(5) 三种模式下，零售商及闭环供应链整体的利润比较与低碳消费者比例、普通消费者对再制品的接受程度及碳权交易价格的范围有关，从闭环供应链整体利润最优的角度出发，制造商应适当调整回收策略与专利授权策略，以实现整体利润的最优。

第5章　政府补贴与股权合作下低碳闭环供应链决策与协调

5.1　问 题 提 出

全球气候环境问题日益严重，受到国际社会的广泛关注，多国政府相继制定碳排放相关政策，以期实现减排目标。2016 年，国务院颁布《"十三五"节能减排综合工作方案》，提出发展循环经济体系，完善节能减排市场化机制的目标。2017 年我国正式启动全国碳排放权交易市场。2020 年，在第 75 届联合国大会期间，中国提出了要在 2030 年达到碳排放量峰值，2060 年前实现碳中和的目标，彰显了我国走绿色低碳发展道路的坚定决心。同时，消费者低碳环保意识逐年增强，《2019 中国可持续消费报告》表明，超过七成的消费者愿意为可持续产品支付更高的价格，产品的低碳环保属性可以有效提高消费者的支付意愿。京东大数据研究院发布的《2019 绿色消费趋势发展报告》显示，"绿色消费"商品种类超过 1 亿种，其销量增速超出京东全站 18%。综上，政府的碳规制以及消费者低碳环保意识直接影响企业的减排及运营决策。本贾法尔等（Benjaafar et al.，2013）首次在供应链系统中考虑了碳排放因素，分析了碳排放参数对供应链最优决策的影响。董慈薇等（Dong et al.，2016）研究发现，在碳限额交易政策下可持续投资对供应链的最优决策有显著的影响，收益共享契约可以协调供应链的利润。王文利等（2021）利用演化博弈理论探讨了二级供应链中制造商的减排及零售商的低碳营销策略。

1995 年，富士施乐在日本建立整合资源循环工厂，回收废旧打印设备及耗材，进行再利用或再制造，成熟后在多国建立同样的工厂。[①] 目前，中国工厂的再资源化率已达 99.99%，践行了企业社会责任。再制造的原材料主要是废旧产品，与新品相比，再制造可以降低 30%~50% 的污染物排放，减少 50% 的成本消耗，节约 60% 的能源以及 70% 的原材料，再制造闭环供应链具有低成本、低消耗及低排放的特点。[②] 萨瓦斯坎等（Savaskan et al.，2004）首次提出了闭环供应链中的三种回收模式。还有学者对闭环供应链的现有研究内容进行了梳理，并提出了未来的研究方向（Guide et al.，2009；Govindan et al.，2015）。一些学者关注闭环供应链的碳减排问题。张祥云等（Chang et al.，2015）分别在新品及再制品属于独立及替代关系下，研究了碳限额交易政策对垄断制造商两种产品生产决策的影响。巴赞等（Bazan et al.，2016）研究了考虑碳排放及能源效应的闭环供应链决策及协调问题。穆罕默德等（Mohammed et al.，2017）指出闭环供应链管理是减少工业环境足迹的有效方法，并分析了不同碳政策对闭环供应链运营决策的影响。但闭环供应链中制造企业实施碳减排动力始终不足，究其原因，一是低碳产品生产过程中的高投入问题始终难以破解；二是由于消费者环保意识的提高，低碳循环生产往往会改善供应链的整体绩效，供应链中的其他节点企业从中获利，大大降低了制造企业实施碳减排的积极性。如何从闭环供应链外部及闭环供应链内部两个层面激励企业实施碳减排、促进低碳闭环供应链的稳定发展及运作是值得关注的问题。

与本书研究内容相关的文献主要有两个方面。

1. 闭环供应链外部政府补贴政策的研究

此类研究大致可以分为两类。一类是针对政府再制造补贴下闭环供应链的决策及协调的研究。朱庆华等（2017）在政府"以旧换再"补贴背景下，构建了新品制造商与再制品制造商的博弈模型，分析了专利费用对政府补贴、企业决策、消费者剩余等的影响。朱晓东等（2017）研究了政府对购买再制品的消费者补贴，以及政府对捐赠废旧产品的消费者补贴两种补贴政策下闭环供应链的决策，结果表明政府补贴政策有利于提高经济及环境效益。夏西强等（2021）研究了政府对新产品收取碳税政策及政府对再制造补贴政策下闭环供

---

①②　富士施乐的电子垃圾整合资源循环系统，中国循环经济学会，https：//www. chinacace. org/news/view？id=8013。

应链的回收决策，并比较了两种政策的优劣。另一类是关于政府碳减排补贴对闭环供应链成员决策影响的研究，程发新等（2019）在市场需求不确定下，分析了碳限额、碳补贴政策对闭环供应链网络均衡决策的影响。徐虎等（Hu et al.，2020）比较了碳限额交易及碳税两大碳规制的优劣，并发现政府"直接补贴"及"政策倾向"两种补贴政策都有利于闭环供应链碳减排。综上，可以发现政府的补贴政策在企业实施再制造及碳减排方面往往具有正向的激励作用。研究表明政府碳减排补贴政策可以提高企业碳减排的积极性，但忽略了低碳闭环供应链内部的"搭便车"问题以及外部政策的"依赖性"，与低碳闭环供应链内部的协调机制相比，孰优孰劣值得关注。

2. 供应链内部协调的研究

此类研究成果较丰硕，如供应链中的专利技术授权机制、基于 Shapley 值的协调机制、合同协调等。在技术授权研究方面，洪贤培等（Hong et al.，2017）研究了再制造商在单位专利许可费和固定专利费两种情形下的回收及定价决策，以及制造商的专利授权策略。何启东等（He et al.，2019）构建了制造商和零售商回收竞争的闭环供应链博弈模型，提出了专利授权及合同两种协调机制。在基于 Shapley 值的协调方面，张伸等（2019）研究了电商平台扣点率对双渠道供应链最优定价的影响，并设计了基于 Shapley 值的协调定价方案。郑晓雪等（Zheng et al.，2019）在零售商和再制造商均可销售及再制造的闭环供应链中，提出了可变加权的 Shapley 值法，实现了该闭环供应链的协调。在供应链合同研究方面，主要包括数量折扣合同（Xiao et al.，2008）、收益共享合同（Ni et al.，2010；Panda et al.，2014）、批发价格合同（Ma et al.，2019）及复合合同（Zhang et al.，2015；Yenipazarli et al.，2017）的研究。股权合作战略可视为一种特殊的复合合同，有利于供应链中节点企业作为利益共同体，形成股权战略联盟，为消除低碳闭环供应链中的"搭便车"现象提供了一种新的解决思路。刘名武等（2017）在低碳供应链中，考虑了零售商持股制造商碳减排投资战略的协调效果，并揭示出在一定条件下持股战略可以实现供应链的协调。进一步，刘名武等（2017）在碳交易政策下，表明合适的零售商持股比例可降低碳排放，实现企业利润的帕累托改进，并引入 Shapley 值法实现供应链协调。夏良杰等（2021）在碳交易机制下，将交叉持股战略引入低碳供应链中，并验证了其协调效果。

综上，不少学者已经关注到供应链实施碳减排所面临的困境，部分学者从政府补贴的角度解决了企业减排投入大的问题，促进了闭环供应链实施碳减排（程发新等，2019；Hu et al.，2020），部分学者通过股权合作的方式消除了"搭便车"现象，并实现不同程度的供应链协调（刘名武等，2017；夏良杰等，2021）。现有研究尚缺乏低碳闭环供应链外部政府补贴及内部股权合作对其碳减排效果影响的系统研究；同时，目前鲜有研究关注具有再制造的低碳闭环供应链决策及协调问题。因此本书的创新点在于聚焦闭环供应链低碳生产的高成本及"搭便车"问题，进而从提升制造商减排积极性、消除"搭便车"以及供应链协调三个维度出发，比较外部政府补贴及内部股权合作下低碳闭环供应链成员的决策及绩效表现，为政府补贴政策的制定及企业间的股权合作提供决策支持。

本书构建了制造商碳减排闭环供应链的集中式、分散式、政府补贴低碳产品和零售商持股制造商碳减排投资四种决策模型，利用逆向递推法得到企业的最优决策及利润，并针对消费者的碳减排敏感系数、政府单位碳补贴、零售商持股比例做了灵敏度分析。通过比较四种决策模型下企业的最优回收、碳减排、定价决策、市场需求及利润，本书主要回答了以下问题：（1）不同策略下，闭环供应链应如何制定回收、碳减排及定价决策？（2）消费者的碳感知程度、政府的碳补贴政策及股权合作战略如何影响闭环供应链成员决策？（3）低碳闭环供应链面临的困境是什么？两种协调机制是否可以促进企业低碳循环生产，并提升企业绩效？（4）供应链外部政府补贴及内部股权合作能否实现低碳闭环供应链协调？

5.2　制造商碳减排下闭环供应链决策模型的建立

5.2.1　模型说明与假设

考虑由一个制造商和一个零售商组成的闭环供应链，制造商投资碳减排且进行新产品生产，同时负责废旧产品回收及再制造，零售商负责新品及再制品的销售。假设在生产与销售过程中新品及再制品无差异（Hong et al.，2017），制造商和零售商之间进行完全信息下的 Stackelberg 博弈。参考部分学者的研究，制造商为领导者，零售商为跟随者，实践中，在制造业闭环供应链中，制造企业往往承担领导者的角色，如汽车供应链、家电供应链等（Savaskan et al.，2004；刘名武，2017）。文中的符号说明见表 5-1。

表 5-1 符号说明

符号	定义及假设
c_n	新品的单位生产成本，$c_n > 0$
c_r	再制品的单位生产成本，$c_n > c_r > 0$
w	产品的单位批发价格，$w > c_n$
p	产品的单位零售价格，$p > w$
Δ	再制品的单位节约成本，$\Delta = c_n - c_r > 0$
A	废旧产品的单位回收价格，$\Delta > A > 0$
τ	废旧产品的回收率，$0 < \tau < 1$
λ	零售商持股制造商碳减排投资的比例，同时，制造商按 λ 的比例将收益分给零售商，$0 < \lambda < 1$
s	政府给予制造商碳减排产品的单位补贴，$s > 0$
e	制造商碳减排率，$0 \leq e < 1$
$C(\tau)$	制造商的回收努力成本（Savaskan et al.，2004），$C(\tau) = \delta\tau^2$，其中 δ 表示规模参数，$\delta > 0$
$I(e)$	制造商的碳减排投资成本，$I(e) = ke^2/2$，其中 k 表示碳减排投资成本系数，$k > 0$
$\prod_X^Y$	表示闭环供应链成员 X 在 Y 模型下的利润，其中，$X = \{M, R, SC\}$ 分别表示制造商、零售商和闭环供应链，$Y = \{C, N, G, H\}$ 分别表示集中式、分散式、政府补贴低碳产品、零售商持股制造商碳减排投资决策情形

产品的市场需求受价格和碳减排率影响（夏良杰等，2021），假设需求函数为：

$$D = a - bp + \theta e \qquad (5-1)$$

其中，a 表示市场容量，$a > 0$；b 表示消费者对价格的敏感系数，$b > 0$；随着越来越多的企业公布产品的碳足迹，越来越多的产品标记碳标签，绿色低碳的生活理念在消费者心中日益加深，产品的碳减排程度影响了消费者的购买决策，θ 表示消费者对碳减排的敏感系数，$\theta > 0$。

5.2.2　集中式决策模型

在集中式决策下，低碳闭环供应链中的企业作为一个整体，制造商和零售商均以供应链利润最大化为决策目标，利润函数如下（上标"C"表示集中式决策情形）。

$$\prod_{SC}^{C}(\tau, e, p) = (p - c_n + \tau\Delta)D - A\tau D - \delta\tau^2 - \frac{ke^2}{2} \qquad (5-2)$$

此时，闭环供应链的利润由销售新品与再制品所获得的收益（$p - c_n + \tau\Delta$）D 减去回收废旧产品的可变成本 $A\tau D$、固定成本 $\delta\tau^2$ 及碳减排投资成本 $\frac{ke^2}{2}$ 组成。

定理 5 - 1　在集中式决策模型中，当 $\delta > \delta_1$ 时，闭环供应链的均衡决策及利润分别为，$\tau^{C*} = \dfrac{bk(a - bc_n)(A - \Delta)}{kb(b(A - \Delta)^2 - 4\delta) + 2\delta\theta^2}$，$e^{C*} = \dfrac{2\delta\theta(bc_n - a)}{kb(b(A - \Delta)^2 - 4\delta) + 2\delta\theta^2}$，

$p^{C*} = \dfrac{k(b(a(A - \Delta)^2 - 2\delta c_n) - 2a\delta) + 2\delta c_n\theta^2}{bk(b(A - \Delta)^2 - 4\delta) + 2\delta\theta^2}$，$D^{C*} = \dfrac{2\delta bk(bc_n - a)}{bk(b(A - \Delta)^2 - 4\delta) + 2\delta\theta^2}$，

$\prod_{SC}^{C*} = \dfrac{\delta k(a - bc_n)^2}{kb(4\delta - b(A - \Delta)^2) - 2\delta\theta^2}$。其中，$\delta_1 = \text{Max}\left\{\dfrac{\theta^2(A - \Delta)^2}{2k}, \right.$

$\left. \dfrac{(\Delta(\lambda - 1) + A)((4kb\lambda + \theta^2)(\lambda - 1)\Delta + A\theta^2)}{8k(1 - \lambda)}\right\}$。

推论 5 - 1　$\dfrac{\partial \tau^{C*}}{\partial \theta} > 0$，$\dfrac{\partial e^{C*}}{\partial \theta} > 0$，$\dfrac{\partial p^{C*}}{\partial \theta} > 0$，$\dfrac{\partial D^{C*}}{\partial \theta} > 0$，$\dfrac{\partial \prod_{SC}^{C*}}{\partial \theta} > 0$。

推论 5 - 1 表明，在集中式决策下，随着消费者碳减排敏感系数的增大，废旧产品的回收率、产品的碳减排率、零售价格、市场需求以及闭环供应链的利润都将增大。当消费者低碳环保意识提高时，制造商更有动力提高产品的碳减排率。同时，由于再制品的单位利润更高，制造商将加大废旧产品的回收力度，提高回收率，由此产生的减排投资成本及回收努力成本将部分转移到消费者身上，导致产品的零售价格提高；但此时消费者碳减排敏感系数更高，故产品的需求量加大，进而增加了闭环供应链的整体利润。然而，低碳产品价格的提高，对消费者来说是不利的，企业应考虑通过提高产品质量，延长售后质保

时间等方式，提升顾客消费体验。

5.2.3 分散式决策模型

在分散式决策下，制造商和零售商均以各自利润最大化为目标，利润函数分别表示如下（上标"N"表示分散式决策情形）：

$$\prod_{M}^{N}(\tau, e, w) = (w - c_n + \tau\Delta)D - A\tau D - \delta\tau^2 - \frac{ke^2}{2} \qquad (5-3)$$

$$\prod_{R}^{N}(p) = (p - w)D \qquad (5-4)$$

此时，制造商的利润由销售产品所获得的收益 $(w - c_n + \tau\Delta)D$ 减去废旧产品回收及碳减排投资成本组成；零售商的利润 $(p - w)D$ 是通过销售产品所得。

定理 5 - 2 在分散式决策模型中，当 $\delta > \delta_1$ 时，闭环供应链的均衡决策及利润分别为 $\tau^{N*} = \dfrac{bk(a - bc_n)(A - \Delta)}{kb(b\,(A - \Delta)^2 - 8\delta) + 2\delta\theta^2}$, $e^{N*} = \dfrac{2\delta\theta(bc_n - a)}{kb(b\,(A - \Delta)^2 - 8\delta) + 2\delta\theta^2}$, $w^{N*} = \dfrac{k(b(a\,(A - \Delta)^2 - 4\delta c_n) - 4a\delta) + 2\delta c_n\theta^2}{bk(b\,(A - \Delta)^2 - 8\delta) + 2\delta\theta^2}$, $p^{N*} = \dfrac{k(b(a\,(A - \Delta)^2 - 2\delta c_n) - 6a\delta) + 2\delta c_n\theta^2}{bk(b\,(A - \Delta)^2 - 8\delta) + 2\delta\theta^2}$, $D^{N*} = \dfrac{2\delta bk(bc_n - a)}{bk(b\,(A - \Delta)^2 - 8\delta) + 2\delta\theta^2}$, $\prod_{M}^{N*} = \dfrac{\delta k\,(a - bc_n)^2}{bk(8\delta - b\,(A - \Delta)^2) - 2\delta\theta^2}$, $\prod_{R}^{N*} = \dfrac{4b\delta^2 k^2\,(a - bc_n)^2}{(bk(b\,(A - \Delta)^2 - 8\delta) + 2\delta\theta^2)^2}$。

推论 5 - 2 $\dfrac{\partial\tau^{N*}}{\partial\theta} > 0$, $\dfrac{\partial e^{N*}}{\partial\theta} > 0$, $\dfrac{\partial p^{N*}}{\partial\theta} > 0$, $\dfrac{\partial D^{N*}}{\partial\theta} > 0$, $\dfrac{\partial\prod_{M}^{N*}}{\partial\theta} > 0$, $\dfrac{\partial\prod_{R}^{N*}}{\partial\theta} > 0$, $\dfrac{\partial\prod_{SC}^{N*}}{\partial\theta} > 0$。

推论 5 - 2 表明，在分散式决策下，与集中式决策类似，均衡决策及最优利润与消费者碳减排敏感系数的变动规律相似，此处不再赘述。可以看出，无论是闭环供应链整体还是其成员企业都有动力通过环保公益广告、标记产品"碳足迹"等方式，加强消费者对低碳环保绿色生产的关注，进而实现资源、环境及经济效益的共赢。实践中，沃尔玛、IBM、宜家等均在其低碳产品上粘贴"碳足迹"标签，美的、格力等大型电器制造商均研发并推广节能环保系列产品，通过短视频或广告等方式进行宣传，引导消费者购买低碳产品。

5.2.4　政府补贴低碳产品决策模型

在政府补贴低碳产品分散式决策下，制造商和零售商均以各自利润最大化为目标，利润函数分别表示如下（上标"G"表示政府补贴低碳产品情形）：

$$\prod_M^G(\tau, e, w) = (w - c_n + \tau\Delta + s)D - A\tau D - \delta\tau^2 - \frac{ke^2}{2} \qquad (5-5)$$

$$\prod_R^G(p) = (p - w)D \qquad (5-6)$$

此时，制造商的收益除了销售产品所得，还包括政府的低碳产品补贴 sD。

定理 5-3　在政府补贴低碳产品的决策模型中，当 $\delta > \delta_1$，$0 < s < s_1$ 时，闭环供应链的均衡决策及利润分别为 $\tau^{G*} = \dfrac{bk(a - bc_n + bs)(A - \Delta)}{kb(b(A - \Delta)^2 - 8\delta) + 2\delta\theta^2}$，$e^{G*} =$

$\dfrac{2\delta\theta(a - bc_n + bs)}{kb(8\delta - b(A - \Delta)^2) + 2\delta\theta^2}$，$w^{G*} = \dfrac{ak(b(A - \Delta)^2 - 4\delta) + 2\delta(c_n - s)(\theta^2 - 2bk)}{bk(b(A - \Delta)^2 - 8\delta) + 2\delta\theta^2}$，

$p^{G*} = \dfrac{ak(b(A - \Delta)^2 - 6\delta) + 2\delta(c_n - s)(\theta^2 - bk)}{bk(b(A - \Delta)^2 - 8\delta) + 2\delta\theta^2}$，$D^{G*} = \dfrac{2\delta bk(a - bc_n + bs)}{bk(8\delta - b(A - \Delta)^2) + 2\delta\theta^2}$，

$\prod_M^{G*} = \dfrac{\delta k(a - bc_n + bs)^2}{bk(8\delta - b(A - \Delta)^2) + 2\delta\theta^2}$，$\prod_R^{G*} = \dfrac{4b\delta^2 k^2(a - bc_n + bs)^2}{(bk(b(A - \Delta)^2 - 8\delta) + 2\delta\theta^2)^2}$。

其中，$s_1 = \dfrac{k(b(4\delta c_n - a(A - \Delta)^2) + 4a\delta) - 2\delta c_n\theta^2}{2\delta(2bk - \theta^2)}$。

推论 5-3　（1）$\dfrac{\partial\tau^{G*}}{\partial\theta} > 0$，$\dfrac{\partial e^{G*}}{\partial\theta} > 0$，$\dfrac{\partial p^{G*}}{\partial\theta} > 0$，$\dfrac{\partial D^{G*}}{\partial\theta} > 0$，$\dfrac{\partial\prod_M^{G*}}{\partial\theta} > 0$，

$\dfrac{\partial\prod_R^{G*}}{\partial\theta} > 0$，$\dfrac{\partial\prod_{SC}^{G*}}{\partial\theta} > 0$；（2）$\dfrac{\partial\tau^{G*}}{\partial s} > 0$，$\dfrac{\partial e^{G*}}{\partial s} > 0$，当 $\theta > \sqrt{bk}$时，$\dfrac{\partial p^{G*}}{\partial s} > 0$；

当 $0 < \theta \leqslant \sqrt{bk}$时，$\dfrac{\partial p^{G*}}{\partial s} \leqslant 0$，$\dfrac{\partial D^{G*}}{\partial s} > 0$，$\dfrac{\partial\prod_M^{G*}}{\partial s} > 0$，$\dfrac{\partial\prod_R^{G*}}{\partial s} > 0$，$\dfrac{\partial\prod_{SC}^{G*}}{\partial s} > 0$。

推论 5-3 表明，政府补贴低碳产品情形下，均衡决策及最优利润均为消费者碳减排敏感系数的增函数；类似地，随着政府单位碳补贴额度的增大，废

旧产品的回收率、产品的碳减排、市场需求以及企业最优利润都将随之增加，而产品零售价格的变动规律与消费者碳减排敏感系数、消费者价格敏感系数以及碳减排投资规模参数的相对大小有关。

5.2.5 零售商持股制造商碳减排投资决策模型

在零售商持股制造商碳减排投资分散式决策下，制造商和零售商均以各自利润最大化为目标，利润函数分别表示如下（上标"H"表示零售商持股制造商碳减排投资情形）。

$$\prod{}_M^H(\tau, e, w) = (1 - \lambda)(w - c_n + \tau\Delta)D - A\tau D - \delta\tau^2 - (1 - \lambda)\frac{ke^2}{2}$$

$$(5-7)$$

$$\prod{}_R^H(p) = (p - w)D + \lambda(w - c_n + \tau\Delta)D - \lambda\frac{ke^2}{2} \qquad (5-8)$$

此时，零售商按照持股比例 λ 分担制造商的碳减排投资成本 $\lambda\frac{ke^2}{2}$，同时，分享制造商的销售收益 $\lambda(w - c_n + \tau\Delta)D$。

定理 5-4 在零售商持股制造商碳减排投资的决策模型中，当 $\delta > \delta_1$，$0 < \lambda < \lambda_1$ 时，闭环供应链的均衡决策及利润分别为 $\tau^{H*} = \dfrac{bk(\lambda - 1)(a - bc_n)(A - \Delta)}{kb(\lambda - 1)(b(A - \Delta)^2 - 8\delta) - 2\delta\theta^2}$，$e^{H*} = \dfrac{2\delta\theta(a - bc_n)}{kb(\lambda - 1)(b(A - \Delta)^2 - 8\delta) - 2\delta\theta^2}$，

$w^{H*} = \dfrac{k(Ac_n\lambda b^2(A - \Delta) + b((\Delta - A)(a\Delta(\lambda - 1) + Aa) + 4c_n\delta(1 - 2\lambda)) + 4a\delta) - 2c_n\delta\theta^2}{bk(\lambda - 1)(b(A - \Delta)^2 - 8\delta) - 2\delta\theta^2}$，

$p^{H*} = \dfrac{\begin{array}{c}k(\lambda - 1)(b(a(A - \Delta)^2 - \\ 2\delta c_n) - 6a\delta) - 2\delta c_n\theta^2\end{array}}{bk(\lambda - 1)(b(A - \Delta)^2 - 8\delta) - 2\delta\theta^2}$，$D^{H*} = \dfrac{2\delta bk(1 - \lambda)(a - bc_n)}{bk(\lambda - 1)(b(A - \Delta)^2 - 8\delta) - 2\delta\theta^2}$

$$\prod{}_M^{H*} = \frac{\delta k(1 - \lambda)(a - bc_n)^2}{bk(\lambda - 1)(b(A - \Delta)^2 - 8\delta) - 2\delta\theta^2}，\quad \prod{}_R^{H*} = \frac{\delta^2 k(\lambda - 1)(a - bc_n)^2(4kb(\lambda - 1) - 2\lambda\theta^2)}{(bk(\lambda - 1)(b(A - \Delta)^2 - 8\delta) - 2\delta\theta^2)^2}$$

其中，$\lambda_1 = \dfrac{kb(b(A - \Delta)^2 - 8\delta) + 2\delta\theta^2}{kb(b(A - \Delta)^2 - 8\delta)}$。

推论 5 - 4　(1) $\dfrac{\partial \tau^{H*}}{\partial \theta} > 0$, $\dfrac{\partial e^{H*}}{\partial \theta} > 0$, $\dfrac{\partial p^{H*}}{\partial \theta} > 0$, $\dfrac{\partial D^{H*}}{\partial \theta} > 0$, $\dfrac{\partial \prod_{M}^{H*}}{\partial \theta} > 0$,

$\dfrac{\partial \prod_{R}^{H*}}{\partial \theta} > 0$, $\dfrac{\partial \prod_{SC}^{H*}}{\partial \theta} > 0$;　(2) $\dfrac{\partial \tau^{H*}}{\partial \lambda} > 0$, $\dfrac{\partial e^{H*}}{\partial \lambda} > 0$, $\dfrac{\partial p^{H*}}{\partial \lambda} > 0$, $\dfrac{\partial D^{H*}}{\partial \lambda} > 0$,

$\dfrac{\partial \prod_{M}^{H*}}{\partial \lambda} > 0$, 当 $0 < \lambda < \lambda_2$ 时，$\dfrac{\partial \prod_{R}^{H*}}{\partial \lambda} > 0$；当 $\lambda_2 < \lambda < \lambda_1$ 时，则 $\dfrac{\partial \prod_{R}^{H*}}{\partial \lambda} < 0$，

当 $0 < \lambda < \lambda_3$ 时，$\dfrac{\partial \prod_{SC}^{H*}}{\partial \lambda} > 0$；当 $\lambda_3 < \lambda < \lambda_1$ 时，则 $\dfrac{\partial \prod_{SC}^{H*}}{\partial \lambda} < 0$。其中，$\lambda_2 =$

$\dfrac{kb^2 (A - \Delta)^2 + 2\delta\theta^2}{kb(16\delta - b (A - \Delta)^2)}$，$\lambda_3 = \dfrac{4\delta}{12\delta - b (A - \Delta)^2}$，且 $0 < \lambda_2 < \lambda_3 < \lambda_1 < 1$。

推论 5 - 4 表明，零售商持股制造商碳减排投资情形下，均衡决策及最优利润均为消费者碳减排敏感系数的增函数；随着零售商持股制造商碳减排投资比例的增加，制造商将加大废旧产品回收及碳减排力度，由于零售商分担了更多的减排投资成本，其将提高产品的零售价格，此时，产品的市场需求增加，制造商的利润也将随之增加。当持股比例在比较高的范围内时，持股比例继续增加反而会使得零售商及闭环供应链的最优利润降低，这与实际情况是相吻合的，低碳闭环供应链的股权合作战略中，持股比例过高并不利于企业自身的发展。

5.3　均衡结果分析

推论 5 - 5　(1) $\dfrac{\partial \prod_{R}^{N*}}{\partial \theta} > \dfrac{\partial \prod_{M}^{N*}}{\partial \theta}$, $\dfrac{\partial \prod_{R}^{G*}}{\partial \theta} > \dfrac{\partial \prod_{M}^{G*}}{\partial \theta}$, $\dfrac{\partial \prod_{R}^{H*}}{\partial \theta} > \dfrac{\partial \prod_{M}^{H*}}{\partial \theta}$;

(2) $\dfrac{\partial \prod_{M}^{G*}}{\partial \theta} > \dfrac{\partial \prod_{M}^{N*}}{\partial \theta}$, $\dfrac{\partial \prod_{R}^{G*}}{\partial \theta} > \dfrac{\partial \prod_{R}^{N*}}{\partial \theta}$, $\dfrac{\partial \prod_{M}^{H*}}{\partial \theta} > \dfrac{\partial \prod_{M}^{N*}}{\partial \theta}$。

推论 5 - 5 表明，由于零售商对于消费者低碳偏好的感知更为敏感，故在分散式及两种协调机制下的决策模型中，较之制造商，零售商利润关于消费者碳减排敏感系数的增幅总是更大，也就是说制造商投资碳减排对制造商和零售商来说总是有利的，即零售商存在"搭便车"行为；进一步，当政府补贴低

碳产品时，相较于分散式情形，制造商及零售商利润关于消费者碳减排敏感系数的增幅总是更大的，说明政府的补贴政策可以激励制造商碳减排，零售商也从中获益；类似地，当零售商持股制造商碳减排投资时，相较于分散式情形，制造商利润关于消费者碳减排敏感系数的增幅更大，表明股权合作也可以消除"搭便车"现象的影响，提高制造商碳减排的积极性。

推论 5 – 6　(1) $\tau^{G*} > \tau^{N*}$，$e^{G*} > e^{N*}$，当 $0 < \theta < \sqrt{bk}$ 时，$p^{G*} < p^{N*}$；当 $\theta \geqslant \sqrt{bk}$ 时，则 $p^{G*} \geqslant p^{N*}$，$D^{G*} > D^{N*}$；(2) $\prod_M^{G*} > \prod_M^{N*}$，$\prod_R^{G*} > \prod_R^{N*}$；

(3) $\Delta \prod_M^{G*} > \Delta \prod_R^{G*}$，$\dfrac{\partial \Delta \prod_M^{G*}}{\partial s} > \dfrac{\partial \Delta \prod_R^{G*}}{\partial s}$。其中，$\Delta \prod_M^{G*} = \prod_M^{G*} - \prod_M^{N*}$，$\Delta \prod_R^{G*} = \prod_R^{G*} - \prod_R^{N*}$。

推论 5 – 6 表明，与无协调情形相比，政府补贴低碳产品政策下，废旧产品的回收率、产品碳减排率及市场需求均更高，而产品零售价格的高低，需视消费者碳减排敏感系数与消费者价格敏感系数以及碳减排投资规模参数的相对大小而定。当消费者碳减排敏感程度较低时，政府补贴政策下产品零售价格更低，反之，无补贴情形下零售价格更低，这与推论 5 – 3 的结果相呼应；政府补贴低碳产品政策总会增加企业利润，且制造商的利润增幅较之零售商更大，同时，随着单位碳补贴的增加，制造商的利润增幅更快，说明政府补贴低碳产品可以有效地消除"搭便车"现象，促进制造商碳减排。

推论 5 – 7　(1) $\tau^{H*} > \tau^{N*}$，$e^{H*} > e^{N*}$，$p^{H*} > p^{N*}$，$D^{H*} > D^{N*}$；

(2) $\prod_M^{H*} > \prod_M^{N*}$，当 $\lambda > \lambda_4$ 时，$\prod_R^{H*} < \prod_R^{N*}$；反之，$\prod_R^{H*} \geqslant \prod_R^{N*}$；

(3) $\dfrac{\partial \Delta \prod_M}{\partial \lambda} > \dfrac{\partial \Delta \prod_R}{\partial \lambda}$。其中，$\lambda_4 = \dfrac{(kb^2(A-\Delta)^2 + 2\delta\theta^2)(bk(b(A-\Delta)^2 - 8\delta) + 2\delta\theta^2)}{8bk\delta((bk(b(A-\Delta)^2 - 8\delta)) + \delta\theta^2)}$，

$\lambda_4 < \lambda_1$，$\Delta \prod_M^{H*} = \prod_M^{H*} - \prod_M^{N*}$，$\Delta \prod_R^{H*} = \prod_R^{H*} - \prod_R^{N*}$。

推论 5 – 7 表明，与无协调情形相比，零售商持股制造商碳减排投资下，废旧产品的回收率、产品的碳减排率、零售价格及市场需求均更高，说明股权战略联盟有利于资源的循环利用、环境保护，提升企业的绿色形象，进而扩大市场份额；同时，股权合作战略总能提高制造商的利润，而对零售商而言，只有在合适的持股范围内，零售商的利润才会增加，即合适的零售商持股制造

减排投资比例，可以帮助实现双方利润改善；且制造商利润关于零售商持股比例的增幅总是更大的，表明股权合作战略可以消除零售商"搭便车"现象，提高制造商的碳减排积极性。

推论 5 - 8　当 $0 < s \leqslant s_2$ 时，$\tau^{G*} \leqslant \tau^{H*}$，$e^{G*} < e^{H*}$，$D^{G*} \leqslant D^{H*}$；当 $s_2 < s < s_3$ 时，$\tau^{G*} > \tau^{H*}$，$e^{G*} < e^{H*}$，$D^{G*} > D^{H*}$；当 $s \geqslant s_3$ 时，$\tau^{G*} > \tau^{H*}$，$e^{G*} \geqslant e^{H*}$，$D^{G*} > D^{H*}$。其中，$s_2 = \dfrac{2\delta\lambda\theta^2(a - bc_n)}{b(kb(\lambda - 1)(b(A-b)^2 - 8\delta) - 2\delta\theta^2)}$，$s_3 = \dfrac{\lambda k(bc_n - a)(b(A-b)^2 - 8\delta)}{kb(\lambda - 1)(b(A-b)^2 - 8\delta) - 2\delta\theta^2}$，且 $0 < s_2 < s_3$。

推论 5 - 8 表明，政府补贴与股权合作两种协调机制的效果需视政府单位碳补贴的大小而定，同时，废旧产品回收率及产品的市场需求对单位碳补贴的敏感度更高，碳减排率的敏感度较低。当政府补贴力度较小时，股权合作情形下废旧产品的回收率、碳减排率和产品的市场需求更高，此时低碳闭环供应链内部的股权合作战略的协调效果更好；随着政府单位碳补贴力度的增加，从废旧产品回收及产品市场需求角度来看，政府补贴政策更优；从制造商减排效果来看，仍然是股权合作战略更优；当单位碳补贴足够大时，低碳闭环供应链外部政府补贴政策的协调效果更好。

综上所述，制造商和零售商都有动力通过标记"碳足迹"、公益广告等方式，增强消费者的低碳环保意识和增加市场需求，以期获得更大收益。无论是低碳闭环供应链外部政府的补贴政策，还是内部的股权合作战略，都可以促进制造商碳减排及再制造，获得更大的资源及环境效益。对制造商而言，两种协调机制都可以解决其在减排过程中面临的问题，并增大其利润；对零售商而言，将总是更愿意选择政府的补贴政策，适当范围的持股比例，零售商的利润也会增加；对消费者而言，由于其低碳环保意识的提高，消费者愿意花更高的价格购买低碳产品，企业应从提高产品服务等方面对消费者进行补偿。

5.4　政府补贴与股权合作协调效果

本节讨论政府补贴与股权合作两种协调机制对闭环供应链的废旧产品回收、产品碳减排、定价、市场规模及企业利润方面的协调效果。

推论 5–9 当 $s = \dfrac{4k\delta(bc_n - a)}{kb((A-\Delta)^2 - 4b) + 2\delta\theta^2}$ 时，$\tau^{G*} = \tau^{C*}$，$e^{G*} = e^{C*}$，$p^{G*} =$

p^{C*}，$D^{G*} = D^{C*}$，当 $s = s_4$ 时，$\prod_{SC}^{G*} = \prod_{SC}^{C*}$。其中，$s_4 = \dfrac{(a - bc_n)(F - E)}{bE}$，

$E = (kb((A-\Delta)^2 - 4\delta) + 2\delta\theta^2))(kb((A-\Delta)^2 - 12\delta) + 2\delta\theta^2)$，$F =$

$\sqrt{(kb((A-\Delta)^2 - 12\delta) + 2\delta\theta^2)(kb((A-\Delta)^2 - 8\delta) + 2\delta\theta^2)^2(kb((A-\Delta)^2 - 4\delta) + 2\delta\theta^2)}$。

推论 5–9 表明，在政府补贴低碳产品情形下，当政府单位碳补贴满足一定条件时，废旧产品的回收率、产品的碳减排率、零售价格、市场需求以及闭环供应链利润均可达到集中决策下的水平。此时，政府补贴政策下的闭环供应链可以实现完美协调。

推论 5–10 当 $\lambda = \dfrac{2bk}{2bk + \theta^2}$ 时，$\tau^{H*} = \tau^{C*}$，$D^{H*} = D^{C*}$；当 $\lambda = \dfrac{4\delta}{8\delta - b(A-\Delta)^2}$

时，$e^{H*} = e^{C*}$。

推论 5–10 表明，在零售商持股制造商碳减排投资情形下，当零售商的持股比例满足一定条件时，废旧产品的回收率、产品的碳减排率、市场需求均可以达到集中决策下的水平。

当 $\lambda = \dfrac{-8bk\delta - 4\delta\theta^2 - 2\sqrt{2}\sqrt{\delta\theta^2(bk((A-\Delta)^2 - 4\delta) + 2\delta\theta^2)}}{(b(A-\Delta)^2 - 12\delta)\theta^2 - 8\delta bk}$ 时，$\prod_{SC}^{H*} =$

$\prod_{SC}^{C*}$，但 $\lambda \notin (0, \lambda_1)$ 范围内，即闭环供应链利润不能达到集中式决策下的利润。因此，股权合作战略下的闭环供应链仅能实现部分协调。

5.5 结 论

针对闭环供应链低碳生产企业面临的困境，分别构建考虑制造商碳减排的闭环供应链集中式、分散式、政府补贴低碳产品以及零售商持股制造商碳减排投资四种决策模型，并对相关均衡结果做出灵敏度分析，探讨低碳闭环供应链外部政府补贴及内部股权合作的协调效果。研究发现，消费者碳减排敏感系数、政府单位碳补贴、零售商持股比例的增加有利于制造商的回收再制造及碳减排，并能增大市场需求，提高制造商利润，由此可见，两种协调机制均可提

高制造商回收及碳减排的积极性，消除"搭便车"现象，而两种协调机制的优劣需视政府单位碳补贴的相对大小而定。同时，股权合作战略下闭环供应链的利润不能达到集中式下的水平，但可实现闭环供应链的部分协调；而政府补贴政策可以实现完美协调。研究结果有助于制造企业认识并解决自身减排困境；为政府政策制定提供全面的建议，当政府确定单位碳补贴时，应考虑企业及消费者利益的均衡；为零售商的持股战略提供决策支持，以实现制造商和零售商利润的共同优化。

第6章　不同权利结构下零售商持股制造商减排投资的闭环供应链决策研究

6.1　问题提出

随着经济发展与资源环境约束矛盾的日益凸显，世界各国积极探寻低碳可持续发展道路。"十四五"规划纲要提出，我国将大力发展绿色金融，构建资源循环利用体系，健全自然资源有偿使用制度。同时，消费者环保意识逐年提高，68%的消费者因企业履行环保低碳等社会责任方面的声誉而购买了其产品或服务，94%的中国受访者表示愿意以更高的价格购买环保产品。在此背景下，相关的政策法规以及消费终端的需求，迫使企业实施低碳节能生产。供应链中往往由制造企业实施碳减排，生产低碳产品，如联想，富士康等。由于低碳生产的高投入以及供应链中其他成员的"搭便车"现象，如何促进低碳供应链的稳定发展与运营成为亟待解决的现实问题。

基于此，一些学者对闭环供应链中的碳减排进行了研究，在碳减排方面，李辉等（2018）利用Stackelberg博弈探讨了低碳闭环供应链的定价和低碳宣传策略，提出Shapley值法和共享系统收益增量两种协调机制并对比了协调效果。李辉等（2019）考虑了闭环供应链中制造商和零售商单向合作以及双向合作，研究发现两种合作方式都可以提高回收率和碳减排率。塔莱扎德等（Taleizadeh et al., 2019）研究了碳减排、质量改进和退货质量对闭环供应链再制造模式的影响。一些学者关注了闭环供应链中其他碳规制的实施效果，王忠瑞等（Wang et al., 2020）在碳权交易的背景下，比较了三种回收方式的优劣。窦国伟等（Dou et al., 2020）考虑了新品及再制品碳排放差异，在碳税政策下研究了闭环供应链的渠道选择问题。恩丰兴等（Xing et al., 2020）研究了碳权交易价格及消费者低碳偏好对闭环供应链成员决策的影响。在此基础上，一些文献研究了不同碳规制对闭环供应链成员决策的影响，莫哈杰里（Mohajeri et al.，2016）设计了考虑不同运输方式碳足迹的闭环供应链网络的运输路径。丁志刚等（2020）在碳价及碳税税率双重不确定下研究了供应链的协同决策以及低碳技术采纳时机。

　　制造企业实施碳减排中，始终存在高投入及"搭便车"问题，削弱了其减排的积极性。供应链间企业的股权合作可以加强上下游企业之间的联系，实现收益共享成本共担，形成战略联盟。供应链股权合作分为单向持股和交叉持股，单向持股又分为上游企业持股下游企业以及下游企业持股上游企业，在实践中，阿里巴巴入股上海汽车荣威节能车型系列，同时荣威系列在淘宝平台销售，通过整合线上与线下资源，其市场需求量增加了113%。[①] 在上游企业持股下游企业方面，张楠等（2016）在需求不确定的背景下，研究了供应商持股制造商供应链的定价与协调策略。傅红等（Fu et al.，2018）研究了上游企业持股下游企业的供应链定价问题。王旭坪等（2020）构建了企业投资数字化技术及农场对该投资持股的不同组合下的现代农业供应链博弈模型，并提出了讨价还价模型实现了农业供应链的协调。在下游企业持股上游企业方面，聂佳佳等（2016）在零售商持股制造商的供应链中，比较了单销售渠道和双销售渠道两种渠道下企业的决策及利润。刘名武等（2017）研究发现，零售商持股制造商减排成本可以消除"搭便车"现象，提高供应链绩效。进一步，刘名武等（2017）考虑了碳限额交易，研究了股权合作下不同类型制造商减排与定价决策，并引入 Shapley 值法分配供应链利润实现了供应链协调。张伸等（2020）探讨了持股及价值共创对闭环供应链最优价值的影响，并提出了优化方法。傅红等（2020）研究了强势下游企业持股上游企业对供应链生产和采购的影响，提出价格补贴策略和收益分享策略构成的组合策略实现供应链协调。樊文平等（2021）在减排效益分享型合同和减排量保证型合同下，探讨了纵向持股对供应链中企业决策及利润的影响。在交叉持股方面，付红等（2019）在需求随机情形下，分别研究了交叉持股对"推式"及"拉式"供应链价格及产量决策的影响。夏良杰等（2021）在具有碳限额交易的供应链中，研究了交叉持股对企业决策及利润的影响，并说明了交叉

---

① 上汽阿里合作再升级共推荣威 RX5　MAX 抢占 5G 智能汽车赛点，新浪财经，http：//finance. sina. com. cn/stock/relnews/us/2019 - 09 - 16/doc - iicezueu6038287. shtml。

持股的协调效果。张申等（Zhang et al.，2021）构建了交叉持股电子闭环供应链价值共创模型，揭示了交叉持股对价值共创的影响。

供应链中不同的权利结构将影响企业决策，在闭环供应链中，易余胤等（2010）比较了三种不同主导力量下闭环供应链企业决策及利润，指出零售商主导的情形最优，并提出两部定价契约。王文宾等（2011）在零售商回收的闭环供应链中，研究了集中式及分散式下三种不同权利结构的闭环供应链定价与协调策略。张福安等（Zhang et al.，2019）构建了线上和线下零售商竞争的闭环供应链 Stackelberg 博弈模型，研究不同权利结构对企业决策及利润的影响。刘珊等（2020）在不同权利结构下分析了企业社会责任行为对定价及回收决策的影响。王竞竞等（2020）提出了三种权力结构下制造商和零售商联盟与不联盟的闭环供应链博弈模型。闻卉等（2020）研究了三种权利结构下双渠道闭环供应链定价策略，并设计了两种契约结合的组合契约实现供应链协调。李斗穗等（Lee et al.，2020）提出了两种权力结构和三种绿色创新策略，建立了六种不同的 Stackelberg 博弈模型。李静等（Li et al.，2020）研究了供应商竞争下不同渠道权利结构的低碳闭环供应链决策与协调问题。

综上所述，学者们围绕供应链的碳规制、股权合作及权利结构进行了深入的研究取得了一系列研究成果，然而尚缺少在低碳循环经济背景下，股权合作对不同权利结构闭环供应链决策影响及协调效果的研究。本书分别构建集中式决策模型、制造商主导及零售商主导的 Stackelberg 博弈模型、Nash 非合作博弈模型，分析持股比例、消费者碳减排敏感系数对企业决策及利润的影响，并探讨股权合作对低碳闭环供应链的协调效果，为供应链成员制定回收、减排、定价决策以及企业间的股权合作战略提供决策依据。

6.2　问题描述及假设

本书考虑具有一个制造商和一个零售商的闭环供应链，制造商负责新品与再制品的生产及废旧产品的回收，且制造商实施碳减排，零售商负责产品的销售，假设新品与再制品在功能及外观上无差异（Zhang et al.，2021；易余胤，2010）。闭环供应链中产品的市场需求由销售价格和制造商碳减排率决定（夏良杰，2021），零售商的市场需求函数为：

$$D = a - bp + \theta e \tag{6-1}$$

式（6-1）中，a 表示市场容量，p 表示产品的单位销售价格，e 表示制造商的碳减排率，$0 \leq e < 1$，b 表示消费者对销售价格的敏度系数，$b > 0$，θ 表示消费者对产品碳减排率的敏感系数，$\theta > 0$。其他相关符号及说明如表 6-1 所示。

表 6-1　　　　　　　　　　　符号及说明

符号	定义及假设
w	产品的单位批发价格，$w > 0$
m	零售商销售单位产品的利润，$m = p - w$
c_n	新品的单位生产成本，$c_n > 0$
c_r	再制品的单位生产成本，$c_n > c_r$
Δ	再制品的单位节约成本，$\Delta = c_n - c_r > 0$
A	回收废旧产品支付给顾客单位回收价格，$A < \Delta$
τ	废旧产品的回收率，$0 \leq \tau \leq 1$
λ	零售商持股制造商碳减排成本比例，$0 < \lambda < 1$
$I(e)$	$I(e) = ke^2/2$ 碳减排的投资成本，k 是碳减排难度系数，$k > 0$
$C(\tau)$	$C(\tau) = \delta\tau^2$ 回收废旧产品的固定投资成本，其中 δ 是回收难度系数，$\delta > 0$
$\prod_X^Y$	表示供应链成员 X 在 Y 模型下的利润，其中 $X = \{m, r, sc\}$ 分别表示制造商、零售商和供应链，$Y = \{C, M, R, N\}$ 分别表示集中式、制造商主导、零售商主导和 Nash 均衡决策下的模型

为保证文中均衡解的经济可行性以及利润函数的凹性等条件（刘珊，2020），本书要求参数满足：$a > bc_n$，$k > \text{Max}\left\{ \dfrac{2\delta\theta^2}{b(4\delta - b(A-\Delta)^2)}, \dfrac{2\delta\theta^2}{(1-\lambda)b(8\delta - b(A-\Delta)^2)} \right\}$。

6.3　低碳闭环供应链模型构建

当制造商实施碳减排时，企业追求自身利润的最大化，则碳减排制造商及零售商的利润函数分别为：

$$\prod_m (\tau, e, w) = (w - c_n + \tau\Delta)D - A\tau D - \delta\tau^2 - ke^2/2 \quad (6-2)$$

$$\prod_r (p) = (p - w)D \quad (6-3)$$

6.3.1 集中式决策模型（C 模型）

制造商和零售商以闭环供应链整体利润最大化为目标，由式（6-2）和式（6-3）可知，此时，低碳闭环供应链的利润函数为：

$$\prod_{sc}^{C}(\tau, e, p) = (p - c_n + \tau\Delta)D - A\tau D - \delta\tau^2 - ke^2/2 \quad (6-4)$$

利用逆向归纳法求解，将式（6-1）代入式（6-4），求得关于 τ, e 和 p 的海塞矩阵：$H_{3\times3}^{C} = \begin{bmatrix} -2\delta & \theta(\Delta - A) & \theta \\ \theta(\Delta - A) & -k & b(A - \Delta) \\ \theta & b(A - \Delta) & -2b \end{bmatrix}$,

当 $\delta > \text{Max}\left\{\dfrac{\theta^2 (A - \Delta)^2}{2k}, \dfrac{(\Delta(\lambda - 1) + A)((4kb\lambda + \theta^2)(\lambda - 1)\Delta + A\theta^2)}{8k(1 - \lambda)}\right\}$时，

$H_{3\times3}^{c}$ 负定，$\prod_{sc}^{C}$ 是关于 τ, e, p 的严格凹函数，由一阶条件，可求得最优决策如下：

$$\begin{cases} \tau^{C*} = \dfrac{bk(a - bc_n)(A - \Delta)}{kb(b (A - \Delta)^2 - 4\delta) + 2\delta\theta^2} \\ e^{C*} = \dfrac{2\delta\theta(bc_n - a)}{kb(b (A - \Delta)^2 - 4\delta) + 2\delta\theta^2} \\ p^{C*} = \dfrac{k(b(a (A - \Delta)^2 - 2\delta c_n) - 2a\delta) + 2\delta c_n\theta^2}{bk(b (A - \Delta)^2 - 4\delta) + 2\delta\theta^2} \end{cases} \quad (6-5)$$

将式（6-5）的均衡解带入式（6-1）和式（6-4）中，可求得产品的最大市场需求及最优利润如下：

$$\begin{cases} D^{C*} = \dfrac{2\delta bk(bc_n - a)}{bk(b (A - \Delta)^2 - 4\delta) + 2\delta\theta^2} \\ \prod_{sc}^{C*} = \dfrac{\delta k (a - bc_n)^2}{kb(4\delta - b (A - \Delta)^2) - 2\delta\theta^2} \end{cases} \quad (6-6)$$

6. 3. 2　制造商主导 Stackelberg 博弈模型（M 模型）

零售商以持股比例为 λ，分担制造商 $\lambda ke^2/2$ 的减排投资成本，并分享制造商 $\lambda(w-c_n+\tau\Delta)D$ 的收益，制造商和零售商以各自利润最大化为目标，制造商和零售商的利润函数如下：

$$\prod\nolimits_m^M(\tau,\ e,\ w) = (1-\lambda)(w-c_n+\tau\Delta)D - A\tau D - \delta\tau^2 - (1-\lambda)ke^2/2$$

$$(6-7)$$

$$\prod\nolimits_r^M(p) = (p-w)D + \lambda(w-c_n+\tau\Delta)D - \lambda ke^2/2 \qquad (6-8)$$

此时，决策顺序如下：作为领导者的制造商先行确定产品的批发价格 w、废旧产品的碳减排率 e 以及回收率 τ，零售商根据制造商的决策制定产品零售价格 p。将式（6-1）带入式（6-7）和式（6-8）中，采用逆向归纳法，求得均衡结果及最优利润如下：

$$
\begin{cases}
\tau^{M*} = \dfrac{bk(\lambda-1)(a-bc_n)(A-\Delta)}{kb(\lambda-1)(b(A-\Delta)^2-8\delta)-2\delta\theta^2} \\[3mm]
e^{M*} = \dfrac{2\delta\theta(a-bc_n)}{kb(\lambda-1)(b(A-\Delta)^2-8\delta)-2\delta\theta^2} \\[3mm]
w^{M*} = \dfrac{k(Ac_n\lambda b^2(A-\Delta)+b((\Delta-A)(a\Delta(\lambda-1)+Aa)+4c_n\delta(1-2\lambda))+4a\delta)-2c_n\delta\theta^2}{bk(\lambda-1)(b(A-\Delta)^2-8\delta)-2\delta\theta^2} \\[3mm]
p^{M*} = \dfrac{k(\lambda-1)(b(a(A-\Delta)^2-2\delta c_n)-6a\delta)-2\delta c_n\theta^2}{bk(\lambda-1)(b(A-\Delta)^2-8\delta)-2\delta\theta^2}
\end{cases}
$$

$$(6-9)$$

$$
\begin{cases}
D^{M*} = -\dfrac{2\delta bk(\lambda-1)(a-bc_n)}{bk(\lambda-1)(b(A-\Delta)^2-8\delta)-2\delta\theta^2} \\[3mm]
\prod\nolimits_m^{M*} = -\dfrac{\delta k(\lambda-1)(a-bc_n)^2}{bk(\lambda-1)(b(A-\Delta)^2-8\delta)-2\delta\theta^2} \\[3mm]
\prod\nolimits_r^{M*} = \dfrac{k\delta^2(a-bc_n)^2(4kb(\lambda-1)^2-2\lambda\theta^2)}{(bk(\lambda-1)(b(A-\Delta)^2-8\delta)-2\delta\theta^2)^2}
\end{cases}
$$

$$(6-10)$$

6.3.3 零售商主导 Stackelberg 博弈模型（R 模型）

此时，决策顺序如下：作为主导者的零售商先制定产品零售价格 p，制造商根据零售商决策确定产品的批发价格 w、废旧产品的回收率 τ 以及碳减排率 e，将式（6-1）带入式（6-7）和式（6-8）中，采用逆向归纳法，求得均衡结果及最优利润如下：

$$
\begin{cases}
\tau^{R*} = \dfrac{((\lambda-1)\Delta+A)(a-bc_n)}{2kb^2((\lambda-1)\Delta+A)(A-\Delta)+\delta(\lambda-2)(4kb-2\theta^2)} \\[4mm]
e^{R*} = -\dfrac{\delta\theta(a-bc_n)}{kb^2((\lambda-1)\Delta+A)(A-\Delta)+\delta(\lambda-2)(2kb-\theta^2)} \\[4mm]
w^{R*} = \dfrac{k(\lambda-1)(b(a(A-\Delta)^2-2\delta c_n)-6a\delta)-2\delta c_n\theta^2}{kb^2((\lambda-1)\Delta+A)(A-\Delta)+\delta b(\lambda-2)(2kb-\theta^2)} \\[4mm]
\qquad -\dfrac{(a-bc_n)(((\lambda-1)\Delta+A)(A\lambda-((\lambda-1)\Delta+A))+\delta(2kb-\theta^2)(\lambda-1)^2)}{b(\lambda-1)(kb^2((\lambda-1)\Delta+A)(A-\Delta)+\delta(\lambda-2)(2kb-\theta^2))} \\[4mm]
p^{R*} = \dfrac{k(\lambda-1)(b(a(A-\Delta)^2-2\delta c_n)-6a\delta)-2\delta c_n\theta^2}{kb^2((\lambda-1)\Delta+A)(A-\Delta)+\delta b(\lambda-2)(2kb-\theta^2)} \\[4mm]
m^{R*} = \dfrac{(a-bc_n)(((\lambda-1)\Delta+A)(A\lambda-((\lambda-1)\Delta+A))+\delta(2kb-\theta^2)(\lambda-1)^2)}{b(\lambda-1)(kb^2((\lambda-1)\Delta+A)(A-\Delta)+\delta(\lambda-2)(2kb-\theta^2))}
\end{cases}
$$

$$(6-11)$$

$$
\begin{cases}
D^{R*} = -\dfrac{\delta bk(a-bc_n)}{kb^2((\lambda-1)\Delta+A)(A-\Delta)+\delta(\lambda-2)(2kb-\theta^2)} \\[4mm]
\prod_m^{R*} = -\dfrac{\delta k(a-bc_n)^2(kb^2((\lambda-1)\Delta+A)^2+2\delta(\lambda-1)(2kb-\theta^2))}{4(kb^2((\lambda-1)\Delta+A)(A-\Delta)+\delta(\lambda-2)(2kb-\theta^2))^2} \\[4mm]
\prod_r^{R*} = -\dfrac{\delta k(a-bc_n)^2}{kb^2((\lambda-1)\Delta+A)(A-\Delta)+2\delta(\lambda-2)(2kb-\theta^2)}
\end{cases}
$$

$$(6-12)$$

6.3.4 Nash 非合作博弈模型（N 模型）

此时，制造商和零售商具有相同的市场地位，二者同时做出最利于己方的决策，决策顺序如下：零售商制定零售价格 p，与此同时，制造商制定批发价

格 w、废旧产品的回收率 τ 以及碳减排率 e，将式（6-1）带入式（6-7）和式（6-8）中，采用逆向递推法，求得均衡结果及最优利润如下：

$$
\begin{cases}
\tau^{N*} = \dfrac{bk((\lambda-1)\Delta+A)(a-bc_n)}{kb(((\lambda-1)\Delta+A)(A-\Delta)+2\delta(\lambda-3))+2\delta\theta^2} \\[4mm]
e^{N*} = -\dfrac{2\delta\theta(a-bc_n)}{kb(b((\lambda-1)\Delta+A)(A-\Delta)+2\delta(\lambda-3))+2\delta\theta^2} \\[4mm]
w^{N*} = \dfrac{k(b(a(A-\Delta)((\lambda-1)\Delta+A)-2c_n\delta)+2a\delta(\lambda-2))+2\delta c_n\theta^2}{kb(((\lambda-1)\Delta+A)(A-\Delta)+2\delta(\lambda-3))+2\delta\theta^2} \\[4mm]
\qquad -\dfrac{k(a-bc_n)(\lambda A((\lambda-1)\Delta+A)+2\delta(\lambda-1)^2)}{(\lambda-1)(kb^2(((\lambda-1)\Delta+A)(A-\Delta)+2\delta(\lambda-3))+2\delta\theta^2)} \\[4mm]
p^{N*} = \dfrac{k(b(a(A-\Delta)((\lambda-1)\Delta+A)-2c_n\delta)+2a\delta(\lambda-2))+2\delta c_n\theta^2}{kb(((\lambda-1)\Delta+A)(A-\Delta)+2\delta(\lambda-3))+2\delta\theta^2}
\end{cases}
$$

$$\text{(6-13)}$$

$$
\begin{cases}
D^{N*} = -\dfrac{2\delta bk(a-bc_n)}{kb^2(A-\Delta)((\lambda-1)\Delta+A)+2k\delta(\lambda-3)+2\delta\theta^2} \\[4mm]
\prod_m^{N*} = -\dfrac{\delta k(a-bc_n)^2(kb^2((\lambda-1)\Delta+A)+2\delta(\lambda-1)(2bk-\theta^2))}{(kb^2(A-\Delta)((\lambda-1)\Delta+A)+2k\delta(\lambda-3)+2\delta\theta^2)^2} \\[4mm]
\prod_r^{N*} = \dfrac{\delta^2 k(a-bc_n)^2(4kb-2\lambda k\delta^2\theta^2)}{(kb^2(A-\Delta)((\lambda-1)\Delta+A)+2k\delta(\lambda-3)+2\delta\theta^2)^2}
\end{cases}
$$

$$\text{(6-14)}$$

6.4 不同权利结构下低碳闭环供应链均衡结果分析

性质 6-1 （1） $\dfrac{\partial\tau^{M*}}{\partial\lambda}>0$，$\dfrac{\partial e^{M*}}{\partial\lambda}>0$，$\dfrac{\partial p^{M*}}{\partial\lambda}>0$，$\dfrac{\partial d^{M*}}{\partial\lambda}>0$，$\dfrac{\partial\prod_m^{M*}}{\partial\lambda}>0$，当

$0<\lambda<\lambda_1$ 时，$\dfrac{\partial\prod_r^{M*}}{\partial\lambda}>0$；反之，$\dfrac{\partial\prod_r^{M*}}{\partial\lambda}\leqslant0$。（2） $\dfrac{\partial\tau^{M*}}{\partial\theta}>0$，$\dfrac{\partial e^{M*}}{\partial\theta}>0$，$\dfrac{\partial p^{M*}}{\partial\theta}>$

0，$\dfrac{\partial d^{M*}}{\partial\theta}>0$，$\dfrac{\partial\prod_m^{M*}}{\partial\theta}>0$，$\dfrac{\partial\prod_r^{M*}}{\partial\theta}>0$。其中，$\lambda_1=\dfrac{kb^2(A-\Delta)^2+2\delta\theta^2}{kb(16\delta-b(A-\Delta)^2)}$。

证明： （1） $\dfrac{\partial\tau^{M*}}{\partial\lambda}=\dfrac{2bk\delta\theta^2(\Delta-A)(a-bc_n)}{(kb(\lambda-1)(b(A-\Delta)^2-8\delta)-2\delta\theta^2)^2}>0$，

$$\frac{\partial e^{M*}}{\partial \lambda} = \frac{2\delta bk\theta(bc_n - a)(b(A-\Delta)^2 - 8\delta)}{(kb(\lambda-1)(b(A-\Delta)^2 - 8\delta) - 2\delta\theta^2)^2} > 0,$$

$$\frac{\partial p^{M*}}{\partial \lambda} = \frac{2k\delta\theta^2(bc_n - a)(b(A-\Delta)^2 - 8\delta)}{(bk(\lambda-1)(b(A-\Delta)^2 - 8\delta) - 2\delta\theta^2)^2} > 0,$$

$$\frac{\partial d^{M*}}{\partial \lambda} = \frac{4bk\delta^2\theta^2(a - bc_n)}{(bk(\lambda-1)(b(A-\Delta)^2 - 8\delta) - 2\delta\theta^2)^2} > 0,$$

$$\frac{\partial \prod_m^{M*}}{\partial \lambda} = \frac{2k\delta^2\theta^2(a - bc_n)^2}{(bk(\lambda-1)(b(A-\Delta)^2 - 8\delta) - 2\delta\theta^2)^2} > 0,$$

$$\frac{\partial \prod_r^{M*}}{\partial \lambda} = \frac{2k\delta^2\theta^2(a - bc_n)^2(kb^2(\lambda+1)(A-\Delta)^2 - 16\delta bk\lambda + 2\delta\theta^2)}{(bk(\lambda-1)(b(A-\Delta)^2 - 8\delta) - 2\delta\theta^2)^3},$$

当 $0 < \lambda < \lambda_1$ 时，$\dfrac{\partial \prod_r^{M*}}{\partial \lambda} > 0$，当 $\lambda > \lambda_1$ 时，$\dfrac{\partial \prod_r^{M*}}{\partial \lambda} \le 0$；

（2）与（1）的证明过程类似，故省略详细证明过程。证毕。

在制造商主导且零售商持股制造商减排投资的闭环供应链中，废旧产品的回收率、产品的碳减排率、零售价格、市场需求以及制造商的利润都随着零售商持股比例的增加而增加，而零售商利润的增减需视零售商持股比例的大小而定。若零售商持股比例较小，零售商的利润随着其持股比例的增加而增加；若零售商持股比例超过一定阈值，则其利润反而随着持股比例的增加而减少。与刘名武（2017）的研究类似，在低碳供应链与低碳闭环供应链中，当制造商主导时，零售商的持股比例在适当范围内，可以实现资源、环境以及经济效益的"共赢"；但对消费者而言，随着零售商持股比例的增加，产品的销售价格总是更高的，企业应通过提高产品服务等方式，补偿消费者。企业最优决策及最优利润均随着消费者碳减排率的敏感系数增加而增加，即消费者环保意识的提高，有利于企业进行资源有偿循环再利用及减少碳排放，同时提高自身利润，因此，制造商和零售商都有动力提高消费者的环保意识。实践中，格力和联想等制造商通过标签的方式标出产品节能等级，苏宁和沃尔玛等大型零售商通过广告等方式宣传低碳产品，提高消费者环保意识。

性质 6-2　（1）$\dfrac{\partial \tau^{R*}}{\partial \lambda} < 0$，$\dfrac{\partial e^{R*}}{\partial \lambda} > 0$，当 $\theta > \sqrt{bk}$ 时，$\dfrac{\partial p^{R*}}{\partial \lambda} > 0$；反之，$\dfrac{\partial p^{R*}}{\partial \lambda} \le$

0，$\dfrac{\partial d^{R*}}{\partial \lambda} > 0$，$\dfrac{\partial \prod_m^{R*}}{\partial \lambda} = 0$，$\dfrac{\partial \prod_r^{R*}}{\partial \lambda} > 0$。（2）$\dfrac{\partial \tau^{R*}}{\partial \theta} > 0$，$\dfrac{\partial e^{R*}}{\partial \theta} > 0$，$\dfrac{\partial p^{R*}}{\partial \theta} > 0$，

$$\frac{\partial \mathrm{d}^{R*}}{\partial \theta} > 0, \frac{\partial \prod_m^{R*}}{\partial \theta} > 0, \frac{\partial \prod_r^{R*}}{\partial \theta} > 0 \text{。}$$

在零售商主导且零售商持股制造商减排投资的闭环供应链中，产品的碳减排率、市场需求以及零售商的利润总是随着零售商持股比例的增加而增加；废旧产品回收率则随着零售商持股比例的增加而减少，即零售商主导下，持股会促使制造商加强减排，从而降低回收，不利于资源的循环利用。而产品零售价格的增减，与消费者的环保意识相关，当消费者的环保意识较高时，消费者愿意为低碳产品支付更高的价格，此时，产品零售价格将随着持股比例的增大而提高；反之，零售商需降低零售价格，以扩大市场需求。制造商的利润不受零售商持股比例大小的影响。企业最优决策和利润关于消费者对产品碳减排率的敏感系数的变化趋势与制造商主导情形类似，故不再赘述。

性质 6-3 （1）$\frac{\partial \tau^{N*}}{\partial \lambda} < 0$，$\frac{\partial e^{N*}}{\partial \lambda} > 0$，当 $\theta > \sqrt{bk}$ 时，$\frac{\partial p^{N*}}{\partial \lambda} > 0$；反之，$\frac{\partial p^{N*}}{\partial \lambda} \leqslant 0$，$\frac{\partial d^{N*}}{\partial \lambda} > 0$，当 $\lambda_2 < \lambda < 1$ 时，$\frac{\partial \prod_m^{N*}}{\partial \lambda} < 0$；反之，$\frac{\partial \prod_m^{N*}}{\partial \lambda} \geqslant 0$，当 $\lambda_3 < \lambda < 1$ 时，$\frac{\partial \prod_r^{N*}}{\partial \lambda} > 0$；反之，$\frac{\partial \prod_r^{N*}}{\partial \lambda} \leqslant 0$。（2）$\frac{\partial \tau^{N*}}{\partial \theta} > 0$，$\frac{\partial e^{N*}}{\partial \theta} > 0$，$\frac{\partial p^{N*}}{\partial \theta} > 0$，$\frac{\partial d^{N*}}{\partial \theta} > 0$，$\frac{\partial \prod_m^{N*}}{\partial \theta} > 0$，$\frac{\partial \prod_r^{N*}}{\partial \theta} > 0$。

其中，
$$\lambda_2 = \frac{-\Delta k^2 b^3 (A - \Delta) - kb^2 (4\delta k + (A - \Delta)^2) + 6bk\delta\theta^2 - 2\delta\theta^2}{2kb\left(k\Delta b^2\left(A + \frac{1}{2}\Delta\right) + b\left(\delta k - \frac{1}{4}\Delta\theta^2(A - \Delta)\right) - \frac{1}{2}\delta\theta^2\right)},$$

$$\lambda_3 = \frac{4\Delta k^2 b^3 (A - \Delta) + kb^2 (8\delta k + (A - \Delta)^2) - 6bk\delta\theta^2 + 2\delta\theta^2}{kb\theta^2 (b\Delta(A - \Delta) + 2\delta)} \text{。}$$

在制造商与零售商势均力敌且零售商持股制造商减排投资的闭环供应链中，企业决策与持股比例的变化规律相似，此处不再赘述。当持股比例比较大时，制造商利润随着持股比例的增加而减小，而零售商恰好相反，其利润随持股比例的增加而增加。可见，制造商和零售商的利润变化规律是相反的。企业最优决策和利润关于消费者对产品碳减排率的敏感系数的变化趋势与制造商主导情形类似，故不再赘述。

结论 6 - 1　当 $\lambda > \lambda_4$ 时，$\tau^{M^*} > \tau^{N^*}$；反之，$\tau^{M^*} \leqslant \tau^{N^*}$，当 $\lambda > \dfrac{2\delta}{6\delta - A(A-\Delta)}$ 时，$e^{M^*} > e^{N^*}$；反之，$e^{M^*} \leqslant e^{N^*}$，当 $\lambda > \lambda_5$ 时，$d^{M^*} > d^{N^*}$；反之，$d^{M^*} \leqslant d^{N^*}$。其中，$\lambda_4 = \dfrac{4bk\Delta - A\theta^2 + \sqrt{4k^2b^2(A+\Delta)^2 - 8bkA\Delta\theta^2 + A^2\theta^4}}{2bk(A+3\Delta)}$，

$$\lambda_5 = \frac{Ak\Delta b^2 - kb^2\Delta^2 - 2\delta\theta^2 + \sqrt{\begin{array}{c} k^2b^3\Delta(A+\Delta)(b\Delta(A+\Delta)+8\delta) - \\ 4\delta(\Delta\theta^2(A-\Delta)-4\delta k)+4\delta^2\theta^4 \end{array}}}{2bk(b\Delta(A-\Delta)+2\delta)}。$$

证明：

$$\tau^{M^*} - \tau^{N^*} = \frac{2bk\delta(a - bc_n)(kb(\Delta(3\lambda-1)+A(\lambda+1))(\lambda-1)+A\lambda\theta^2)}{(bk(\lambda-1)(b(A-\Delta)^2-8\delta)-2\delta\theta^2)} , 当$$
$$(kb^2(\Delta(\lambda-1)+A)(A-\Delta)+2k\delta(\lambda-3)+2\delta\theta^2)$$

$\lambda > \lambda_4 = \dfrac{4bk\Delta - A\theta^2 + \sqrt{4k^2b^2(A+\Delta)^2 - 8bkA\Delta\theta^2 + A^2\theta^4}}{2bk(A+3\Delta)}$ 时，$\tau^{M^*} > \tau^{N^*}$；反之，

$\tau^{M^*} \leqslant \tau^{N^*}$，$e^{M^*} - e^{N^*} = \dfrac{2bk\delta\theta(a - bc_n)(A\lambda b(A-\Delta)-6\delta\lambda+2\delta)}{\begin{array}{c}(bk(\lambda-1)(b(A-\Delta)^2-8\delta)-2\delta\theta^2)\\(kb^2(\Delta(\lambda-1)+A)(A-\Delta)+2k\delta(\lambda-3)+2\delta\theta^2)\end{array}}$，当 $\lambda >$

$\dfrac{2\delta}{6\delta - A(A-\Delta)}$ 时，$e^{M^*} > e^{N^*}$；反之，$e^{M^*} \leqslant e^{N^*}$，

$$d^{M^*} - d^{N^*} = \frac{2bk\delta(bc_n - a)(k\lambda\Delta b^2(\lambda-1)(A-\Delta)+2\delta kb(\lambda^2-1)+2\delta\lambda\theta^2)}{\begin{array}{c}(bk(\lambda-1)(b(A-\Delta)^2-8\delta)-2\delta\theta^2)(kb^2(\Delta(\lambda-1)+A))\\(A-\Delta)+2k\delta(\lambda-3)+2\delta\theta^2)\end{array}},$$

当 $\lambda > \lambda_5 = \dfrac{Ak\Delta b^2 - kb^2\Delta^2 - 2\delta\theta^2 + \sqrt{\begin{array}{c} k^2b^3\Delta(A+\Delta)(b\Delta(A+\Delta)+8\delta) - \\ 4\delta(\Delta\theta^2(A-\Delta)-4\delta k)+4\delta^2\theta^4 \end{array}}}{2bk(b\Delta(A-\Delta)+2\delta)}$ 时，

$d^{M^*} > d^{N^*}$；反之，$d^{M^*} \leqslant d^{N^*}$。证毕。

在制造商主导和 Nash 均衡的闭环供应链中，废旧产品的回收率、产品的碳减排率及市场需求的大小需视零售商持股比例大小而定。当零售商持股比例大于一定阈值时，制造商主导下废旧产品回收率、碳减排率和市场需求更高，当零售商持股比例小于一定阈值时，则 Nash 均衡下更优。

结论 6-2　当 $\lambda > \lambda_6$ 时，$\tau^{R^*} > \tau^{N^*}$，$e^{R^*} > e^{N^*}$，$d^{R^*} > d^{N^*}$；反之，$\tau^{R^*} \leqslant \tau^{N^*}$，$e^{R^*} \leqslant e^{N^*}$，$d^{R^*} \leqslant d^{N^*}$，当 $\theta > \sqrt{bk}$ 且 $\lambda > \lambda_6$，或 $0 < \theta < \sqrt{bk}$ 且 $\lambda < \lambda_6$ 时，

$p^{R*} > p^{N*}$；反之，$p^{R*} \leqslant p^{N*}$。其中 $\lambda_6 = \dfrac{2bk\delta - kb^2(A-\Delta) - 2\delta\theta^2}{k\Delta b^2(A-\Delta) + 2bk\delta - 2\delta\theta^2}$。

在零售商主导和 Nash 均衡的闭环供应链中，当零售商持股比例大于一定阈值时，零售商主导更有利于资源的有偿循环再利用，减少碳排放，同时拓展市场需求；当零售商持股比例较小时，则 Nash 均衡下更优，而两种情形下产品零售价格的高低则受零售商持股比例和消费者环保意识的共同影响。

结论 6 - 3　当 $\lambda > \lambda_7$ 时，$\tau^{R*} > \tau^{M*}$；反之，$\tau^{R*} \leqslant \tau^{M*}$。当 $\lambda > \lambda_8$ 时，$e^{R*} > e^{M*}$；反之，$e^{R*} \leqslant e^{M*}$。当 $\lambda > \lambda_9$ 时，$D^{M*} > D^{R*}$；反之，$D^{M*} \leqslant D^{R*}$。其中，$\lambda_7 = $

$$\frac{B + \sqrt{C}}{2bk(b\Delta(A-\Delta)^2 + 4\delta(A+\Delta)) - 4\theta^2(A-\Delta)},\ \lambda_8 = \frac{-b^2(A-\Delta)^2 - 2\delta\theta^2}{b^2(A-\Delta)^2 - 4bk\delta - 2\delta\theta^2},\ \lambda_9 = $$

$$\frac{2bk\delta - \Delta b^2 - 3\delta\theta^2 + \sqrt{\delta^2(4k^2b^2 - 4bk\theta^4 + 5\theta^4) - 2\delta b^2(2Abk - \theta^2(A+2\Delta)) + \delta^2 b^4}}{2\delta(2bk - \theta^2)},$$

$B = 4kb\delta(A+\Delta) - kb^2(A-2\Delta)(A-\Delta)^2 - \theta^2(6A-4\Delta)$，$C = k^2b^2(Ab(A-\Delta)^2 + 4\delta(A+\Delta))^2 + 4Akb\theta^2(b(A-2\Delta)(A-\Delta)^2 - 4\delta(A+\Delta)) + 4A\theta^4(5A-4\Delta)$。

在制造商主导和零售商主导的闭环供应链中，当零售商持股比例大于一定阈值时，相较于制造商主导情形，零售商主导情形下的回收率、碳减排率更高，但市场需求较低；当零售商持股比例较小时，制造商主导情形下的回收率、碳减排率更高，市场需求降低。

结论 6 - 4　$\prod_r^{R*} > \prod_r^{N*}$，当 $\lambda < \lambda_1$ 时，$\prod_m^{R*} > \prod_m^{N*}$；当 $\lambda > \lambda_1$ 时，$\prod_m^{R*} \leqslant \prod_m^{N*}$。

在零售商主导和 Nash 均衡下零售商持股制造商减排投资的闭环供应链中，零售商主导下的零售商利润总是高于 Nash 均衡下零售商的利润，而制造商利润的大小视零售商持股比例的大小而定。当零售商持股比例小于一定阈值时，零售商主导下制造商的利润大于 Nash 均衡下其利润，反之，当零售商持股比例大于一定阈值时，Nash 均衡下的制造商利润更高。

结论 6 - 5　（1）在制造商主导情形下，当 $\lambda = \dfrac{2bk}{2bk + \theta^2}$ 时，$\tau^{M*} = \tau^{C*}$，$D^{M*} = D^{C*}$，当 $\lambda = \dfrac{4\delta}{8\delta - b(A-\Delta)^2}$ 时，$e^{M*} = e^{C*}$。（2）在零售商主导情形

下，当 $\lambda = \dfrac{(bk(b(A-\Delta)^2 - 4\delta) + 2\delta\theta^2)(A-\Delta)}{bk(b\Delta(A-\Delta)^2 + 4A\delta) - 2A\delta\theta^2}$ 时，$\tau^{R*} = \tau^{C*}$，当 $\lambda =$

$\dfrac{-bk(b(A-\Delta)^2 - 4\delta) - 2\delta\theta^2}{bk(2b\Delta(A-\Delta)^2 + 4\delta) - 2\delta\theta^2}$ 时，$e^{R*} = e^{C*}$，$D^{R*} = D^{C*}$；（3）在 Nash 均衡情

形下，当 $\lambda = \dfrac{bk(A-\Delta)}{Abk + \Delta(bk - \theta^2)}$ 时，$\tau^{N*} = \tau^{C*}$，当 $\lambda = \dfrac{2\delta}{\Delta(A-\Delta) + 2\delta}$ 时，$e^{R*} =$

e^{C*}，$D^{N*} = D^{C*}$。

当零售商持股比例满足一定条件时，制造商主导、零售商主导、制造商与零售商势均力敌下的碳减排率、废旧产品回收率及产品市场需求分别可以达到集中式情形。

追求分散式决策下闭环供应链的利润达到集中式水平，即 $\prod_{SC}^{C*} = \prod_{SC}^{M*}$，$\prod_{SC}^{C*} = \prod_{SC}^{R*}$，$\prod_{SC}^{C*} = \prod_{SC}^{N*}$，需分别满足如下条件：

$$\lambda_{10} = \frac{-8bk\delta - 4\delta\theta^2 - 2\sqrt{2}\sqrt{\delta\theta^2(bk((A-\Delta)^2 - 4\delta) + 2\delta\theta^2)}}{(b(A-\Delta)^2 - 12\delta)\theta^2 - 8\delta bk},$$

$$\lambda_{11} = \frac{(\Delta b\sqrt{k(bk(b(A-\Delta)^2 - 4\delta) + 2\delta\theta^2)} - kb(2\Delta b(A-\Delta) + 4\delta) + 2\delta\theta^2)(bk(b(A-\Delta)^2 - 4\delta) + 2\delta\theta^2)}{3k^2\Delta^2 b^4(A-\Delta)^2 + 4\Delta\delta k^2 b^3(4A - 3\Delta) - 2\delta kb^2(\Delta\theta^2(4A - 3\Delta) - 2k\delta) - 16bk\delta^2\theta^2 + 4\delta^2\theta^4},$$

$$\lambda_{12} = \frac{\Delta\sqrt{k(bk(b(A-\Delta)^2 - 4\delta) + 2\delta\theta^2)} + k(Ab\Delta - b\Delta^2 + 2\delta)}{2k(Ab\Delta + \delta) - \Delta^2\theta^2},$$

但 λ_{10}、λ_{11}、λ_{12} 的取值不在前文假设 $\lambda > \dfrac{kb(b(A-\Delta)^2 - 8\delta) + 2\delta\theta^2}{kb(b(A-\Delta)^2 - 8\delta)}$

$\left(k > \dfrac{2\delta\theta^2}{(1-\lambda)b(8\delta - b(A-\Delta)^2)} \right)$ 范围内，故分散式决策下的闭环供应链的利润都不能达到集中式决策下的利润。

6.5 结　论

本书针对由一个制造商和一个持股制造商减排投资的零售商组成的低碳闭环供应链，分析了三种权力结构下闭环供应链的回收、减排及定价决策问题，通过与集中式决策的最优决策及利润的比较，说明不同权力结构下股权合作战略协调的有效性。本章得到以下五点结论。（1）消费者对碳减排敏感系数的

提高有利于废旧产品的回收再制造，降低碳排放，扩大市场需求，并能提高企业及闭环供应链的利润，故制造商和零售商都有动力提高消费者环保意识。（2）分散式决策下，零售商持股比例的增加有利于低碳生产，但同时产品的零售价格也相应提高，虽然由于消费者的低碳环保意识，产品的需求仍会增加，企业应通过提高产品售后质量等方式提升消费者体验。（3）三种权力结构下，废旧产品回收率、产品碳减排率、零售价格及市场需求的大小，受零售商持股比例大小的影响。（4）当制造商与零售商进行 Stackelberg 博弈时，零售商持股比例的增加总是导致主导企业利润提高，而跟随企业的利润不总是提高的；当制造商与零售商进行 Nash 非合作博弈时，企业利润的增减与零售商持股比例和消费者低碳敏感系数相关。（5）当零售商持股比例满足一定条件时，制造商主导、零售商主导及 Nash 均衡下闭环供应链的碳减排率、废旧产品回收率和市场需求均可达到集中式决策水平，此时闭环供应链可以实现部分协调。

第三篇　考虑企业社会责任的闭环供应链决策研究

第7章 考虑 CSR 的闭环供应链销售努力与定价决策

7.1 问题提出

随着资源的大量消耗及人们环保理念的增强，企业除了通过正向供应链开展新产品生产及销售等活动，也利用逆向供应链对废旧产品进行回收及再制造，即实施闭环供应链管理。为了扩大市场需求、提高废旧产品回收率，企业可以通过一定的市场努力行为刺激消费者，同时，消费者在购买产品时也比较关注相关企业在生产经营活动中是否承担了一定的社会责任。塞尔瓦斯等（Servaes et al.，2013）的研究表明，那些具有较强消费者意识、积极承担了社会责任的企业可以获得更大的企业价值。皮诺等（Pino et al.，2016）的研究表明，企业是否承担社会责任会对消费者选择其产品具有显著影响。因此，研究考虑企业社会责任的闭环供应链销售努力及定价决策问题具有重要的理论及现实意义。

目前闭环供应链的优化及建模研究主要集中在定价决策、回收渠道选择、协调契约、政府奖惩机制等问题。萨瓦斯坎等（Savaskan et al.，2004）比较了三种闭环供应链回收渠道，研究指出较之制造商或第三方回收，由零售商负责回收的渠道结构是最佳的。洪一轩等（Hong et al.，2012）在零售商和第三方分别负责回收的渠道结构下，研究指出零售商负责回收时的回收率、渠道总利润等不一定总是优于第三方负责回收的情形。蔡赞明等（Choi et al.，2013）基于第三方负责回收的渠道结构，比较了三种不同渠道领导力量下的闭环供应链绩效。魏杰（Wei et al.，2015）基于零售商负责回收的渠道结构，研究了两种渠道领导力量下的四种闭环供应链决策模型。彭兴等（Yi et al.，2016）在零售商和第三方同时回收的双回收渠道假设下，研究了零售商主导闭环供应链的最优策略。郑本荣等（Zheng et al.，2017）在第三方负责回收且存在双销售渠道的假设下，分析了三种不同渠道领导力量下的闭环供应链的决策及协调问题。刘立文等（Liu et al.，2017）在三种混合回收渠道存在竞争的假设下，指出制造商和零售商同时负责回收的双回收渠道结构对制造商而言是最佳的。以上有关闭环供应链回收渠道选择及定价决策的研究大多假设市场需求仅与销售价格有关。然而，现实中销售努力也是影响市场需求的重要因素（Taylor et al.，2002）。

近年来不少学者分析了销售努力对闭环供应链定价决策的影响。高举红等（2015）在零售商负责销售努力的假设下，研究表明低价促销策略要优于绿色营销策略。进一步，他们还探讨了三种不同渠道领导力量下考虑销售努力的闭环供应链定价决策问题。李新然等（2017）在零售商负责再制造品销售努力的假设下，构建考虑政府补贴及销售努力的闭环供应链决策模型，并表明政府补贴与销售努力相结合的方式可以增强再制造品的销售效果。高举洪等（Gao et al.，2016）在三种不同回收渠道结构下，研究了零售商负责销售努力时的闭环供应链定价决策问题，并探讨了零售商的公平关切行为对闭环供应链销售努力的影响。泽朗等（Zerang et al.，2018）在零售商负责销售努力的假设下展开研究，结果表明，从提高废旧产品回收及增加消费者福利的角度，制造商主导型的闭环供应链效率是最高的。塔莱扎德等（2018）在制造商和零售商均可以负责销售努力的假设下，研究了销售努力对双销售渠道闭环供应链定价决策的影响。以上研究虽然同时考虑了价格及销售努力两种因素对闭环供应链运作的影响，然而上述研究大多假设闭环供应链成员或者整体以追求纯利润最大化为决策目标。

现实中，越来越多的企业在追求获利的同时也开始承担一定企业社会责任。根据毕马威的研究，2015 年全球接近 3/4 的国家和地区的百强企业发布过社会责任报告，78% 的中国百强企业也发布了企业社会责任的报告。企业社会责任（corporate social responsibility，CSR）要求企业不能把追求经济利益作为唯一目标，还强调对其利益相关者、消费者、环境及社会的贡献。

目前不少学者将 CSR 引入到闭环供应链的决策模型中，有学者基于零售商负责回收的渠道结构展开研究，结果表明，制造商的 CSR 行为对渠道利润的增加及废旧产品回收都是有利的（Panda et al.，2017）。高举红等（2014）基于制造商负责回收的渠道结构，构建了考虑 CSR 行为的闭环供应链决策模型，研究表明，废旧产品回收率、制造商及零售商的利润均与供应链成员的社会责任效应因子正相关。基于第三方（回收中心）负责回收的渠道结构，李昌兵等（2017）构建了具有 CSR 行为的闭环供应链网络均衡模型，研究表明，提高 CSR 水平对闭环供应链网络整体绩效的重要性。目前为数不多考虑 CSR 行为的闭环供应链研究大多仍然假设市场需求仅与销售价格有关，并未探讨 CSR 行为与销售努力之间的关系。《中国废旧电器电子产品回收处理及综合利用行业白皮书》显示，2016 年回收处理企业仍是以第三方回收商（以下简称"第三方"）为主，占全部回收量的 90% 以上。因此，在第三方负责回收的渠道结构假设下，研究考虑 CSR 行为的闭环供应链销售努力及定价决策问题具有重要的实际意义。

综上，本书将 CSR 引入到考虑销售努力的闭环供应链定价决策问题中。在制造商和零售商分别负责销售努力的情景下，分析 CSR 行为对闭环供应链成员及整体绩效的影响，研究 CSR 行为与新产品销售努力及废旧产品回收之间的关系。通过比较不同销售努力下情景下的闭环供应链均衡结果，给出考虑 CSR 行为闭环供应链的最佳销售努力及定价策略。

7.2　问题描述及假设

本书假设闭环供应链由一个制造商、一个零售商及一个第三方回收商组成，三者属于完全信息下的 Stackelberg 博弈，其中制造商为渠道领导者，且假设制造商和零售商均具有一定 CSR 意识[①]。在正向供应链中，制造商负责新产品的生产及废旧产品的再制造，假设新产品与再制造产品无差异，零售商负责新产品的销售，且假设制造商和零售商均可以实施销售努力行为。在逆向供应链中，制造商委托第三方对废旧产品实施回收。参照倪德平等（2012）的研究，假设闭环供应链的需求函数为：

---

① 现实中，第三方有可能具有 CSR 意识，本书对此不做重点讨论。

$$D(p) = a - \theta p + \beta e \qquad\qquad (7-1)$$

式 $(7-1)$ 中，$D(p)$ 表示市场需求，$D(p) > 0$；a 表示市场容量，$a > 0$；p 表示零售商的新产品零售价格，$p > w$；θ 表示价格敏感系数，$\theta > 0$；e 表示销售努力水平，$e \in [0, 1]$；β 表示销售努力敏感因子，$\beta > 0$。其他相关符号和变量假设如表 7-1 所示。

表 7-1   **符号定义及假设**

符号	定义及假设
w	制造商的新产品单位批发价格
c_m	制造商生产新产品的单位固定成本，$w > c_m$
c_r	制造商利用废旧产品再制造新产品的单位成本，$c_m > c_r$
c	制造商生产新产品的单位平均成本，令 $\Delta_0 = c_m - c_r$，则 $c = (1-\tau)c_m + \tau c_r = c_m - \Delta_0 \tau$
b	制造商给第三方回收废旧产品的单位转移支付，$\Delta_0 > b > 0$
A	第三方回收废旧产品的单位服务费用 当 $A > 0$ 时，表示第三方支付给消费者的单位费用；当 $A < 0$ 时，表示第三方向消费者收取的单位费用 为了使得废旧产品的回收、处理具有一定的经济可行性，显然 $b > A > 0$
τ	废旧产品的回收率，$0 \le \tau \le 1$
$c(\tau)$	第三方的回收努力成本，假设 $c(\tau) = C_L \tau^2$，其中 C_L 表示规模参数，$C_L > 0$
$g(e)$	销售努力成本，假设 $g(e) = \frac{1}{2}\eta e^2$，其中，$\eta$ 表示销售努力成本系数，$\eta > 0$
r	制造商承担 CSR 的程度，$0 \le r \le 1$
CS	消费者剩余，$CS = \int_{P_{\min}}^{p_{\max}} D dp = \frac{(a - \theta p + \beta e)^2}{2\theta}$
π_X	成员企业 X 的利润，$X = \{m, r, 3p\}$，分别表示制造商、零售商、第三方
V_m	制造商承担一定 CSR 时的总利润
V_s	闭环供应链系统整体的利润，$V_s = V_m + \pi_r + \pi_{3p}$

为保证最优回收率在给定范围是有界的、各成员企业利润函数的凹性以及相关表达式具有一定的可行性，参照萨瓦斯坎等（2004）的假设，我们要求规模参数 C_L 应足够大，即 $C_L > \dfrac{(b-A)(a - c_m\theta + 2\theta(\Delta_0 - b))\theta\eta}{2((4-r)\theta\eta - 2\beta^2)}$，且 $0 < \beta <$

$$\sqrt{\frac{4-3r}{2}\theta\eta}\,。$$

7.3　模型构建及均衡结果分析

由于制造商和零售商均可能具有一定的 CSR 意识，在制造商和零售商分别负责销售努力的情形下，本书先着重分析制造商承担 CSR 时的闭环供应链定价决策问题，接着，进一步构建零售商承担 CSR 时的决策模型，并对相关均衡结果进行比较分析。

7.3.1　零售商负责销售努力的情形

在制造商承担一定 CSR 的假设下，当零售商负责销售努力时，零售商除了销售新产品还负责销售努力。在分散式决策下，制造商以实现社会福利最大化（总利润）为决策目标。根据经济学假设，社会福利等于生产者剩余（制造商利润）与消费者剩余（Consumer Surplus，CS）之和，CS 是指消费者愿意为某产品支付的最高价格与实际市场价格的差值（Alok et al.，2018）。因此，制造商的总利润函数可以表示为（上角标"R"表示制造商承担 CSR 且零售商负责销售努力下的均衡结果）：

$$V_m^R(w) = \pi_m^R(w) + CS = (w - c_m + (\Delta_0 - b)\tau)(a - \theta p + \beta e) + \frac{r}{2\theta}(a - \theta p + \beta e)^2$$

$$(7-2)$$

式（7-2）中，当 $r=0$ 时，表示制造商不承担社会责任，当 $r=1$ 时，表示制造商完全承担社会责任。

由于零售商和第三方追求纯利润最大化，因此，其利润函数分别为：

$$\pi_r^R(p,\ e) = (p - w)(a - \theta p + \beta e) - \frac{\eta e^2}{2} \qquad (7-3)$$

$$\pi_{3p}^R(\tau) = (b - A)\tau(a - \theta p + \beta e) - C_L\tau^2 \qquad (7-4)$$

根据上述两阶段闭环供应链的博弈顺序，采用逆向递推法，可求得制造商承担 CSR 且零售商负责销售努力时的如下均衡结果：

$$w^{R*} = \frac{(2-r)C_L a\theta\eta + (2C_L c_m - \Delta_1 a)\theta^2\eta - (a+c_m\theta)C_l\beta^2}{((4-r)C_L\theta\eta - 2C_l\beta^2 - \Delta_1\theta^2\eta)\theta} \quad (7-5)$$

$$p^{R*} = \frac{(3-r)C_L a\theta\eta + (C_L c_m - \Delta_1 a)\theta^2\eta - (a+c_m\theta)C_l\beta^2}{((4-r)C_L\theta\eta - 2C_l\beta^2 - \Delta_1\theta^2\eta)\theta} \quad (7-6)$$

$$e^{R*} = \frac{(a-c_m\theta)C_L\beta}{(4-r)C_L\theta\eta - 2C_l\beta^2 - \Delta_1\theta^2\eta} \quad (7-7)$$

$$\tau^{R*} = \frac{(a-c_m\theta)(b-A)\theta\eta}{2((4-r)C_L\theta\eta - 2C_l\beta^2 - \Delta_1\theta^2\eta)} \quad (7-8)$$

将式（7-5）至式（7-8）代入式（7-2）至式（7-4），可求得制造商的总利润、闭环供应链成员及系统整体的利润分别为：

$$V_m^{R*} = \frac{(a-c_m\theta)^2 C_L\eta}{2((4-r)C_L\theta\eta - 2C_l\beta^2 - \Delta_1\theta^2\eta)} \quad (7-9)$$

$$\pi_m^{R*} = \frac{(a-c_m\theta)^2 C_L\eta(2(2-r)C_L\theta\eta - 2C_l\beta^2 - \Delta_1\theta^2\eta)}{2((4-r)C_L\theta\eta - 2C_l\beta^2 - \Delta_1\theta^2\eta)^2} \quad (7-10)$$

$$\pi_r^{R*} = \frac{(a-c_m\theta)^2(2\theta\eta - \beta^2)C_L^2\eta}{2((4-r)C_L\theta\eta - 2C_l\beta^2 - \Delta_1\theta^2\eta)^2} \quad (7-11)$$

$$\pi_{3p}^{R*} = \frac{(a-c_m\theta)^2(b-A)^2 C_L\theta^2\eta^2}{4((4-r)C_L\theta\eta - 2C_l\beta^2 - \Delta_1\theta^2\eta)^2} \quad (7-12)$$

$$V_s^{R*} = \frac{(a-c_m\theta)^2 C_L\eta(2((4-r)C_L\theta\eta - 2C_l\beta^2 - \Delta_1\theta^2\eta + C_L(2\theta\eta - \beta^2)) + (b-A)^2\theta^2\eta)}{4((4-r)C_L\theta\eta - 2C_l\beta^2 - \Delta_1\theta^2\eta)^2}$$
$$(7-13)$$

经过简单的数学整理，具体相关均衡结果如表7-2第二列所示。

表7-2 　　　　　　　　　　制造商承担一定 CSR 下的均衡结果

均衡解	零售商销售努力（L = R）	制造商销售努力（L = M）
w^{L*}	$\dfrac{a\Delta_6 + c_m\theta C_L\Delta_3}{\Delta_2\theta}$	$\dfrac{a\Delta_7 + c_m\theta\Delta_8}{\Delta_4\theta}$
p^{L*}	$\dfrac{a\Delta_{15} + c_m\theta C_L\Delta_{16}}{\Delta_2\theta}$	$\dfrac{a\Delta_9 + c_m\theta\Delta_{10}}{\Delta_4\theta}$
e^{L*}	$\dfrac{(a-c_m\theta)C_L\beta}{\Delta_2}$	$\dfrac{(a-c_m\theta)C_L\beta}{\Delta_4}$

续表

均衡解	零售商销售努力($L=R$)	制造商销售努力($L=M$)
τ^{L*}	$\dfrac{(a-c_m\theta)(b-A)\theta\eta}{2\Delta_2}$	$\dfrac{(a-c_m\theta)(b-A)\theta\eta}{2\Delta_4}$
π_m^{L*}	$\dfrac{(a-c_m\theta)^2 C_L\eta\Delta_{11}}{2\Delta_2^2}$	$\dfrac{(a-c_m\theta)^2\eta\Delta_{13}}{2\Delta_4^2}$
π_r^{L*}	$\dfrac{(a-c_m\theta)^2\Delta_3 C_L^2\eta}{2\Delta_2^2}$	$\dfrac{(a-c_m\theta)^2 C_L^2\theta\eta^2}{\Delta_4^2}$
π_{3p}^{L*}	$\dfrac{(a-c_m\theta)^2(b-A)^2 C_L\theta^2\eta^2}{4\Delta_2^2}$	$\dfrac{(a-c_m\theta)^2(b-A)^2 C_L\theta^2\eta^2}{4\Delta_4^2}$
V_s^{L*}	$\dfrac{(a-c_m\theta)^2 C_L\eta(2(\Delta_2+\Delta_3 C_L)+(b-A)^2\theta^2\eta)}{4\Delta_2^2}$	$\dfrac{(a-c_m\theta)^2\eta(2\Delta_{14}+(b-A)^2 C_L\theta^2\eta)}{4\Delta_4^2}$

注：$(\Delta_0-b)(b-A)=\Delta_1$，$(4-r)C_L\theta\eta-2C_L\beta^2-\Delta_1\theta^2\eta=\Delta_2$，$2\theta\eta-\beta^2=\Delta_3$，$(4-r)C_L\theta\eta-\beta^2-\Delta_1\theta^2\eta=\Delta_4$，$(4-r)\theta\eta-2\beta^2=\Delta_5$，$(2-r)C_L\theta\eta-C_L\beta^2-\Delta_1\theta^2\eta=\Delta_6$，$(2-r)C_L\theta\eta-\Delta_1\theta^2\eta=\Delta_7$，$2C_L\theta\eta-\beta^2=\Delta_8$，$(3-r)C_L\theta\eta-\Delta_1\theta^2\eta=\Delta_9$，$C_L\theta\eta-\beta^2=\Delta_{10}$，$2(2-r)C_L\theta\eta-2C_L\beta^2-\Delta_1\theta^2\eta=\Delta_{11}$，$(4-r)C_L^2\theta\eta-\beta^2-C_L\Delta_1\theta^2\eta=\Delta_{12}$，$2(2-r)C_L^2\theta\eta-\beta^2-C_L\Delta_1\theta^2\eta=\Delta_{13}$，$(6-r)C_L^2\theta\eta-\beta^2-C_L\Delta_1\theta^2\eta=\Delta_{14}$，$(3-r)C_L\theta\eta-C_L\beta^2-\Delta_1\theta^2\eta=\Delta_{15}$，$\theta\eta-\beta^2=\Delta_{16}$。

7.3.2　制造商负责销售努力的情形

在制造商承担一定 *CSR* 的假设下，当制造商负责销售努力时，制造商的总利润为（角标"M"表示制造商承担 CSR 且负责销售努力下的均衡结果）：

$$V_m^M(w,\ e)=\pi_m^M(w,\ e)+CS=(w-c_m+(\Delta_0-b)\tau)$$

$$(a-\theta p+\beta e)-\frac{\eta}{2}e^2+\frac{r}{2\theta}(a-\theta p+\beta e)^2 \qquad(7-14)$$

由于本书假设第三方只负责废旧产品的回收，并不参与销售努力，因此，第三方的利润函数与 7.2.1 小节中相同，而零售商的利润函数为：

$$\pi_r^M(p)=(p-w)(a-\theta p+\beta e) \qquad(7-15)$$

与 7.2.1 小节的处理过程相似，同样采用逆向递推法，可求得制造商承担一定 CSR 且负责销售努力时的相应均衡结果，具体如表 7-2 第三列所示。在相关定义、规模参数 C_L 及销售努力敏感因子 β 的假设条件下，易见，$a-c_m\theta>0$，Δ_1，Δ_2，$\cdots$，$\Delta_{16}>0$，即上述均衡结果均具有经济可行性（满足非负）。

7.3.3 均衡结果分析

性质 7 –1 $\dfrac{\partial w^{X*}}{\partial r}<0$, $\dfrac{\partial p^{X*}}{\partial r}<0$, $\dfrac{\partial e^{X*}}{\partial r}>0$, $\dfrac{\partial \tau^{X*}}{\partial r}>0$, $\dfrac{\partial D^{X*}}{\partial r}>0$, 其中, $X=\{R, M\}$。

证明: 当 $X=R$ 时, 根据表 7 –2 中的相关均衡结果, 易得:

$$\frac{\partial w^{R*}}{\partial r}=-\frac{(a-c_m\theta)C_L^2\Delta_3\eta}{\Delta_2^2}<0$$

$$\frac{\partial p^{R*}}{\partial r}=-\frac{(a-c_m\theta)C_L^2\eta\Delta_{16}}{\Delta_2^2}<0$$

$$\frac{\partial e^{R*}}{\partial r}=\frac{(a-c_m\theta)C_L^2\beta\theta\eta}{\Delta_2^2}>0$$

$$\frac{\partial \tau^{R*}}{\partial r}=\frac{2(a-c_m\theta)(b-A)C_L\theta^2\eta^2}{4\Delta_2^2}>0$$

$$\frac{\partial D^{R*}}{\partial r}=\frac{(a-c_m\theta)C_L^2\theta^2\eta^2}{\Delta_2^2}>0$$

由于 $X=M$ 时的证明过程与上述证明过程相似, 此处略去, 证毕。

性质 7 –1 表明, 无论零售商还是制造商负责销售努力, 随着主导制造商承担 CSR 程度的增强, 制造商均会通过降低批发价格的方式促使零售商降低零售价格, 同时, 制造商和零售商也会提高销售努力水平, 第三方会增大废旧产品的回收率。潘达等 (Panda et al., 2017) 的研究表明, 制造商鼓励零售商回收废旧产品、并且对废旧产品进行再制造进而转化为新产品这样一个过程, 就体现了具有 CSR 行为的闭环供应链运作。本书的研究则进一步揭示出制造商的 CSR 行为在促使第三方提高废旧产品回收率的同时, 也会鼓励成员企业提高销售努力水平, 进而达到刺激消费、增加市场需求的目的。

性质 7 –2 $\left|\dfrac{\partial w^{R*}}{\partial r}\right|<\left|\dfrac{\partial w^{M*}}{\partial r}\right|$, $\left|\dfrac{\partial p^{R*}}{\partial r}\right|>\left|\dfrac{\partial p^{M*}}{\partial r}\right|$, $\left|\dfrac{\partial e^{R*}}{\partial r}\right|>\left|\dfrac{\partial e^{M*}}{\partial r}\right|$, $\left|\dfrac{\partial \tau^{R*}}{\partial r}\right|>\left|\dfrac{\partial \tau^{M*}}{\partial r}\right|$, $\left|\dfrac{\partial D^{R*}}{\partial r}\right|>\left|\dfrac{\partial D^{M*}}{\partial r}\right|$。

证明: 根据表 7 –2 中的相关均衡结果, 易得:

$$\left|\frac{\partial w^{R*}}{\partial r}\right| - \left|\frac{\partial w^{M*}}{\partial r}\right| = -\frac{(a - c_m\theta)C_L\eta\Delta_{18}(\beta^4\Delta_{17}^2 + 2\beta^2\Delta_2\Delta_{17} + \Delta_2^2)}{\Delta_2^2\Delta_4^2} < 0$$

$$\left|\frac{\partial e^{R*}}{\partial r}\right| - \left|\frac{\partial e^{M*}}{\partial r}\right| = \frac{(a - c_m\theta)C_L\beta\theta\eta(\Delta_{18}\Delta_2^2 + C_L\beta^2\Delta_{17}(\beta^2\Delta_{17} + 2\Delta_2))}{\Delta_2^2\Delta_4^2} > 0$$

$$\left|\frac{\partial p^{R*}}{\partial r}\right| - \left|\frac{\partial p^{M*}}{\partial r}\right| = \frac{(a - c_m\theta)C_L\beta^2\eta((2\Delta_{19} + 2\beta^2 + rC_L\theta\eta + \Delta_1\theta^2\eta)C_L + \Delta_2^2)}{\Delta_2^2\Delta_4^2} > 0$$

$$\left|\frac{\partial\tau^{R*}}{\partial r}\right| - \left|\frac{\partial\tau^{M*}}{\partial r}\right| = \frac{(a - c_m\theta)(b - A)C_L\theta^2\eta^2\beta^2\Delta_{17}(\Delta_{17} + 2\Delta_{19})}{2\Delta_4^2\Delta_2^2} > 0$$

$$\left|\frac{\partial D^{R*}}{\partial r}\right| - \left|\frac{\partial D^{M*}}{\partial r}\right| = \frac{(a - c_m\theta)C_L^2\theta^2\eta^2\beta^2\Delta_{17}(\Delta_{17} + 2\Delta_2)}{\Delta_4^2\Delta_2^2} > 0$$

式中，$2C_L - 1 = \Delta_{17}$，$C_L - 1 = \Delta_{18}$，$C_L\beta^2 - \theta\eta = \Delta_{19}$，在相关参数的假设下，$\Delta_{17} > 0$，$\Delta_{18} > 0$，$\Delta_{19} > 0$。证毕。

性质 7-2 表明，随着主导制造商承担 CSR 程度的增强，相比于制造商负责销售努力，由零售商负责销售努力时的批发价格降幅更小，零售价格降幅更大，而销售努力水平、废旧产品回收率、市场需求量增幅更大（此处采用绝对值的方式比较相关变量降低或提高的幅度，以此说明制造商在哪方负责销售努力时实施 CSR 行为的效率更高）。事实上，负责销售努力的一方需要投入一定销售努力成本，所以制定的批发价格或零售价格更高，因此，负责销售努力的一方会有更大的降价空间。与此同时，零售价格较大的降幅会更有效的刺激消费、扩大市场需求、提高销售努力水平以及废旧产品回收率。本书的这一性质也表明，从扩大新产品市场需求及提高废旧产品回收率的角度，制造商在零售商负责销售努力时实施 CSR 行为的效率更高。

性质 7-3

$$\frac{\partial V_m^{X*}}{\partial r} > 0,\ \frac{\partial\pi_m^{X*}}{\partial r} < 0,\ \frac{\partial\pi_r^{X*}}{\partial r} > 0,\ \frac{\partial\pi_{3p}^{X*}}{\partial r} > 0,\ \frac{\partial V_s^{X*}}{\partial r} > 0,\ \text{其中，} X = \{R,\ M\}。$$

性质 7-3 表明，随着主导制造商承担 CSR 程度的增强，零售商或者制造商的销售努力行为不仅有利于提高社会福利，而且有助于增加零售商、第三方及闭环供应链的整体利润。事实上，主导制造商的 CSR 行为以及制造商或者零售商的销售努力行为，在实现社会福利最大化的同时也达到了增加其他成员企业利润的目的。制造商虽然牺牲了部分自身的纯利润，但使得零售商及第三方从中受益，这也充分体现了具有 CSR 意识的主导制造商关注其利益相关者

（零售商、第三方、消费者等）的目的。更为重要的是，随着制造商承担 CSR 程度的增强，闭环供应链系统整体的利润也会有所改善。

性质 7 - 4 $\left| \dfrac{\partial V_m^{R*}}{\partial r} \right| > \left| \dfrac{\partial V_m^{M*}}{\partial r} \right|$，$\left| \dfrac{\partial \pi_m^{R*}}{\partial r} \right| > \left| \dfrac{\partial \pi_m^{M*}}{\partial r} \right|$，$\left| \dfrac{\partial \pi_r^{R*}}{\partial r} \right| > \left| \dfrac{\partial \pi_r^{M*}}{\partial r} \right|$，

$\left| \dfrac{\partial \pi_{3p}^{R*}}{\partial r} \right| > \left| \dfrac{\partial \pi_{3p}^{M*}}{\partial r} \right|$，$\left| \dfrac{\partial V_s^{R*}}{\partial r} \right| > \left| \dfrac{\partial V_s^{M*}}{\partial r} \right|$。

性质 7 - 4 表明，随着主导制造商承担 CSR 程度的增强，相比于制造商负责销售努力，由零售商负责销售努力时的制造商纯利润降幅更大，而制造商总利润、零售商、第三方及闭环供应链整体利润增幅更大（与性质 7 - 2 类似，采用比较绝对值的方式对利润降低或提高的幅度进行比较）。结合性质 7 - 2，当零售商负责销售努力时，新产品市场需求量和废旧产品回收率的较大增幅，导致了社会福利、闭环供应链其他成员企业和整体利润的增幅更大。这也表明了从实现社会福利最大化及增加闭环供应链整体利润的角度，制造商在零售商负责销售努力时实施 CSR 行为的效果更好。

命题 7 - 1 当制造商和零售商分别负责销售努力时，$w^{R*} < w^{M*}$，$p^{R*} > p^{M*}$，$e^{R*} > e^{M*}$，$\tau^{R*} > \tau^{M*}$，$D^{R*} > D^{M*}$。

证明： 根据表 7 - 2 中的相关均衡结果，易得：

$$w^{R*} - w^{M*} = -\frac{(a - c_m\theta)(\Delta_6 + C_L(rC_L\theta\eta + \Delta_1\theta^2\eta))\beta^2}{\Delta_2\Delta_4\theta} < 0$$

$$p^{R*} - p^{M*} = \frac{(a - c_m\theta)(C_L\theta\eta\Delta_{20} + C_L\beta^2 + rC_L\theta\eta + \Delta_1\theta^2\eta)\beta^2}{\Delta_2\Delta_4\theta} > 0$$

$$e^{R*} - e^{M*} = \frac{(a - c_m\theta)\Delta_{17}C_L\beta^3}{\Delta_2\Delta_4} > 0$$

$$\tau^{R*} - \tau^{M*} = \frac{(a - c_m\theta)(b - A)\Delta_{17}\beta^2\theta\eta}{2\Delta_2\Delta_4} > 0$$

$$D^{R*} - D^{M*} = \frac{(a - c_m\theta)\Delta_{17}C_L\theta\eta\beta^2}{\Delta_2\Delta_4} > 0$$

其中，$(2 - r)C_L - \Delta_1\theta - 3 = \Delta_{20}$，在相关参数的假设下，$\Delta_{20} > 0$，证毕。

命题 7 - 1 表明，相比于制造商负责销售努力，由零售商负责销售努力时的新产品批发价格更低，零售价格、销售努力水平更高，市场需求量更大，废旧产品回收率更高。

潘达等（2017）的研究表明，制造商的 CSR 行为会促使新产品零售价格降低、市场需求增大、废旧产品回收率提高。命题 7-1 进一步揭示出，当制造商承担一定 CSR 时，相比于制造商负责销售努力，虽然零售商在自身负责销售努力时制定的零售价格更高，然而此时的市场需求量更大、销售努力水平及废旧产品回收率更高。这也表明了当零售商负责销售努力时，销售努力较之零售价格对消费者及市场的影响更显著，因此，较之制造商负责销售努力，制造商在零售商负责销售努力时实施 CSR 的效果更好。现实中，以汽车闭环供应链为例，整车制造商，例如，宝马、奔驰、大众等企业均在积极实施 CSR，同时，为了扩大市场需求，制造商和零售商（经销商）均会通过一定的销售努力行为来刺激消费者，由于经销商具有直接面对消费者的优势，因此由其负责销售努力的效果往往更好。

命题 7-2　在零售商负责销售努力下，当 $0 \leq r < r^*$ 时，$\pi_m^{R*} > \pi_r^{R*} > \pi_{3p}^{R*}$；当 $r^* \leq r \leq 1$ 时，$\pi_r^{R*} \geq \pi_m^{R*} > \pi_{3p}^{R*}$，其中，$r^* = \dfrac{2C_L\theta\eta - C_L\beta^2 - \Delta_1\theta^2\eta}{2C_L\theta\eta}$。在制造商负责销售努力下，当 $0 \leq r < r^{**}$ 时，$\pi_m^{M*} > \pi_r^{M*} > \pi_{3p}^{M*}$；当 $r^{**} \leq r \leq 1$ 时，$\pi_r^{M*} \geq \pi_m^{M*} > \pi_{3p}^{M*}$，其中，$r^{**} = \dfrac{(2C_L - \Delta_1\theta)C_L\theta\eta - \beta^2}{2C_L^2\theta\eta}$。

证明：根据表 7-2 中的相关均衡结果，易得：

$$\pi_m^{R*} - \pi_{3p}^{R*} = \frac{(a - c_m\theta)^2 C_L\eta(\Delta_{21} + \Delta_{22})}{4\Delta_2^2} > 0$$

$$\pi_r^{R*} - \pi_{3p}^{R*} = \frac{(a - c_m\theta)^2 C_L\eta(\Delta_{21} + rC_L\theta\eta)}{4\Delta_2^2} > 0$$

其中，$(4 - r)C_L\theta\eta - 2C_L\beta^2 - (b - A)^2\theta^2\eta = \Delta_{21}$，$(4 - 3r)C_L\theta\eta - 2C_L\beta^2 - 2\Delta_1\theta^2\eta = \Delta_{22}$。在相关参数的假设条件下，$\Delta_{21}$，$\Delta_{22} > 0$。令 $f(r) = \pi_m^{R*} - \pi_r^{R*} = 0$，可求得唯一非负根 $r^* = \dfrac{2C_L\theta\eta - C_L\beta^2 - \Delta_1\theta^2\eta}{2C_L\theta\eta}$。结合性质 7-3，显然，$\dfrac{\partial f(r)}{\partial r} = \dfrac{\partial \pi_m^{R*}}{\partial r} - \dfrac{\partial \pi_r^{R*}}{\partial r} < 0$，即 $f(r)$ 在 $[0, 1]$ 上是单调递减的，所以，当 $0 \leq r < r^*$ 时，$\pi_m^{R*} > \pi_r^{R*}$；当 $r^* \leq r \leq 1$ 时，$\pi_r^{R*} \geq \pi_m^{R*}$。综上，可得命题 7-1。由于命题 7-2 的证明过程与命题 7-1 类似，此处省略。证毕。

命题 7-2 表明，无论零售商还是制造商负责销售努力，第三方的利润总是最小的，当制造商承担较少 CSR 时（$0 \leqslant r < r^*$ 或者 $0 \leqslant r < r^{**}$），制造商的纯利润要大于零售商的利润；反之，当制造商承担较多 CSR 时（$r^* \leqslant r \leqslant 1$ 或者 $r^{**} \leqslant r \leqslant 1$），零售商的利润会超过制造商的纯利润。

事实上，结合性质 7-3，随着制造商 CSR 程度的增强，制造商的纯利润在减小，零售商及第三方的利润在增大，即制造商的纯利润与其他成员企业的利润出现了此消彼长的现象，然而，制造商的总利润在增大。当制造商承担较多 CSR 时，制造商在实现社会福利最大化的同时牺牲了较多的纯利润，因此可能会出现零售商利润超过制造商纯利润的情形。当制造商承担较少 CSR 时，制造商在实现社会福利最大化的同时只牺牲了较少的纯利润，不足以导致制造商纯利润小于零售商利润的情形，此时制造商作为渠道领导者仍然获得了较之其他成员企业更多的渠道利润。无论制造商承担 CSR 的程度如何，第三方作为辅助回收废旧产品的一方，并未参与新生产的生产及销售，通常只会获得较之制造商及零售商更少的利润。

命题 7-3 当制造商和零售商分别负责销售努力时，$V_m^{R*} > V_m^{M*}$，$\pi_m^{R*} > \pi_m^{M*}$，$\pi_r^{R*} > \pi_r^{M*}$，$\pi_{3p}^{R*} > \pi_{3p}^{M*}$，$V_s^{R*} > V_s^{M*}$。

证明：根据表 7-2 中的相关均衡结果，易得：

$$V_m^{R*} - V_m^{M*} = \frac{(a - c_m\theta)^2 \beta^2 \eta (C_L(2\Delta_4\Delta_{17} + \beta^2\Delta_{16}) + \Delta_2)}{2\Delta_4^2\Delta_2} > 0$$

$$\pi_m^{R*} - \pi_m^{M*} = \frac{(a - c_m\theta)^2 C_L \eta \beta^2 \Delta_{11}(4C_L\Delta_{17} + 2\Delta_2\Delta_{16} + 1) + \beta^2\Delta_2^2(2C_L\Delta_{17} + 1)}{2\Delta_2\Delta_4^2} > 0$$

$$\pi_r^{R*} - \pi_r^{M*} = \frac{(a - c_m\theta)^2 C_L^2 \beta^2 \eta (\beta^2\Delta_3\Delta_{16}^2 + (2\Delta_3\Delta_{17} + rC_L\theta\eta + \Delta_1\theta^2\eta)\Delta_2)}{2\Delta_2^2\Delta_4^2} > 0$$

$$\pi_{3p}^{R*} - \pi_{3p}^{M*} = \frac{(a - c_m\theta)^2 (b - A)^2 C_L \beta^2 \Delta_{16}\theta\eta^2(\beta^2\Delta_{16} + 2\Delta_2)}{4\Delta_2^2\Delta_4^2} > 0$$

$$V_s^{R*} - V_s^{M*} = \frac{(a - c_m\theta)^2 C_L\beta^2\eta\Delta_{16}((b-A)^2\theta^2\eta(\Delta_{16} + 2\Delta_2) + 2((\Delta_2 + C_L\Delta_3)\Delta_{16} + 2C_L\Delta_2\Delta_3))}{4\Delta_2^2\Delta_4^2}$$

$$+ \frac{2C_L\beta^2\Delta_2^2(\Delta_{16} + \Delta_{17} + 1)}{4\Delta_2^2\Delta_4^2} > 0$$

证毕。

命题 7 – 3 表明，较之制造商负责销售努力，由零售商负责销售努力时的社会福利、零售商、第三方及闭环供应链整体的利润更大。

事实上，结合命题 7 – 1，由于在零售商负责销售努力时的新产品零售价格、销售努力水平更高，市场需求量更大，废旧产品回收率更高，因此制造商、零售商和第三方均在零售商负责销售努力时获得更大的利润。主导制造商追求社会福利最大化，这种社会福利不仅包含正向供应链中的消费者剩余，还包含逆向供应链中废旧产品的回收收益，因此，制造商必然在新产品需求量更大且废旧产品回收率更高时，即零售商负责销售努力时实现社会福利最大化的目标。由于闭环供应链整体的利润由制造商的总利润（追求社会福利最大化的利润）、零售商及第三方的利润构成，因此，显然闭环供应链整体的利润也在零售商负责销售努力时更大。

7.4　模型扩展研究

本书在上述研究中重点探讨了制造商的 CSR 行为对闭环供应链销售努力及定价决策影响。现实中，零售商也可能承担一定的 CSR，当零售商承担 CSR 且负责销售努力时，零售商的总利润为（角标"N"表示零售商承担 CSR 且负责销售努力下的均衡结果）：

$$V_r^N(p,\ e) = \pi_r^N(p,\ e) + CS = (p-w)(a-\theta p+\beta e) - \frac{\eta}{2}e^2 + \frac{r}{2\theta}(a-\theta p+\beta e)^2$$

$$(7-16)$$

由于本书假设第三方只负责废旧产品的回收，并不参与销售努力，因此，第三方的利润函数与 7.3.1 小节中相同，而制造商的利润函数为：

$$\pi_m^N(w) = (w-c_m+(\Delta_0-b)\tau)(a-\theta p+\beta e) \qquad (7-17)$$

与第 7.3.1 小节的求解过程相似，可求得零售商承担 CSR 且负责销售努力时的如下相关均衡结果：

$$\tau_r^{N*} = \frac{(a-c_m\theta)(b-A)\theta\eta}{2\Delta_{11}} \qquad (7-18)$$

$$V_r^{N*} = \frac{(a-c_m\theta)^2 C_L^2 \eta \Delta_{23}}{2\Delta_{11}^2} \qquad (7-19)$$

$$\pi_{3p}^{N*} = \frac{(a - c_m\theta)^2 (b - A)^2 C_L\theta^2\eta^2\Delta_{23}}{4\Delta_{11}^2} \qquad (7-20)$$

$$\pi_{3p}^{N*} = \frac{(a - c_m\theta)^2 C_L\eta}{2\Delta_{11}} \qquad (7-21)$$

$$V_s^{N*} = \frac{(a - c_m\theta)^2 (2C_L\Delta_{23} + 2\Delta_{11} + (b - A)^2\theta^2\eta) C_L\eta}{4\Delta_{11}^2} \qquad (7-22)$$

式中，$(2 - r)\theta\eta - \beta^2 = \Delta_{23}$，在相关参数的假设条件下，$\Delta_{23} > 0$。

性质 7 - 5　当零售商承担 CSR 且负责销售努力时，$\dfrac{\partial\tau^{N*}}{\partial r} > 0$，$\dfrac{\partial V_r^{N*}}{\partial r} > 0$，

$\dfrac{\partial\pi_{3P}^{N*}}{\partial r} > 0$，$\dfrac{\partial\pi_m^{N*}}{\partial r} > 0$，$\dfrac{\partial V_s^{N*}}{\partial r} > 0$。

性质 7 - 5 表明，当零售商承担 CSR 且负责销售努力时，随着零售商承担 CSR 程度的增强，废旧产品回收率，零售商总利润（社会福利）、第三方、制造商及闭环供应链整体的利润均会提高。

事实上，此时除了负责销售努力还承担 CSR 的零售商，通过牺牲自身更多纯利润的方式，在实现追求社会福利最大化的同时，也促使了闭环供应链其他成员企业及整体利润的提高。结合性质 7 - 1 和性质 7 - 3，无论制造商还是零售商承担 CSR，承担 CSR 的企业最终实现了让利于其他成员企业、提高社会福利及整体利润的目的。而作为废旧产品回收一方的第三方，制造商或零售商的 CSR 及销售努力行为总是对其利润的增加起到积极的作用，这也促使了废旧产品回收率的提高。

命题 7 - 4　当零售商承担 CSR 且负责销售努力时，$\tau^{R*} < \tau^{N*}$，$\pi_{3p}^{R*} < \pi_{3p}^{N*}$，$V_s^{R*} < V_s^{N*}$。

证明：根据表 7 - 2 及零售商承担 CSR 且负责销售努力时的相关均衡结果，易得：

$$\tau^{R*} - \tau^{N*} = -\frac{(a - c_m\theta)(b - A) r C_L\theta^2\eta^2}{2\Delta_2\Delta_{11}} < 0$$

$$\pi_{3p}^{R*} - \pi_{3p}^{N*} = -\frac{(a - c_m\theta)^2 (b - A)^2 r C_L^2\theta^3\eta^3 (2\Delta_{11} + r C_L\theta\eta)}{4\Delta_2^2\Delta_{11}^2} < 0$$

$$V_s^{R*} - V_s^{N*} = -\frac{(a - c_m\theta)^2 r C_L^2\theta\eta^2 \left(2\left((\Delta_{11} + C_L\Delta_{23}) r\theta\eta + 2\Delta_{11}\Delta_{23}\right) C_L + (b - A)^2\theta^2\eta (r C_L\theta\eta + 2\Delta_{11})\right)}{4\Delta_2^2\Delta_{11}^2} < 0$$

证毕。

命题 7 - 4 表明，在零售商负责销售努力时，较之制造商承担 CSR，由零售商承担 CSR 时的废旧产品回收率、第三方及闭环供应链整体的利润更大。事实上，此时零售商既要承担 CSR 又要负责销售努力，使得零售商牺牲了自身更多的纯利润，但实现了更大的社会福利、第三方及闭环供应链整体利润的改善。现实中，由于零售商直接面对消费者，由其承担 CSR 不仅更多地体现出企业让利于消费者的行为，也能更好地刺激市场需求、增强消费者废旧产品的回收意识，这也体现出了考虑 CSR 行为的闭环供应链运作。

7.5　结　　论

本书针对由一个主导制造商、一个零售商以及一个第三方构成的闭环供应链，在零售商和制造商分别负责销售努力的情形下，分析了 CSR 行为对闭环供应链销售努力与定价决策的影响，得到以下主要结论：（1）无论是零售商还是制造商负责销售努力，制造商的 CSR 行为均有利于扩大新产品的市场需求、提高销售努力水平和废旧产品的回收率，有利于提高社会福利、零售商、第三方及闭环供应链整体的利润；（2）无论是零售商还是制造商负责销售努力，当制造商承担较少 CSR 时，制造商的纯利润大于零售商，反之，零售商的利润会超过制造商，而第三方的利润总是最小；（3）当制造商承担 CSR 时，较之制造商负责销售努力，由零售商负责销售努力时的社会福利、零售商、第三方及闭环供应链整体的利润更大；（4）当零售商负责销售努力时，较之制造商承担 CSR，由零售商承担 CSR 时的废旧产品回收率、第三方及闭环供应链整体的利润更大。

第8章 不同权力结构下闭环供应链 CSR 分摊机制及定价策略研究

8.1 问题提出

近年来，伴随着低碳、绿色发展理念的提倡以及人们环保意识的增强，企业除了通过正向供应链开展新产品生产及销售等活动，也利用逆向供应链对废旧产品进行回收及再制造，显然，废旧产品的回收已然成为一种环保趋势，可以有效减少资源的浪费以及提高资源的重复利用率，即实施闭环供应链管理。越来越多的消费者在购买产品时除了关注产品的价格、质量、服务等，也比较关注相关企业在生产经营活动中是否承担了一定的社会责任。塞尔瓦斯等（Servaes et al.，2013）的研究表明，那些具有较强消费者意识、积极承担了社会责任的企业可以获得更大的企业价值。皮诺等（Pino et al.，2016）的研究表明，企业是否承担社会责任会对消费者选择其产品具有显著影响。因此，研究考虑企业社会责任的闭环供应链定价决策问题具有重要的理论及现实意义。

目前闭环供应链的优化及建模研究主要集中在定价决策、回收渠道选择、协调机制、政府奖惩机制等问题。萨瓦斯坎等（Savaskan et al.，2004）比较了三种常见的闭环供应链回收渠道，研究指出，较之制造商或第三方回收，由零售商负责回收的渠道结构是最佳的。蔡赞明等（Choi et al.，2013）基于第三方负责回收的渠道结构，分析了三种不同渠道领导力量下的闭环供应链定价策略。魏杰等（Wei et al.，2015）基于零售商负责回收的渠道结构，研究了两种渠道领导力量下的四种闭环供应链定价决策模型。彭兴一等（Yi et al.，2016）在零售商和第三方同时回收的双回收渠道假设下，研究了零售商主导闭环供应链的最优定价策略。郑本荣等（2017）在第三方负责回收且存在双销售渠道的假设下，分析了三种不同渠道领导力量下的闭环供应链决策及协调问题。刘立文等（Liu et al.，2017）在三种混合回收渠道存在竞争的假设下，指出制造商和零售商同时负责回收的双回收渠道结构对制造商而言是最佳的。高举红等（2015）在零售商负责销售努力的假设下，针对零售商主导型闭环供应链的研究表明，低价促销策略要优于绿色营销策略。孙嘉轶等（2015）针对一段时间内具有再制造的闭环供应链网络的博弈均衡状态问题，利用微分变分不等式的方法得到了制造商（再制造商）、零售商（回收商）及整个闭环供应链网络的均衡条件。孙嘉轶等（2017）考虑废旧产品的回收再制造周期，研究了两周期闭环供应链应对需求扰动的回收决策和协调问题。韩小花等（2018）针对由制造商与零售商构成的两阶段闭环供应链，研究了"以旧换再"策略实施的必要条件。以上有关闭环供应链回收渠道设计及定价决策的研究取得了大量重要的研究成果。然而他们的研究大多假设闭环供应链成员企业或者整体以追求纯利润最大化作为决策目标。

现实中，越来越多的企业在追求获利的同时也开始积极承担一定的企业社会责任。企业社会责任要求企业不能把追求经济利益作为唯一目标，还强调在生产过程中对其利益相关者、消费者、环境及社会的贡献。根据毕马威的研究，2015 年全球接近 3/4 的国家和地区的百强企业发布过 CSR 报告，78% 的中国百强企业也发布了 CSR 报告。阿迈什等（Amaeshi et al.，2008）的研究指出那些处于渠道领导地位的企业往往具有更大承担 CSR 的压力。然而对于供应链整体而言，承担 CSR 不应该只是某个成员企业的行为，供应链的核心企业除了积极履行自身的社会责任，还必须重视其他成员企业的社会责任行为，CSR 行为已延伸至整个供应链（吴定玉，2013）。

在供应链中考虑 CSR 行为的研究已较为常见。莫达克等（Modak et al.，2014）研究了制造商的 CSR 行为对产品兼容性的影响。倪德平等（Ni et al.，2012）分析了 CSR 行为对供应链成员企业间相互决策的影响。潘达等（2016）在制造商和零售商分别考虑 CSR 时，研究指出零售商追求社会福利最大化的策略可以有效缓解供应链的渠道冲突。吴莹等（Wu et al.，2017）研究了具有 CSR 的供应链协调问题，并给出了协调供应链的数量柔性契约和批发价格激励契约。阿斯维尼等（Alok et al.，2018）研究了服装供应链中制造企业社会责任治理机制的缺失问题。穆罕默德雷扎等（Mohammadreza et al.，2018）研究了具有 CSR 的药品供应链协调问题。倪得兵等（2015）分析了供应链中的 CSR 运作、配置及合作等问题。段华薇等（2016）构建了考虑 CSR 行为的物流服务供应链定价决策模型。宋杰珍等（2016）研究表明适度的 CSR 行为对提高供应链的整体绩效是有益的。李金华（2017）构建了考虑 CSR 行为的两条竞争供应链的博弈模型，研究表明，实施 CSR 差异化策略的供应链更具竞争优势。李余辉等（2017）分析了 CSR 在传递供应商质量信息中的角色及实施 CSR 信号手段的盈利条件，为企业今后在信息共享方式的选择方面提供了决策参考。范建昌等（2017）构建了考虑 CSR 的两阶段供应链决策模型，研究表明，制造商和零售商的 CSR 行为都可以改善产品质量，提高产品需求。上述研究从不同角度分析了 CSR 行为对正向供应链运作的影响，完善了考虑 CSR 行为供应链的相关理论。

目前，一些学者尝试将 CSR 行为引入到闭环供应链的优化及建模中。潘达等（2017）基于零售商负责回收的渠道结构研究表明，制造商的 CSR 行为有利于增加渠道利润、提高废旧产品回收效率。高举红等（2014）基于制造商回收的渠道结构，在制造商和零售商分别承担 CSR 的假设下，研究表明废旧产品回收率、制造商及零售商的利润均与供应链成员的社会责任效应因子正相关。基于第三方负责回收的渠道结构，李昌兵等（2017）研究表明，提高 CSR 水平对闭环供应链网络整体是有益的。现有为数不多考虑 CSR 行为的闭环供应链研究，大多假设承担 CSR 的企业主体相对固定，即要么假设制造商承担，要么零售商承担，鲜有研究分析制造商与零售商联合承担 CSR 行为对闭环供应链定价策略的影响；也并未探讨在不同渠道领导力下考虑成员 CSR 行为闭环供应链的最优定价决策以及对整体绩效的影响。

综上，本书在零售商或制造商主导的 Stackelberg 博弈及 Nash 均衡三种不同的权力结构下，分析成员企业的 CSR 行为对闭环供应链成员及整体绩效的影响，研究 CSR 行为与新产品销售及废旧产品回收之间的关系。通过比较三种不同权力结构下的均衡结果，给出了闭环供应链 CSR 的分摊机制，也为考虑 CSR 行为的闭环供应链定价决策提供了理论依据。

8.2　问题描述与假设

本书在零售商或制造商主导的 Stackelberg 博弈及 Nash 均衡三种不同权力结构下的闭环供应链，构建了制造商与零售商联合承担 CSR 的利润决策模型，并给出供应链成员承担 CSR 时的最优定价策略。在正向供应链中，制造商负责新产品的生产，零售商负责新产品的销售。在逆向供应链中，零售商对废旧产品进行回收。假设闭环供应链的需求函数如下。

$$q = a - \beta p \qquad\qquad (8-1)$$

其中，$a > 0$ 表示市场容量，p 表示零售商的新产品零售价格，$\beta > 0$ 表示新产品的价格敏感系数，且 $a > \beta p$。其他相关符号和变量表示如下：w 表示制造商制定的新产品单位批发价格；c_m 表示制造商生产新产品的单位固定成本，$w > c_m$；c_r 表示制造商对回收来的废旧产品进行再制造的单位再制造成本，为了保证再制造对制造商有意义，假设 $c_m > c_r$；b 表示制造商给零售商回收废旧产品的单位转移支付，$b > 0$ 且 $c_m - c_r - b > 0$；A 表示零售商回收废旧产品的单位服务费用，当 $A > 0$ 时，表示零售商支付给消费者的单位费用，当 $A < 0$ 时，表示零售商向消费者收取的单位费用，为了使得废旧产品的回收、处理具有一定的经济可行性，显然 $b - A > 0$；τ 表示废旧产品的回收率，$0 \leqslant \tau \leqslant 1$；$c(\tau)$ 表示当废旧产品回收率为 τ 时，零售商的回收努力成本。参照萨瓦斯坎等 (Savaskan et al., 2004) 的研究，假设 $c(\tau) = k\tau^2$，k 表示规模参数，$k > 0$；θ 表示不同成员企业承担 CSR 的程度，假设 $0 \leqslant \theta \leqslant 1$；$h$ 表示制造商承担企业社会责任的比例，$1 - h$ 表示零售商承担企业社会责任的比例。

π_y^{ij} 表示 y 在 i 权力结构下 j 承担 CSR 时的利润，V_y^{ij} 表示 y 在 i 权力结构下 j 承担 CSR 时的总效益，$y = \{r, m, s\}$ 分别表示零售商、制造商及闭环供应链系统整体 $(\pi_s = \pi_m + \pi_r,\ V_s = V_m + V_r)$；$i = \{R, M, N\}$ 分别表示零售商主导、制造商主导及 Nash 均衡，$j = \{R, M, C\}$ 分别表示零售商、制造商及二者联合。

8.3 制造商与零售商联合 CSR 时的均衡模型

在分散式决策下的闭环供应链中，零售商主要负责新产品的销售及废旧产品的回收，制造商主要负责新产品的生产及废旧产品的再制造。零售商与制造商属于完全信息下的 Stackelberg 博弈。当不考虑成员企业的 CSR 行为时，制造商和零售商均追求纯利润最大化，则制造商和零售商的利润函数可以分别表示为：

$$\pi_m = (w - c_m)(a - \beta p) + (c_m - c_r - b)\tau(a - \beta p) \tag{8-2}$$

$$\pi_r = (p - w)(a - \beta p) + (b - A)\tau(a - \beta p) - k\tau^2 \tag{8-3}$$

当闭环供应链中的成员企业承担一定 CSR 时，其决策目标是考虑如何实现社会福利最大化。根据经济学假设，社会福利等于生产者剩余（企业利润）和消费者剩余之和。在市场需求给定后，消费者剩余（CS）是指消费者愿意支付的一定数量某产品的最高市场价格和实际市场价格之间的差额（Panda et al.，2017）。因此，消费者剩余可以表示为：

$$CS = \int_{P_{\min}}^{p\text{Max}} q\,dp = \int_{\frac{a-q}{\beta}}^{\frac{a}{\beta}} (a - \beta p)\,dp = \frac{(a - \beta p)^2}{2\beta} \tag{8-4}$$

当零售商和制造商联合承担 CSR 时，两者会按照一定分摊比例承担相应的 CSR，则制造商和零售商在追求社会福利最大化时的总效益分别为：

$$V_m = \pi_m + h \frac{\theta(a - \beta p)^2}{2\beta} \tag{8-5}$$

$$V_r = \pi_r + (1 - h) \frac{\theta(a - \beta p)^2}{2\beta} \tag{8-6}$$

式中，$\theta = 0$ 表示成员企业不承担 CSR，即追求自身纯利润最大化；$\theta = 1$ 表示成员企业完全承担 CSR，即追求完美的社会福利最大化；$0 < \theta < 1$ 表示成员企业部分承担 CSR。

8.3.1 零售商主导 Stackelberg 主从博弈模型

在零售商主导的两阶段闭环供应链中，成员企业的决策顺序为：（1）零售商依据总效益最大化原则决策最优的单位利润 m 和废旧产品回收率 τ；（2）追求总效益最大化的制造商再根据零售商的决策寻找最优的新产品批发价格 w；（3）通过 $p = m + w$ 及 $q = a - \beta p$，求得新产品的最优零售价格及最优需求量。根据上述博弈顺序，本书利用逆向递推法进行求解。

定理 8 - 1　在零售商主导的闭环供应链中，新产品的最优批发价格、最优零售价格，以及新产品的最优需求量与废旧产品的最优回收率分别为：

$$m^{RC*} = \frac{(2k(2-\theta) - \beta(b-A)(c_m - c_r - A))(a - \beta c_m)}{\beta(2k(4-\theta-h\theta) - \beta(c_m - c_r - A)^2)} \quad (8-7)$$

$$\tau^{RC*} = \frac{(c_m - c_r - A))(a - \beta c_m)}{2k(4-\theta-h\theta) - \beta(c_m - c_r - A)^2} \quad (8-8)$$

$$w^{RC*} = \frac{a(2k(1-h\theta) - \beta(c_m - c_r - A)(c_m - c_r - b))}{\beta(2k(4-\theta-h\theta) - \beta(c_m - c_r - A)^2)}$$
$$+ \frac{\beta c_m(2k(3-\theta) - \beta(c_m - c_r - A)(b-A))}{\beta(2k(4-\theta-h\theta) - \beta(c_m - c_r - A)^2)} \quad (8-9)$$

$$p^{RC*} = \frac{a(2k(3-\theta-h\theta) - \beta(c_m - c_r - A)^2) + 2k\beta c_m}{\beta(2k(4-\theta-h\theta) - \beta(c_m - c_r - A)^2)} \quad (8-10)$$

$$q^{RC*} = \frac{2k(a - \beta c_m)}{2k(4-\theta-h\theta) - \beta(c_m - c_r - A)^2} \quad (8-11)$$

证明： 首先，由于 $\partial^2 V_m^{RC}(w)/\partial w^2 = -2\beta < 0$，即制造商的总效益函数关于新产品的批发价格 w 为严格凹函数，因此式（8-5）有最大值。根据一阶条件，可求得制造商的最优反应函数为：

$$w^{RC} = \frac{a - \beta m + \beta c_m - \beta(c_m - c_r - b)\tau - h\theta(a - \beta c_m)}{\beta(2 - h\theta)} \quad (8-12)$$

将式（8-12）代入式（8-6）中，容易发现主导零售商追求社会福利最大化时的总效益函数 $V_r^{RC}(m, \tau)$ 关于零售商单位利润 m 与废旧产品回收率 τ 为联合凹函数。根据一阶条件，可求得零售商承担 CSR 时的最优单位利润 m^{RC*} 与最优废旧产品回收率 τ^{RC*}，进一步，可求得制造商的最优批发价格 w^{RC*}。最后，通过 $p^{RC*} = w^{RC*} + m^{RC*}$ 及 $q^{RC*} = a - \beta p^{RC*}$，求得新产品的最优零售价格及最优需求量，证毕。

通过定理 8-1，可求得在零售商主导的闭环供应链中，制造商、零售商、闭环供应链整体获取的企业利润以及他们各自追求社会福利最大化获取的总效益分别为：

$$\pi_m^{RC*} = \frac{4k^2(1-h\theta)(a-\beta c_m)^2}{\beta(2k(4-\theta-h\theta)-\beta(c_m-c_r-A)^2)^2} \tag{8-13}$$

$$\pi_r^{RC*} = \frac{k(4k(2-\theta)-\beta(c_m-c_r-A)^2)(a-\beta c_m)^2}{\beta(2k(4-\theta-h\theta)-\beta(c_m-c_r-A)^2)^2} \tag{8-14}$$

$$\pi_s^{RC*} = \frac{k(4k(3-\theta-h\theta)-\beta(c_m-c_r-A)^2)(a-\beta c_m)^2}{\beta(2k(4-\theta-h\theta)-\beta(c_m-c_r-A)^2)^2} \tag{8-15}$$

$$V_m^{RC*} = \frac{2k^2(2-h\theta)(a-\beta c_m)^2}{\beta(2k(4-\theta-h\theta)-\beta(c_m-c_r-A)^2)^2} \tag{8-16}$$

$$V_r^{RC*} = \frac{k(a-\beta c_m)^2}{\beta(2k(4-\theta-h\theta)-\beta(c_m-c_r-A)^2)} \tag{8-17}$$

$$V_s^{RC*} = \frac{k(2k(6-\theta-2h\theta)-\beta(c_m-c_r-A)^2)(a-\beta c_m)^2}{\beta(2k(4-\theta-h\theta)-\beta(c_m-c_r-A)^2)^2} \tag{8-18}$$

为了保证最优回收率在给定范围是有界的、各成员企业利润函数的凹性等条件，类似萨瓦斯坎、蔡赞明等（2004，2013）的假设，我们要求规模参数满足 $k > \dfrac{(c_m-c_r-A)(a-\beta c_m)+\beta(c_m-c_r-A)^2}{4(2-\theta-h\theta)}$。

推论 8-1 在零售商主导的闭环供应链中，有两点推论。（1）无论成员企业 CSR 分摊比例 h 如何制定，随着 CSR 程度 θ 的增强，新产品的最优零售价格 p^{RC*} 在降低，而市场需求量 q^{RC*} 及废旧产品的最优回收率 τ^{RC*} 均在增加；但新产品的批发价格 w^{RC*} 受到成员企业 CSR 分摊比例 h 的影响，当 $0 \leqslant h < \dfrac{2k-\beta(c_m-c_r-A)(c_m-c_r-b)}{6k-\beta(c_m-c_r-A)(b-A)}$ 时；随着 CSR 程度 θ 的增强，新产品的批发价格 w^{RC*} 在增加，而当 $\dfrac{2k-\beta(c_m-c_r-A)(c_m-c_r-b)}{6k-\beta(c_m-c_r-A)(b-A)} \leqslant h \leqslant 1$ 时，随着 CSR 程度 θ 的增强，新产品的批发价格 w^{RC*} 却在降低。（2）无论成员企业 CSR 分摊比例 h 如何制定，随着 CSR 程度 θ 的增强，主导零售商、制造商以及闭环供应链系统整体在追求社会福利最大化时获取的总效益均在增大。

推论 8-2 在零售商主导的闭环供应链中，当成员企业 CSR 程度 θ 一定时，随着制造商分摊 CSR 比例 h 的增大，新产品的最优零售价格 p^{RC*} 及批发价格 w^{RC*} 均在减小，市场需求量 q^{RC*} 及废旧产品最优回收率 τ^{RC*} 均在增加。

命题 8-1　在零售商主导的闭环供应链中，有以下命题。（1）当成员企业

CSR 程度 $\theta \in \left[0, \dfrac{4k - \beta(c_m - c_r - A)^2}{4k}\right)$ 时，对于任意的 $h \in (0, 1)$，均有 $\pi_r^{RC*} >$

π_m^{RC*}；当 $\theta \in \left[\dfrac{4k - \beta(c_m - c_r - A)^2}{4k}, 1\right)$ 时，若 $h \in \left(0, \dfrac{4k\theta - 4k + \beta(c_m - c_r - A)^2}{4k\theta}\right)$，

$\pi_r^{RC*} < \pi_m^{RC*}$，若 $h \in \left(\dfrac{4k\theta - 4k + \beta(c_m - c_r - A)^2}{4k\theta}, 1\right)$，$\pi_r^{RC*} \geqslant \pi_m^{RC*}$。（2）无论成

员企业 CSR 程度 θ 及 CSR 分摊比例 h 如何制定，$V_r^{RC*} > V_m^{RC*}$。

证明：（1）根据在零售商主导下零售商与制造商最大利润函数表达式，易得：

$\pi_r^{RC*} - \pi_m^{RC*} = \dfrac{k(4k(1 - \theta + h\theta) - \beta(c_m - c_r - A)^2)(a - \beta c_m)^2}{\beta(2k(4 - \theta - h\theta) - \beta(c_m - c_r - A)^2)^2}$。由此式可以看出，当

$4k(1 - \theta + h\theta) - \beta(c_m - c_r - A)^2 > 0$，即 $h > \dfrac{4k\theta - 4k + \beta(c_m - c_r - A)^2}{4k\theta} = y(\theta)$ 时，

$\pi_r^{RC*} - \pi_m^{RC*} \geqslant 0$，即 $\pi_r^{RC*} \geqslant \pi_m^{RC*}$。进一步，$\dfrac{\partial y(\theta)}{\partial \theta} = \dfrac{4k - \beta(c_m - c_r - A)^2}{4k\theta^2} > 0$，即 y

(θ) 关于 θ 为增函数。因为 $\theta \in [0, 1]$，所以 $y(\theta)$ 在 $\theta = 0$ 时取得最小值，在 $\theta =$

1 时取得最大值。此外，若 $y(\theta) \leqslant 0$，可求得 $\theta \leqslant \dfrac{4k - \beta(c_m - c_r - A)^2}{4k}$。因此，对于

任何 $\theta \in \left[0, \dfrac{4k - \beta(c_m - c_r - A)^2}{4k}\right)$，且任意的 $h \in (0, 1)$，均有 $\pi_r^{RC*} > \pi_m^{RC*}$；进一

步，对于任何 $\theta \in \left[\dfrac{4k - \beta(c_m - c_r - A)^2}{4k}, 1\right)$，若 $h \in \left(0, \dfrac{4k\theta - 4k + \beta(c_m - c_r - A)^2}{4k\theta}\right)$，

$\pi_r^{RC*} < \pi_m^{RC*}$，若 $h \in \left[\dfrac{4k\theta - 4k + \beta(c_m - c_r - A)^2}{4k\theta}, 1\right)$，$\pi_r^{RC*} > \pi_m^{RC*}$。（2）根据

零售商主导下零售商与制造商在追求社会福利最大化时的总效益，易得：

$$V_r^{RC*} - V_m^{RC*} = \dfrac{k(2k(2 - \theta) - \beta(c_m - c_r - A)^2)(a - \beta c_m)^2}{\beta(2k(4 - \theta - h\theta) - \beta(c_m - c_r - A)^2)^2} > 0$$

证毕。

命题 8-1 表明，在零售商主导的闭环供应链中，一旦确定成员企业承担

CSR 的程度，若成员企业需要承担 CSR 程度相对较低时，无论成员企业之间

如何制定 CSR 分摊比例，主导零售商的利润始终大于制造商；但若成员企业

需要承担的 CSR 程度相对较高时，制造商分摊较多 CSR 时，那么其自身获取

的企业利润就会减小，而零售商的企业利润就会增大；若零售商分摊较多 CSR 时，则会出现主导零售商的利润小于制造商的情况。成员企业利润的增减会受到成员企业 CSR 程度以及分摊比例的影响，成员企业 CSR 的分摊比例是决定成员企业纯利润分配的重要参数。

命题 8-1 进一步揭示出，无论成员企业 CSR 程度及 CSR 分摊比例如何制定，追求社会福利最大化的主导零售商总是获得了较之制造商更多的总效益，这验证了闭环供应链中的主导者较其他成员依然获取更多的总效益。现实中，渠道领导者通常会获得较之其他跟随者更多的渠道利润，刘玲玲等（Lau et al.，2007）的研究表明，渠道领导者一般会获得一半以上的渠道利润。

8.3.2 制造商主导 Stackelberg 主从博弈模型

在制造商主导的闭环供应链中，依然采用逆向递推法可求得如下均衡结果。

定理 8-2 在制造商主导的闭环供应链中，新产品的最优批发价格、最优零售价格以及新产品最优需求量与废旧产品最优回收率分别为：

$$m^{MC*} = \frac{(2k(1-\theta+h\theta) - \beta(b-A)^2)(a-\beta c_m)}{2\beta(k(4-2\theta+h\theta) - \beta(c_m - c_r - A)(b-A))} \quad (8-19)$$

$$\tau^{MC*} = \frac{(b-A)(a-\beta c_m)}{2(k(4-2\theta+h\theta) - \beta(c_m - c_r - A)(b-A))} \quad (8-20)$$

$$w^{MC*} = \frac{a(2k(2-\theta) - \beta(b-A)(2(c_m - c_r) - b - A))}{2\beta(k(4-2\theta+h\theta) - \beta(c_m - c_r - A)(b-A))}$$
$$+ \frac{\beta c_m(2k(2-\theta+h\theta) - \beta(b-A)^2)}{2\beta(k(4-2\theta+h\theta) - \beta(c_m - c_r - A)(b-A))} \quad (8-21)$$

$$p^{MC*} = \frac{a(k(3-2\theta+h\theta) - \beta(b-A)(c_m - c_r - A)) + k\beta c_m}{\beta(k(4-2\theta+h\theta) - \beta(c_m - c_r - A)(b-A))} \quad (8-22)$$

$$q^{MC*} = \frac{k(a-\beta c_m)}{k(4-2\theta+h\theta) - \beta(c_m - c_r - A)(b-A)} \quad (8-23)$$

通过定理 8-2，可求得在制造商主导的闭环供应链中，制造商、零售商、闭环供应链整体获取的企业利润以及他们各自追求社会福利最大化获取的总效益分别为：

$$\pi_m^{MC*} = \frac{k(2k(2-\theta) - \beta(b-A)(c_m - c_r - A))(a-\beta c_m)^2}{2\beta(k(4-2\theta+h\theta) - \beta(c_m - c_r - A)(b-A))^2} \quad (8-24)$$

$$\pi_r^{MC*} = \frac{k(4k(1-\theta+h\theta)-\beta(b-A)^2)(a-\beta c_m)^2}{4\beta(k(4-2\theta+h\theta)-\beta(c_m-c_r-A)(b-A))^2} \tag{8-25}$$

$$\pi_s^{MC*} = \frac{4k^2(3-\theta+h\theta)(a-\beta c_m)^2}{4\beta(k(4-2\theta+h\theta)-\beta(c_m-c_r-A)(b-A))^2}$$

$$-\frac{k\beta(b-A)(2(c_m-c_r)+b-3A)(a-\beta c_m)^2}{4\beta(k(4-2\theta+h\theta)-\beta(c_m-c_r-A)(b-A))^2} \tag{8-26}$$

$$V_m^{MC*} = \frac{k(a-\beta c_m)^2}{2\beta(k(4-2\theta+h\theta)-\beta(c_m-c_r-A)(b-A))} \tag{8-27}$$

$$V_r^{MC*} = \frac{k(2k(2-\theta+h\theta)-\beta(b-A)^2)(a-\beta c_m)^2}{4\beta(k(4-2\theta+h\theta)-\beta(c_m-c_r-A)(b-A))^2} \tag{8-28}$$

$$V_s^{MC*} = \frac{2k^2(6-3\theta+2h\theta)(a-\beta c_m)^2}{4\beta(k(4-2\theta+h\theta)-\beta(c_m-c_r-A)(b-A))^2}$$

$$-\frac{k\beta(b-A)(2(c_m-c_r)+b-3A)(a-\beta c_m)^2}{4\beta(k(4-2\theta+h\theta)-\beta(c_m-c_r-A)(b-A))^2} \tag{8-29}$$

在该模型下，我们要求规模参数满足 $k > \dfrac{(b-A)(a-\beta c_m)+2\beta(b-A)(c_m-c_r-A)}{4(2-\theta+h\theta)}$。

推论 8-3　在制造商主导的闭环供应链中，有两点推论。（1）无论成员企业 CSR 分摊比例 h 如何制定，随着 CSR 程度 θ 的增强，新产品的零售价格 p^{MC*}、批发价格 w^{MC*} 在降低，而市场需求量 q^{MC*} 及废旧产品回收率 τ^{MC*} 均在增加。（2）无论成员企业 CSR 分摊比例 h 如何制定，随着 CSR 程度 θ 的增强，主导制造商、零售商以及闭环供应链系统整体在追求社会福利最大化时获取的总效益均在增大。

推论 8-4　在制造商主导的闭环供应链中，当成员企业 CSR 程度 θ 一定时，随着制造商承担 CSR 比例的增大，新产品零售价格 p^{MC*} 在增加，而新产品批发价格 w^{MC*}、市场需求量 q^{MC*} 及废旧产品回收率 τ^{MC*} 均在减小。

命题 8-2　在制造商主导的闭环供应链中，有以下命题。（1）当成员企业 CSR 程度 $\theta \in \left[0, \dfrac{4k-\beta(b-A)(2(c_m-c_r)-b-A)}{4k}\right)$ 时，对于任意 $h \in (0,1)$，均有

$\pi_m^{MC*} \geq \pi_r^{MC*}$；当 $\theta \in \left[\dfrac{4k-\beta(b-A)}{\dfrac{(2(c_m-c_r)-b-A)}{4k}}, 1\right)$ 时，若 $h \in \left(0, \dfrac{4k-\beta(b-A)}{\dfrac{(2(c_m-c_r)-b-A)}{4k\theta}}\right)$，

$\pi_m^{MC*} > \pi_r^{MC*}$，若 $h \in \left[\dfrac{4k - \beta(b-A)(2(c_m - c_r) - b - A)}{4k\theta}, \ 1 \right)$，$\pi_m^{MC*} \leqslant \pi_r^{MC*}$。

（2）无论成员企业 CSR 程度及 CSR 分摊比例如何制定，$V_m^{MC*} > V_r^{MC*}$。

命题 8 - 2 表明，在制造商主导的闭环供应链中，若成员企业承担 CSR 程度相对较低时，无论成员企业之间如何制定 CSR 分摊比例，主导制造商的利润始终大于零售商；但若成员企业需要承担的 CSR 程度相对较高，零售商分摊较多 CSR 时，那么其自身的企业利润就会减小，而制造商的利润就会增大；反之，制造商分摊较多 CSR 时，则会出现主导制造商的利润小于零售商的情况。命题 8 - 4 进一步表明，无论成员企业 CSR 程度及 CSR 的分摊比例如何制定，追求社会福利最大化的主导制造商总是获得了较之零售商更多的总效益。这是因为制造商通过分摊较多 CSR（此时制造商牺牲了部分自身的利润），实现让利于零售商及消费者的目的同时，也实现了社会福利最大化的目的。反之，当制造商只分摊较少 CSR 时，制造商同样牺牲了部分自身的企业利润来实现社会福利最大化，但不足以导致制造商的企业利润会小于零售商的情形。但追求社会福利最大化的主导制造商获取的总效益仍然高于零售商。这又进一步验证了闭环供应链中的主导者较其他成员依然获取更多的总效益。

8.3.3　Nash 均衡模型

在 Nash 均衡的闭环供应链中，制造商与零售商具有相同的领导地位，他们同时做出各自的决策，从而使得自身利益最大化。本节采用联合决策的方法求得如下均衡结果。

定理 8 - 3　在 Nash 均衡的闭环供应链中，新产品的最优批发价格、最优零售价格以及新产品的最优需求量与废旧产品的最优回收率分别为：

$$m^{NC*} = \frac{(2k(1-\theta+h\theta) - \beta(b-A)^2)(a - \beta c_m)}{\beta(2k(3-\theta) - \beta(c_m - c_r - A)(b-A))} \tag{8-30}$$

$$\tau^{NC*} = \frac{(b-A)(a - \beta c_m)}{(2k(3-\theta) - \beta(c_m - c_r - A)(b-A))} \tag{8-31}$$

$$w^{NC*} = \frac{a(2k(1-h\theta) - \beta(b-A)(c_m - c_r - b))}{\beta(2k(3-\theta) - \beta(c_m - c_r - A)(b-A))}$$

$$+\frac{\beta c_m(2k(2-\theta+h\theta)-\beta(b-A)^2)}{\beta(2k(3-\theta)-\beta(c_m-c_r-A)(b-A))} \tag{8-32}$$

$$p^{NC*}=\frac{a(2k(2-\theta)-\beta(b-A)(c_m-c_r-A))+2k\beta c_m}{\beta(2k(3-\theta)-\beta(c_m-c_r-A)(b-A))} \tag{8-33}$$

$$q^{NC*}=\frac{2k(a-\beta c_m)}{2k(3-\theta)-\beta(c_m-c_r-A)(b-A)} \tag{8-34}$$

通过定理 8-3，可求得在 Nash 均衡的闭环供应链中，制造商、零售商、闭环供应链整体获取的企业利润，以及他们各自追求社会福利最大化获取的总效益分别为：

$$\pi_m^{NC*}=\frac{4k^2(1-h\theta)(a-\beta c_m)^2}{\beta(2k(3-\theta)-\beta(c_m-c_r-A)(b-A))^2} \tag{8-35}$$

$$\pi_r^{NC*}=\frac{k(4k(1-\theta+h\theta)-\beta(b-A)^2)(a-\beta c_m)^2}{\beta(2k(3-\theta)-\beta(c_m-c_r-A)(b-A))^2} \tag{8-36}$$

$$\pi_s^{NC*}=\frac{k(4k(2-\theta)-\beta(b-A)^2)(a-\beta c_m)^2}{\beta(2k(3-\theta)-\beta(c_m-c_r-A)(b-A))^2} \tag{8-37}$$

$$V_m^{NC*}=\frac{2k^2(2-h\theta)(a-\beta c_m)^2}{\beta(2k(3-\theta)-\beta(c_m-c_r-A)(b-A))^2} \tag{8-38}$$

$$V_r^{NC*}=\frac{k(2k(2-\theta+h\theta)-\beta(b-A)^2)(a-\beta c_m)^2}{\beta(2k(3-\theta)-\beta(c_m-c_r-A)(b-A))^2} \tag{8-39}$$

$$V_s^{NC*}=\frac{k(2k(4-\theta)-\beta(b-A)^2)(a-\beta c_m)^2}{\beta(2k(3-\theta)-\beta(c_m-c_r-A)(b-A))^2} \tag{8-40}$$

在该模型下，我们要求规模参数满足 $k>\dfrac{(b-A)(a-\beta c_m)+\beta(b-A)(c_m-c_r-A)}{3(3-\theta)}$。

推论 8-5　在 Nash 均衡的闭环供应链中，有两点推论。（1）无论成员企业之间 CSR 分摊比例 h 如何制定，随着 CSR 程度 θ 的增强，新产品零售价格 p^{NC*} 在降低，而市场需求量 q^{NC*} 及废旧产品回收率 τ^{NC*} 均在增加；但新产品批发价格 w^{NC*} 还受到成员企业 CSR 分摊比例 h 的影响，当 $0\leqslant h<\dfrac{2k-\beta(c_m-c_r-b)(b-A)}{6k-\beta(c_m-c_r-A)(b-A)}$ 时，随着 CSR 程度 θ 的增强，新产品批发价格 w^{NC*} 在增加，而当 $\dfrac{2k-\beta(c_m-c_r-b)(b-A)}{6k-\beta(c_m-c_r-A)(b-A)}\leqslant h\leqslant 1$ 时，随着 CSR 程度 θ 的增强，新产品批发价格 w^{NC*} 在降低。（2）无论成员企业之间 CSR 分摊比例 h 如何制

定，随着 CSR 程度 θ 的增强，零售商、制造商以及闭环供应链系统整体在追求社会福利最大化时获取的总效益均在增大。

推论 8 - 6 在 Nash 均衡的闭环供应链中，当成员企业 CSR 程度 θ 一定时，随着制造商承担 CSR 比例 h 的增大，新产品批发价格 w^{NC*} 在减小，而新产品零售价格 p^{NC*}、市场需求量 q^{NC*} 及废旧产品回收率 τ^{NC*} 均保持不变。

命题 8 - 3 在 Nash 均衡的闭环供应链中，有以下命题。（1）当 $\theta \in \left[0, \dfrac{\beta(b-A)^2}{4k}\right)$ 时，对于任意的 $h \in (0, 1)$，均有 $\pi_m^{NC*} > \pi_r^{NC*}$；当 $\theta \in \left[\dfrac{\beta(b-A)^2}{4k}, 1\right)$ 时，若 $h \in \left(0, \dfrac{4k\theta+\beta(b-A)^2}{8k\theta}\right)$，$\pi_m^{NC*} > \pi_r^{NC*}$，若 $h \in \left[\dfrac{4k\theta+\beta(b-A)^2}{8k\theta}, 1\right)$，$\pi_m^{NC*} \leqslant \pi_r^{NC*}$。（2）当 $\theta \in \left[0, \dfrac{\beta(b-A)^2}{2k}\right)$ 时，对于任意的 $h \in (0, 1)$，均有 $V_m^{NC*} > V_r^{NC*}$；当 $\theta \in \left[\dfrac{\beta(b-A)^2}{2k}, 1\right)$ 时，若 $h \in \left(0, \dfrac{2k\theta+\beta(b-A)^2}{4k\theta}\right)$，$V_m^{NC*} > V_r^{NC*}$，若 $h \in \left[\dfrac{2k\theta+\beta(b-A)^2}{4k\theta}, 1\right)$，$V_m^{NC*} \leqslant V_r^{NC*}$。

命题 8 - 3 表明，在 Nash 均衡的闭环供应链中，与属于 Stackelberg 主从博弈模型的闭环供应链相比较，成员企业 CSR 程度以及 CSR 的分摊比例不仅是影响成员企业纯利润分配的重要参数，也对成员企业在追求社会福利最大化时所获取的总效益产生了较大影响。

8.4　不同权力结构下闭环供应链的均衡结果比较

根据上述得到的三种不同权力结构下各成员企业的最优定价决策，本节着重对不同权力结构下废旧产品的最优回收率以及各成员企业在承担 CSR 时获取的总效益进行比较，分析成员企业的 CSR 程度及 CSR 分摊比例对闭环供应链最优决策的影响。

结论 8 - 1 在零售商或制造商主导的 Stackelberg 博弈及 Nash 均衡三种不同的权力结构下，废旧产品的最优回收率满足：当 $\theta \in \left[0, \dfrac{2k-\beta(c_m-c_r-A)(b-A)}{2k}\right)$ 时，

对于任意的 $h \in [0, 1]$，均有 $\tau^{RC*} > \tau^{NC*} \geq \tau^{MC*}$；当 $\theta \in \left[\dfrac{2k - \beta(c_m - c_r - A)(b - A)}{2k}, 1 \right]$

时，若 $h \in \left[0, \dfrac{2k\theta - 2k + \beta(c_m - c_r - A)(b - A)}{2k\theta} \right)$，$\tau^{RC*} > \tau^{MC*} > \tau^{NC*}$，若 $h \in$

$\left[\dfrac{2k\theta - 2k + \beta(c_m - c_r - A)(b - A)}{2k\theta}, 1 \right]$，$\tau^{RC*} > \tau^{NC*} \geq \tau^{MC*}$。

证明： 根据上述命题 8-1、命题 8-3 和命题 8-5 中废旧产品最优回收率的表达式，易得：

$$\tau^{RC*} - \tau^{MC*} = \left\{ \frac{4k(c_m - c_r - b) - \beta(b - A)(c_m - c_r - A)^2}{2(2k(4 - \theta - h\theta) - \beta(c_m - c_r - A)^2)} \right.$$

$$\left. + \frac{2k(1 - \theta)(2(c_m - c_r) - b - A) + 2kh\theta(c_m - c_r + b - 2A)}{2(2k(4 - \theta - h\theta) - \beta(c_m - c_r - A)^2)} \right\}$$

$$\times \frac{(a - \beta c_m)}{k(4 - 2\theta + h\theta) - \beta(c_m - c_r - A)(b - A)} > 0$$

$$\tau^{RC*} - \tau^{NC*} = \frac{2k(a - \beta c_m)}{2k(4 - \theta - h\theta) - \beta(c_m - c_r - A)^2}$$

$$\times \frac{(3 - \theta)(c_m - c_r - b) - (1 - h\theta)(b - A)}{2k(3 - \theta) - \beta(c_m - c_r - A)(b - A)} > 0$$

进一步，根据制造商主导与 Nash 均衡下废旧产品的最优回收率的函数表达式，易得：

$$\tau^{NC*} - \tau^{MC*} = \frac{(b - A)(2k(1 - \theta + h\theta) - \beta(c_m - c_r - A)(b - A))(a - \beta c_m)}{2(2k(3 - \theta) - \beta(c_m - c_r - A)(b - A))(k(4 - 2\theta + h\theta) - \beta(c_m - c_r - A)(b - A))},$$

由上式可以看出，当 $2k(1 - \theta + h\theta) - \beta(c_m - c_r - A)(b - A) > 0$ 时，即 $h >$

$\dfrac{2k\theta - 2k + \beta(c_m - c_r - A)(b - A)}{2k\theta} = l(\theta)$ 时，$\tau^{NC*} - \tau^{MC*} \geq 0$，即 $\tau^{NC*} \geq \tau^{MC*}$。进

一步，$\dfrac{\partial l(\theta)}{\partial \theta} = \dfrac{2k - \beta(c_m - c_r - A)(b - A)}{2k\theta^2} > 0$，即 $l(\theta)$ 关于 θ 为增函数。因为

$\theta \in [0, 1]$，所以 $l(\theta)$ 在 $\theta = 0$ 时取得最小值，在 $\theta = 1$ 时取得最大值。此外，

若 $l(\theta) \leq 0$，可求得 $\theta \leq \dfrac{2k - \beta(c_m - c_r - A)(b - A)}{2k}$。因此，对于任何 $\theta \in$

$\left[0, \dfrac{2k - \beta(c_m - c_r - A)(b - A)}{2k}\right)$，且任意的 $h \in [0, 1]$，均有 $\tau^{NC*} \geqslant \tau^{MC*}$；进

一步，对于任何 $\theta \in \left[\dfrac{2k - \beta(c_m - c_r - A)(b - A)}{2k}, 1\right]$，若 $h \in \left(0, \dfrac{2k\theta - 2k + \beta(c_m - c_r - A)(b - A)}{2k\theta}\right)$，$\tau^{NC*} <$

τ^{MC*}，若 $h \in \left[\dfrac{2k\theta - 2k + \beta(c_m - c_r - A)(b - A)}{2k\theta}, 1\right)$，$\tau^{NC*} \geqslant \tau^{MC*}$。

结论 8－1 表明：首先，在零售商或制造商主导的 Stackelberg 博弈及 Nash 均衡三种不同权力结构下的闭环供应链中，无论成员企业 CSR 程度及 CSR 分摊比例如何制定，废旧产品的回收效果始终在零售商主导的权力结构下是最好的。其次，当成员企业 CSR 程度较低时$\left(\text{即} 0 \leqslant \theta < \dfrac{2k - \beta(c_m - c_r - A)(b - A)}{2k}\right)$，无论成员企业 CSR 分摊比例如何制定，Nash 均衡下废旧产品的回收效果要好于制造商主导的情形。当成员企业 CSR 程度较高时$\left(\text{即} \dfrac{2k - \beta(c_m - c_r - A)(b - A)}{2k} \leqslant \theta \leqslant 1\right)$，则要取决于成员企业 CSR 分摊比例如何制定。若制造商分摊 CSR 比例较低而零售商分摊的比例较高，废旧产品的回收效果在制造商主导的权力结构下更好；若制造商承担 CSR 比例较高而零售商承担的比例较低，则在 Nash 均衡下的回收效果更好。

结论 8－2 在零售商或制造商主导的 Stackelberg 博弈及 Nash 均衡三种不同的权力结构下，制造商追求社会福利最大化获取的总效益满足：当 $\theta \in \left[0, \dfrac{2k - \beta(c_m - c_r - A)(c_m - c_r - b)}{2k}\right)$ 时，对于任意的 $h \in [0, 1]$，均有 $V_m^{MC*} > V_m^{NC*} > V_m^{RC*}$；当 $\theta \in \left[\dfrac{2k - \beta(c_m - c_r - A)(c_m - c_r - b)}{2k}, 1\right]$ 时，若 $h \in \left[0, \dfrac{2k - \beta(c_m - c_r - A)(c_m - c_r - b)}{2k\theta}\right)$，$V_m^{MC*} > V_m^{NC*} > V_m^{RC*}$，若 $h \in \left[\dfrac{2k - \beta(c_m - c_r - A)(c_m - c_r - b)}{2k\theta}, 1\right]$，$V_m^{MC*} > V_m^{RC*} \geqslant V_m^{NC*}$。

结论 8－2 表明，首先，在零售商或制造商主导的 Stackelberg 博弈及 Nash 均衡三种不同的权力结构下，无论成员企业 CSR 程度及 CSR 分摊比例如何制定，制造商在自身主导的权力结构下获取的总效益始终是最大的。其次，当成员企业

CSR 程度较低时$\left(\text{即}\ 0\leqslant\theta<\dfrac{2k-\beta(c_m-c_r-A)(c_m-c_r-b)}{2k}\right)$，无论成员企业 CSR 分摊比例如何制定，制造商在 Nash 均衡下获取的总效益要高于零售商主导的情形。当成员企业 CSR 程度较高时$\left(\text{即}\ \dfrac{2k-\beta(c_m-c_r-A)(c_m-c_r-b)}{2k}\leqslant\theta\leqslant1\right)$，则要取决于成员企业的 CSR 分摊比例如何制定。若制造商分摊 CSR 的比例较低而零售商分摊的比例较高，制造商在 Nash 均衡下获取更高的效益；若制造商分摊 CSR 的比例较高而零售商分摊的比例较低，则在零售商主导下获取更高的效益。

结论 8 - 3　在零售商或制造商主导的 Stackelberg 博弈及 Nash 均衡三种不同的权力结构下，零售商在追求社会福利最大化时获取的总效益满足：当$\theta\in\left[0,\ \dfrac{2k-\beta(c_m-c_r-A)(b-A)}{2k}\right)$时，对于任意的$h\in[0,\ 1]$，均有$V_r^{RC*}>V_r^{NC*}>V_r^{MC*}$；当$\theta\in\left[\dfrac{2k-\beta(c_m-c_r-A)(b-A)}{2k},\ 1\right]$时，若$h\in\left[0,\ \dfrac{2k\theta-2k+\beta(c_m-c_r-A)(b-A)}{2k\theta}\right)$，$V_r^{RC*}>V_r^{MC*}>V_r^{NC*}$，若$h\in\left[\dfrac{2k\theta-2k+\beta(c_m-c_r-A)(b-A)}{2k\theta},\ 1\right]$，$V_r^{RC*}>V_r^{NC*}\geqslant V_r^{MC*}$。

结论 8 - 3 表明，首先，在零售商或制造商主导的 Stackelberg 博弈及 Nash 均衡三种不同的权力结构下，无论成员企业 CSR 程度及 CSR 分摊比例如何制定，零售商在自身主导的权力结构下追求社会福利最大化时获取的总效益始终是最大的。其次，当成员企业 CSR 程度较低时$\left(\text{即}\ 0\leqslant\theta<\dfrac{2k-\beta(c_m-c_r-A)(b-A)}{2k}\right)$，无论成员企业 CSR 分摊比例如何制定，零售商在 Nash 均衡下获取的总效益要高于制造商主导的情形。当成员企业 CSR 程度较高时$\left(\text{即}\ \dfrac{2k-\beta(c_m-c_r-A)(b-A)}{2k}\leqslant\theta\leqslant1\right)$，若制造商分摊 CSR 比例较低而零售商分摊的比例较高，零售商在制造商主导的权力结构下获取更高的效益；若制造商分摊 CSR 比例较高而零售商分摊的比例较低，则在制造商主导下获取更高的效益。

结论 8 - 4　在零售商或制造商主导的 Stackelberg 博弈及 Nash 均衡三种不同的权力结构下，闭环供应链系统整体在追求社会福利最大化时获取的总效益，得到以下结论：

(1) 在零售商主导与制造商主导两种权力结构下，当 $\theta \in$ $\left[0, \dfrac{\beta(c_m - c_r - A)(c_m - c_r - 2b + A)}{4k}\right)$ 时，对于任意的 $h \in [0, 1]$，均有 $V_s^{RC*} >$ V_s^{MC*}；当 $\theta \in \left[\dfrac{2k - \beta(c_m - c_r - A)}{(c_m - c_r - b)}{2k}, 1\right]$ 时，若 $h \in \left[0, \dfrac{2k + \beta(c_m - c_r - A)}{(c_m - c_r - 2b + A)}{4k}\right)$，$V_s^{RC*} < V_s^{MC*}$，若 $h \in \left[\dfrac{2k + \beta(c_m - c_r - A)(c_m - c_r - 2b + A)}{4k}, 1\right]$，$V_s^{RC*} \geqslant V_s^{MC*}$。

(2) 在零售商主导与 Nash 均衡两种权力结构下，当 $\theta \in$ $\left[0, \dfrac{2k - \beta(c_m - c_r - A)(c_m - c_r - b)}{2k}\right)$ 时，对于任意的 $h \in [0, 1]$，均有 $V_s^{NC*} >$ V_s^{RC*}；当 $\theta \in \left[\dfrac{2k - \beta(c_m - c_r - A)}{(c_m - c_r - b)}{2k}, 1\right]$ 时，若 $h \in \left[0, \dfrac{2k - \beta(c_m - c_r - A)}{(c_m - c_r - b)}{2k\theta}\right)$，$V_s^{NC*} > V_s^{RC*}$，若 $h \in \left[\dfrac{2k - \beta(c_m - c_r - A)(c_m - c_r - b)}{2k\theta}, 1\right]$，$V_s^{NC*} \leqslant V_s^{RC*}$。

(3) 在制造商主导与 Nash 均衡两种权力结构下，当 $\theta \in$ $\left[0, \dfrac{2k - \beta(c_m - c_r - A)(b - A)}{2k}\right)$ 时，对于任意的 $h \in [0, 1]$，均有 $V_s^{NC*} > V_s^{MC*}$；当 $\theta \in \left[\dfrac{2k - \beta(c_m - c_r - A)(b - A)}{2k}, 1\right]$ 时，若 $h \in \left[0, \dfrac{2k\theta - 2k + \beta(c_m - c_r - A)(b - A)}{2k\theta}\right)$，$V_s^{NC*} < V_s^{MC*}$，若 $h \in \left[\dfrac{2k\theta - 2k + \beta(c_m - c_r - A)(b - A)}{2k\theta}, 1\right]$，$V_s^{NC*} \geqslant V_s^{MC*}$。

结论 8 - 4 表明，在零售商或制造商主导的 Stackelberg 博弈及 Nash 均衡三种不同的权力结构下，闭环供应链系统整体在追求社会福利最大化时获取的总效益受到成员企业 CSR 程度及 CSR 分摊比例的共同影响，在 CSR 程度及 CSR 分摊比例构成的不同区域内，具有不同的研究结论，不能够单纯说明何种权力结构下闭环供应链系统的总效益是最优的。

8.5　结　　论

本书针对由一个制造商和一个零售商构成的闭环供应链，分析了不同权力结构下具有企业社会责任闭环供应链的最优定价决策问题，得到以下主要结论。(1) 无论在何种权力结构下，成员企业的 CSR 行为都有利于降低新产品零售价格、扩大新产品市场需求以及提高废旧产品回收率。(2) 无论在何种权力结构下，随着 CSR 程度的增强，零售商、制造商以及闭环供应链系统整体在追求社会福利最大化时获取的总效益均在增大。(3) 在零售商主导的闭环供应链中，当成员企业 CSR 程度一定时，随着制造商分摊 CSR 比例的增大，新产品零售价格及批发价格均在减小，市场需求量及废旧产品回收率均在增加。(4) 在制造商主导的闭环供应链中，当成员企业 CSR 程度一定时，随着制造商分摊 CSR 比例的增大，新产品零售价格在增加，而新产品批发价格、市场需求量及废旧产品回收率均在减小。(5) 在 Nash 均衡的闭环供应链中，当成员企业 CSR 程度一定时，随着制造商分摊 CSR 比例的增大，新产品批发价格在减小，而新产品零售价格、市场需求量及废旧产品回收率均保持不变。(6) 无论成员企业 CSR 程度及 CSR 分摊比例如何制定，废旧产品的回收效果始终在零售商主导的权力结构下是最好的。(7) 无论成员企业 CSR 程度及 CSR 分摊比例如何制定，零售商或制造商始终在自身主导的权力结构下追求社会福利最大化时获取的总效益始终是最大的。

第9章 政府补贴下考虑企业社会责任的闭环供应链定价决策

9.1 问题提出

近年来，资源的不断消耗及环境污染问题的日益严峻，引发了人们对环境保护及可持续发展的普遍关注。企业除了利用正向供应链开展原材料采购、生产及销售等活动，也利用逆向供应链对废旧产品进行回收及再制造，即实施闭环供应链管理。废旧产品的回收及再制造不仅可以减少环境污染、节约资源、降低成本，也成为企业履行社会责任的一项重要发展战略。很多知名企业，如惠普、IBM、海尔等通过实施闭环供应链管理在取得巨大收益的同时也履行了企业的社会责任（Maiti et al.，2017）。

目前闭环供应链的运作研究主要集中在回收渠道选择（Savaskan et al.，2004；Hong et al.，2012；孙嘉轶等，2015；Liu et al.，2017）、定价决策（Wei et al.，2015）、政府奖惩机制（Heydari et al.，2017）、协调机制（Choi et al.，2013；Zheng et al.，2017）等问题，然而现有研究大多假设闭环供应链成员企业或者整体以追求纯利润最大化为决策目标。近年来，越来越多的企业在追求获利的同时也开始积极履行企业义务、承担企业社会责任。企业社会责任要求企业不能把追求经济利益作为唯一目标，还强调在生产过程中对其利益相关者、消费者、环境及社会的贡献。塞尔瓦斯等（Servaes et al.，2013）研究表明那些积极承担了社会责任的企业可以获得更大的企业价值。在供应链中考虑CSR 行为的研究已较为常见。倪德平等（2012）从博弈的角度分析了供应链成员如何就其 CSR 行为进行互动。莫达克等（2014）研究了制造商具有 CSR 行为时的双渠道供应链定价决策问题。潘达等（2016）在制造商和零售商分别具有 CSR 行为时，研究指出零售商追求社会福利最大化的策略可以有效缓解渠道冲突。吴莹等（Wu et al.，2017）研究了考虑 CSR 行为的供应链协调问题，提出了协调供应链的数量柔性契约和批发价格激励契约。倪得兵等（2015）分析了供应链中的 CSR 运作、配置及合作等问题。段华薇等（2016）构建了考虑 CSR 行为的物流服务供应链定价决策模型。宋杰珍等（2016）研究表明适度的 CSR 行为对提高供应链的整体绩效是有益的。李金华（2017）构建了考虑 CSR 行为的两条竞争供应链的博弈模型，研究表明，实施 CSR 差异化策略的供应链更具竞争优势。李余辉等（2017）分析了 CSR 在传递供应商质量信息中的角色及实施 CSR 信号手段的盈利条件，为企业在信息共享方式的选择方面提供了参考。范建昌等（2017）构建了考虑 CSR 行为的两阶段供应链决策模型，指出制造商和零售商的 CSR 行为可以改善产品质量、提高产品需求。金亮等（2018）研究了考虑 CSR 行为的供应链定价及促销问题，并分析了 CSR 对成员利润以及消费者剩余的影响。上述研究从不同角度分析了考虑 CSR 行为的正向供应链决策及协调等问题，然而并未探讨 CSR 行为对逆向供应链，尤其是对闭环供应链运作的影响。

针对考虑 CSR 行为的闭环供应链，潘达等（2017）基于零售商负责回收的渠道结构，研究表明制造商的 CSR 行为有利于废旧产品回收、增加渠道利润。基于制造商负责回收的渠道结构，高举红等研究表明废旧产品回收率、制造商及零售商的利润均与 CSR 效应因子正相关（高举红，2014）。郑本荣等（2018）研究了四种不同 CSR 投入模式下的闭环供应链定价决策及协调问题。佩德拉姆等（Pedram et al.，2017）研究了考虑 CSR 行为的第三方负责回收闭环供应链的网络优化问题，并揭示出 CSR 行为对闭环供应链网络整体绩效的重要性。姚锋敏等（2019）比较了三种不同回收渠道结构下，考虑 CSR 行为的闭环供应链回收及定价决策略。上述研究完善了考虑 CSR 行为的闭环供应链理论，然而并未考虑政府部门的监督、激励机制对考虑 CSR 行为闭环供应链运作的影响。

现实中，为了鼓励企业积极承担 CSR，政府部门可以通过制定各种政策对相关企业进行引导和支持。例如，上海浦东新区通过设立"企业社会责任办公室"，组织评估达标企业享受政府有关扶持政策的申请。深圳、无锡、威海等地方政府也都出台了鼓励企业承担社会责任的文件。彭昊等（2013）

分析了制造业企业的 CSR 行为和政府补助的关系，并指出制造业企业承担 CSR 对企业获取政府补助有显著正向影响。董淑兰等（2018）的研究表明，政府部门可以通过积极引导以及奖励的方式促使企业增强承担 CSR 的意识。然而现有研究鲜有从博弈及优化建模的角度分析政府补贴机制与 CSR 行为之间的关系，尤其是政府补贴机制下，企业的 CSR 行为对闭环供应链定价及回收决策的影响。

综上，本书将政府补贴机制引入考虑 CSR 行为的闭环供应链定价决策问题中。在制造商和零售商分别承担 CSR 的情形下，分析政府补贴机制下企业的 CSR 行为对闭环供应链成员及整体绩效的影响。通过比较不同 CSR 情形下的闭环供应链均衡结果，给出政府补贴机制下考虑 CSR 行为闭环供应链的定价策略。

9.2 问题描述及假设

本书假设闭环供应链由一个制造商、一个零售商及一个第三方回收商（简称"第三方"）组成，三者属于完全信息下的 Stackelberg 博弈，其中制造商为渠道领导者。假设制造商和零售商均具有一定的 CSR 意识（现实中，第三方也可能具有 CSR 意识，由于本书假设第三方只负责废旧产品回收，因此对第三方的 CSR 行为不做重点讨论）。为了鼓励企业积极承担 CSR，假设相关政府部门对实施 CSR 行为的企业给予一定的补贴。在正向供应链中，制造商负责新产品的生产及废旧产品的再制造，且假设新产品与再制造产品无差异，零售商负责新产品的销售。在逆向供应链中，制造商委托第三方对废旧产品实施回收。参照萨瓦斯坎、魏杰等（2004，2015）的研究，假设闭环供应链的需求函数为：

$$D(p) = \phi - \beta p \tag{9-1}$$

其中，$D(p)$ 表示市场需求，$D(p) > 0$；ϕ 表示市场容量，$\phi > 0$；p 表示零售商的新产品零售价格；β 表示价格敏感系数，$\beta > 0$。其他相关符号和变量假设如表 9-1 所示。

表 9 – 1　　　　　　　　　　　　　　符号定义及假设

符号	定义及假设
w	制造商的新产品单位批发价格，$w < p$
c_m	制造商生产新产品的单位固定成本，$w > c_m$
c_r	制造商利用废旧产品再制造新产品的单位成本，$c_m > c_r$，令 $\Delta = c_m - c_r$
b	制造商给第三方回收废旧产品的单位转移支付，$\Delta > b > 0$
A	第三方回收废旧产品的单位服务费用，当 $A > 0$ 时，表示第三方支付给消费者的单位费用；当 $A < 0$ 时，表示第三方向消费者收取的单位费用 为了使得废旧产品的回收、处理具有一定的经济可行性，显然 $b > A > 0$
τ	废旧产品的回收率，$0 \le \tau \le 1$
$c(\tau)$	第三方的回收努力成本，假设 $c(\tau) = C_L \tau^2$，其中 C_L 表示规模参数，$C_L > 0$
r	制造商或零售商承担 CSR 的程度，$0 < r \le 1$
S_X	政府对承担 CSR 行为的企业 X 的单位补贴，$X = \{m, r\}$ 分别表示制造商、零售商
CS	消费者剩余（Panda et al., 2017），$CS = \int_{P_{\min}}^{P_{\text{Max}}} D\,dp = \dfrac{(\phi - \beta p)^2}{2\beta}$
π_Y V_X V_{sX}	成员企业 Y 的利润，$Y = \{m, r, 3p\}$，分别表示制造商、零售商、第三方 企业 X 承担一定 CSR 时的社会福利（总利润） 企业 X 承担 CSR 时，闭环供应链整体的利润，$V_{sm} = V_m + \pi_r + \pi_{3p}$，$V_{sr} = V_r + \pi_m + \pi_{3p}$

　　为保证文中的最优回收率在给定范围是有界的、各成员企业利润函数的凹性，以及相关表达式的可行性，参照萨瓦斯坎、洪一轩等（2004，2012）的假设，我们要求规模参数 C_L 应足够大，即满足 $C_L > \dfrac{(\phi - \beta(c_m - S_m))(b - A) + 2\beta(\Delta - b)(b - A)}{2(4 - r)}$。

9.3　模型构建

9.3.1　制造商承担 CSR 的情形

　　当政府对承担 CSR 行为的制造商实施补贴机制时，制造商以实现社会福利最大化为决策目标。根据经济学假设，社会福利等于生产者剩余（制造商利润）与消费者剩余（CS）之和，CS 是指消费者愿意为某产品支付的最高价格与实际市场价格的差值（范建昌，2017；Panda et al.，2017）。因此，制造商追求社会福利最大化的目标函数可以表示为（角标"M"表示制造商承担 CSR 时的情形）：

$$V_m^M(w^M) = \pi_m^M(w^M) + rCS^M$$

$$= (w^M - c_m + S_m)(\phi - \beta p^M) + (\Delta - b)\tau^M(\phi - \beta p^M) + \frac{r}{2\beta}(\phi - \beta p^M)^2$$

$$(9-2)$$

其中，r 越大表示制造商承担 CSR 的程度越强，当 $r = 1$ 时，表示制造商完全承担 CSR。

此时，由于零售商和第三方追求纯利润最大化，其利润函数分别为：

$$\pi_r^M(p^M) = (p^M - w^M)(\phi - \beta p^M) \qquad (9-3)$$

$$\pi_{3P}^M(\tau^M) = (b - A)\tau^M(\phi - \beta p^M) - C_L\tau^{M2} \qquad (9-4)$$

根据上述两阶段闭环供应链的博弈顺序，在规模参数 C_L 的假设下，不难发现零售商的利润函数 $\pi_r^M(p^M)$ 以及第三方的利润函数 $\pi_{3P}^M(\tau^M)$ 分别关于 p^M 和 τ^M 为严格凹函数，根据一阶条件，令 $\frac{\mathrm{d}\pi_r^M}{\mathrm{d}p^M} = 0$，$\frac{\mathrm{d}\pi_{3p}^M}{\mathrm{d}\tau^M} = 0$，可求得零售商和第三方的最佳反馈函数为：

$$p^M = \frac{\phi + \beta w^M}{2\beta} \qquad (9-5)$$

$$\tau^M = \frac{(b - A)(\phi - \beta w^M)}{4C_L} \qquad (9-6)$$

将式（9-5）和式（9-6）代入制造商的总利润函数 $V_m^M(w^M)$ 中，采用逆向递推法，容易验证 $V_m^M(w^M)$ 关于 w^M 为严格凹函数，根据一阶条件，可求得政府补贴机制下制造商承担 CSR 时的最优批发价格为：

$$w^{M*} = \frac{((2-r)\phi + 2\beta(c_m - S_m))C_L - \beta\Delta_1\phi}{((4-r)C_L - \beta\Delta_1)\beta} \qquad (9-7)$$

将式（9-7）代入式（9-5）和式（9-6），可求得政府补贴机制下制造商承担 CSR 时的最优零售价格、最优回收率分别为：

$$p^{M*} = \frac{((3-r)\phi + \beta(c_m - S_m))C_L - \beta\Delta_1\phi}{((4-r)C_L - \beta\Delta_1)\beta} \qquad (9-8)$$

$$\tau^{M*} = \frac{(\phi - \beta(c_m - S_m))(b-A)}{2((4-r)C_L - \beta\Delta_1)} \qquad (9-9)$$

将式（9-8）代入式（9-1），可求得均衡市场需求为：

$$D^{M*} = \frac{(\phi - \beta(c_m - S_m))C_L}{(4-r)C_L - \beta\Delta_1} \qquad (9-10)$$

将式（9-7）至式（9-10）代入式（9-2）至式（9-4），可求得制造商的社会福利、闭环供应链成员及整体的利润分别为：

$$V_m^{M*} = \frac{(\phi - \beta(c_m - S_m))^2 C_L}{2\beta((4-r)C_L - \beta\Delta_1)} \qquad (9-11)$$

$$\pi_m^{M*} = \frac{(\phi - \beta(c_m - S_m))^2 (2(2-r)C_L - \beta\Delta_1)C_L}{2\beta((4-r)C_L - \beta\Delta_1)^2} \qquad (9-12)$$

$$\pi_r^{M*} = \frac{(\phi - \beta(c_m - S_m))^2 C_L^2}{\beta((4-r)C_L - \beta\Delta_1)^2} \qquad (9-13)$$

$$\pi_{3p}^{M*} = \frac{(\phi - \beta(c_m - S_m))^2 (b-A)^2 C_L}{4((4-r)C_L - \beta\Delta_1)^2} \qquad (9-14)$$

$$V_{Sm}^{M*} = \frac{(2(6-r)C_L - 2\beta\Delta_1 + (b-A)^2\beta)(\phi - \beta(c_m - S_m))^2 C_L}{4\beta((4-r)C_L - \beta\Delta_1)^2} \qquad (9-15)$$

将上述求解结果进行简单数学整理，具体如表 9-2 第二列所示。

表 9-2　　　　　　　制造商或零售商承担 CSR 时的均衡结果

—	制造商承担 CSR（L=M）	零售商承担 CSR（L=R）
w^{L*}	$\dfrac{((2-r)\phi + 2\beta(c_m - S_m))C_L - \beta\Delta_1\phi}{\beta\Delta_2}$	$\dfrac{(\phi + \beta(c_m + S_r))(2-r)C_L - \beta\Delta_1(\phi + \beta S_r)}{\beta\Delta_4}$
p^{L*}	$\dfrac{((3-r)\phi + \beta(c_m - S_m))C_L - \beta\Delta_1\phi}{\beta\Delta_2}$	$\dfrac{((3-2r)\phi + \beta(c_m - S_r))C_L - \beta\Delta_1\phi}{\beta\Delta_4}$
τ^{L*}	$\dfrac{(b-A)\Delta_3}{2\Delta_2}$	$\dfrac{(b-A)\Delta_5}{2\Delta_4}$
D^{L*}	$\dfrac{C_L\Delta_3}{\Delta_2}$	$\dfrac{C_L\Delta_5}{\Delta_4}$

续表

—	制造商承担 CSR($L=M$)	零售商承担 CSR($L=R$)
V^{L*}	$\dfrac{C_L\Delta_3^2}{2\beta\Delta_2}$	$\dfrac{(2-r)C_L^2\Delta_5^2}{2\beta\Delta_4^2}$
π_m^{L*}	$\dfrac{C_L\Delta_3^2\Delta_4}{2\beta\Delta_2^2}$	$\dfrac{C_L\Delta_5^2}{2\beta\Delta_4}$
π_r^{L*}	$\dfrac{C_L^2\Delta_3^2}{\beta\Delta_2^2}$	$\dfrac{(1-r)C_L^2\Delta_5^2}{\beta\Delta_4^2}$
π_{3p}^{L*}	$\dfrac{(b-A)^2C_L\Delta_3^2}{4\Delta_2^2}$	$\dfrac{(b-A)^2C_L\Delta_5^2}{4\Delta_4^2}$
V_{sX}^{L*}	$\dfrac{(2(6-r)C_L-2\beta\Delta_1+(b-A)^2\beta)C_L\Delta_3^2}{4\beta\Delta_2^2}$	$\dfrac{(6(2-r)C_L-2\beta\Delta_1+(b-A)^2\beta)C_L\Delta_5^2}{4\beta\Delta_4^2}$

注：$(\Delta-b)(b-A)=\Delta_1$，$(4-r)C_L-\beta\Delta_1=\Delta_2$，$\phi-\beta(c_m-S_m)=\Delta_3$，$2(2-r)C_L-\beta\Delta_1=\Delta_4$，$\phi-\beta(c_m-S_r)=\Delta_5$。

9.3.2 零售商承担 CSR 的情形

在零售商承担 CSR 的假设下，当政府对零售商实施补贴机制时，零售商以实现社会福利最大化为决策目标，因此，零售商的社会福利函数为（上角标"R"表示零售商承担 CSR 时的情形）：

$$V_r^R(p^R)=\pi_r^R(p^R)+rCS^R$$

$$=(p^R-w^R+S_r)(\phi-\beta p^R)+\frac{r}{2\beta}(\phi-\beta p^R)^2 \qquad (9-16)$$

类似地，r 越大，表示零售商承担 CSR 的程度越强，当 $r=1$ 时，表示零售商完全承担 CSR。由于此时制造商和第三方追求纯利润最大化，因此，制造商、第三方的利润函数分别为：

$$\pi_m^R(w^R)=(w^R-c_m)(\phi-\beta p^R)+(\Delta-b)\tau^R(\phi-\beta p^R) \qquad (9-17)$$

$$\pi_{3p}^R(\tau^R)=(b-A)\tau^R(\phi-\beta p^R)-C_L\tau^{R2} \qquad (9-18)$$

与 9.3.1 小节的处理相似，可求得零售商承担 CSR 时的相应均衡结果，具体如表 9-2 第三列所示。在相关定义、规模参数 C_L 的假设条件下，易见，$\phi-\beta c_m>0$，Δ_1，Δ_2，$\cdots$，$\Delta_5>0$，即上述均衡结果均具有经济可行性。

9.4 均衡结果分析

性质 9 – 1 $\dfrac{\partial w^{L^*}}{\partial r} < 0$, $\dfrac{\partial p^{L^*}}{\partial r} < 0$, $\dfrac{\partial \tau^{L^*}}{\partial r} > 0$, $\dfrac{\partial D^{L^*}}{\partial r} > 0$, 其中, $L = \{M, R\}$。

证明: 当 $L = R$ 时, 根据表 9 – 2 中的相关均衡结果, 易得:

$$\frac{\partial w^{R^*}}{\partial r} = -\frac{(2(c_m + S_r)rC_L + \Delta_1\phi + 2\beta\Delta_1 S_r)C_L}{\Delta_4^2} < 0$$

$$\frac{\partial p^{R^*}}{\partial r} = -\frac{2(\phi - \beta(c_m - S_r))C_L^2}{\beta\Delta_4^2} < 0$$

$$\frac{\partial \tau^{R^*}}{\partial r} = \frac{(b - A)C_L\Delta_5}{\Delta_4^2} > 0$$

$$\frac{\partial D^{R^*}}{\partial r} = \frac{2C_L^2\Delta_5}{\Delta_4^2} > 0$$

由于 $L = M$ 时的证明过程与 $L = R$ 时类似, 限于篇幅, 此处省略, 证毕。

性质 9 – 1 表明, 在政府补贴下, 无论制造商还是零售商承担 CSR, 随着二者承担 CSR 程度的增强, 制造商均会通过降低批发价格的方式促使零售商降低零售价格, 同时, 第三方会增大废旧产品的回收率。潘达等 (2017) 的研究表明, 制造商通过鼓励零售商回收废旧产品、并且对废旧产品进行再制造进而转化为新产品这样一个过程, 就体现了具有 CSR 行为的闭环供应链运作。本书的研究则进一步表明, 在政府补贴机制下, CSR 行为在促使第三方提高废旧产品回收率的同时, 也会达到刺激消费、增加市场需求的目的。

事实上, 在政府补贴下, 积极承担 CSR 的企业通过降低批发价格和零售价格, 在实现增加需求的同时, 也提升了整个闭环供应链的废旧产品回收效率, 如果企业根据政府的补贴力度控制好承担 CSR 的程度, 这对企业来说是利大于弊的。

性质 9 – 2 $\dfrac{\partial \pi_m^{M^*}}{\partial r} < 0$, $\dfrac{\partial \pi_r^{M^*}}{\partial r} > 0$, $\dfrac{\partial V_m^{M^*}}{\partial r} > 0$, $\dfrac{\partial \pi_m^{R^*}}{\partial r} > 0$, 当 $0 < r < \dfrac{\beta\Delta_1}{2C_L}$ 时, $\dfrac{\partial \pi_r^{R^*}}{\partial r} > 0$; 当 $\dfrac{\beta\Delta_1}{2C_L} \le r \le 1$ 时, $\dfrac{\partial \pi_r^{R^*}}{\partial r} \le 0$, $\dfrac{\partial V_r^{R^*}}{\partial r} > 0$, $\dfrac{\partial \pi_{3p}^{L^*}}{\partial r} > 0$, $\dfrac{\partial V_s^{L^*}}{\partial r} > 0$, 其中,

$L = \{M, R\}$。

性质 9 - 2 表明，无论制造商还是零售商承担 CSR，随着 CSR 程度的增强，制造商或零售商的社会福利、第三方及闭环供应链整体的利润均会有所增加。当制造商承担 CSR 时，制造商的纯利润会减少、零售商的纯利润会增加。当零售商承担 CSR 时，制造商的纯利润会增加，若零售商承担 CSR 的程度相对较低时 $\left(0 < r < \dfrac{\beta\Delta_1}{2C_L}\right)$，其利润增加，反之 $\left(\dfrac{\beta\Delta_1}{2C_L} \leqslant r \leqslant 1\right)$ 不增。事实上，承担 CSR 的一方会通过牺牲自身部分纯利润的方式，换取其他成员企业利润及闭环供应链整体利润的增加，同时也实现了自身的社会福利最大化。对于零售商，当其承担 CSR 的程度相对较低时，政府补贴及需求增加带来的利润超过承担 CSR 牺牲的利润，因此其利润不降反增。

性质 9 - 2 揭示出，企业的 CSR 行为对闭环供应链系统的稳定运作总是有利的，如果企业选择承担 CSR 的程度越大，对自身纯利润的牺牲就越大，而对社会福利的贡献就越大，因此，在实际问题中，企业需掌握好承担 CSR 的程度，进行自身利润与整体利润的取舍。

命题 9 - 1 在制造商和零售商分别承担 CSR 的情形下，当时 $S_r - S_m < \dfrac{rC_L\Delta_5}{\beta\Delta_4}$ 时，$p^{R*} > p^{M*}$，当 $S_r - S_m \geqslant \dfrac{rC_L\Delta_5}{\beta\Delta_4}$ 时，$p^{R*} \leqslant p^{M*}$；当 $-\dfrac{rC_L\Delta_3}{\beta\Delta_2} < S_r - S_m$ 时，$\tau^{R*} > \tau^{M*}$，$D^{R*} > D^{M*}$，当 $S_r - S_m \leqslant -\dfrac{rC_L\Delta_3}{\beta\Delta_2}$ 时，$\tau^{R*} \leqslant \tau^{M*}$，$D^{R*} \leqslant D^{M*}$。

证明： 根据表 9 - 2 中的相关均衡结果，易得：

$$p^{R*} - p^{M*} = rC_L^2(\phi - \beta(c_m - S_r)) - C_L\beta\Delta_4(S_r - S_m)$$

在上式中，显然，当 $S_r - S_m < \dfrac{rC_L\Delta_5}{\beta\Delta_4}$ 时，$p^{R*} > p^{M*}$；当 $S_r - S_m \geqslant \dfrac{rC_L\Delta_5}{\beta\Delta_4}$ 时，$p^{R*} \leqslant p^{M*}$。

进一步，由于

$$\tau^{R*} - \tau^{M*} = \frac{(b - A)((S_r - S_m)\beta\Delta_2 + rC_L\Delta_3)}{2\Delta_2\Delta_4}$$

$$D^{R*} - D^{M*} = \frac{((S_r - S_m)\beta\Delta_2 + rC_L\Delta_3)C_L}{\Delta_2\Delta_4}$$

显然，当 $-\dfrac{rC_L\Delta_3}{\beta\Delta_2} < S_r - S_m$ 时，$\tau^{R*} > \tau^{M*}$，$D^{R*} > D^{M*}$；当 $S_r - S_m \leqslant -\dfrac{rC_L\Delta_3}{\beta\Delta_2}$

时，$\tau^{R*} \leqslant \tau^{M*}$，$D^{R*} \leqslant D^{M*}$，证毕。

命题 9 – 1 表明，在制造商和零售商分别承担 CSR 的情形下，当政府对零售商与制造商的补贴差额小于某临界值 $\left(\dfrac{rC_L\Delta_5}{\beta\Delta_4}\right)$ 时，制造商承担 CSR 时的零售价格较低，反之较高。当政府对制造商与零售商的补贴差额小于某临界值 $\left(\dfrac{rC_L\Delta_3}{\beta\Delta_2}\right)$ 时，制造商承担 CSR 时的废旧产品回收率和市场需求较低，反之较高。政府对制造商和零售商补贴差额的大小是决定新产品定价及废旧产品回收率的重要影响因素。若政府对制造商的补贴较多（相对于补贴差额），制造商承担 CSR 时的零售价格会较低，废旧产品回收率和市场需求较高，即政府补贴是激励企业承担 CSR 的重要因素。

命题 9 – 1 揭示出，制造商和零售商可以根据政府补贴力度的不同调整自身承担 CSR 的程度，从而调整批发价格和零售价格。受制造商承担 CSR 程度和政府对自身的补贴的影响，零售商会降低零售价格，这也会刺激市场需求及提高废旧产品回收率，这也符合现实中的市场规律。例如，政府对新能源汽车实施补贴政策，使得新能源汽车的销售价格有所降低，从一定程度上刺激了市场需求。

命题 9 – 2　在制造商和零售商分别承担 CSR 的情形下，(1) 当 $S_r - S_m > S_1^*$ 时，$\pi_m^{R*} > \pi_m^{M*}$，$\pi_{3p}^{R*} > \pi_{3p}^{M*}$，当 $S_r - S_m \leqslant S_1^*$ 时，$\pi_m^{R*} \leqslant \pi_m^{M*}$，$\pi_{3p}^{R*} \leqslant \pi_{3p}^{M*}$；(2) 当 $S_r - S_m > S_2^*$ 时，$\pi_r^{R*} > \pi_r^{M*}$，当 $S_r - S_m \leqslant S_2^*$ 时，$\pi_r^{R*} \leqslant \pi_r^{M*}$；(3) 当 $S_r - S_m > S_3^*$ 时，$V_r^{R*} > V_m^{M*}$，当 $S_r - S_m \leqslant S_3^*$ 时，$V_r^{R*} \leqslant V_m^{M*}$；(4) 当 $S_r - S_m > S_4^*$ 时，$V_{sr}^{R*} > V_{sm}^{M*}$，当 $S_r - S_m \leqslant S_3^*$ 时，$V_{sr}^{R*} \leqslant V_{sm}^{M*}$。其中，$\dfrac{\Delta_3\left(\sqrt{\beta^2\Delta_2^4 + (\Delta_2 + \Delta_4)rC_L} - \beta\Delta_2^2\right)}{\beta^2\Delta_2^2} = S_1^*$，

$\dfrac{\Delta_3\left(\sqrt{1-r}\Delta_4 - (1-r)\Delta_2\right)}{(1-r)\beta\Delta_2} = S_2^*$，$\dfrac{\Delta_3\Delta_4\sqrt{(2-r)C_L\Delta_2} - (2-r)C_L\Delta_2\Delta_3}{(2-r)C_L\beta\Delta_2} = S_3^*$，

$\dfrac{\Delta_3\left(\sqrt{\Delta_2^2 - rC_L(\Delta_2 + \Delta_4)(k - 4rC_L)k} - (k - 4rC_L)\Delta_2\right)}{(k - 4rC_L)\beta\Delta_2} = S_4^*$，$2(6 - r)C_L - 2\beta\Delta_1 + (b - A)^2\beta = k$。

命题 9 – 2 表明，在制造商和零售商分别承担 CSR 的情形下，当政府对零售商和制造商的补贴差额大于某临界值（S_1^*）时，零售商承担 CSR 时的制造

商利润和第三方利润较高，反之较低。同样，零售商利润、社会福利及闭环供应链整体利润都有类似的性质。事实上，若政府对其中一方的补贴较多（相对于补贴差额），结合性质 9-2 和命题 9-1，相较于不承担 CSR 且不获得政府补贴的情形，积极承担 CSR 且获得政府补贴会让自身获利更多，政府补贴机制不仅可以鼓励企业积极承担 CSR，也有利于闭环供应链整体利润的提高。

2015 年，财政部、科技部、工信部与发展改革委联合印发《关于 2016—2020 年新能源汽车推广应用财政支持政策的通知》，明确了具体的补助标准和对新能源汽车产品的技术要求。政府通过给予新能源汽车购置补贴和免收牌照费用等措施，鼓励积极承担环保责任和新能源技术创新的企业，提高了这些企业的经济效益。

命题 9-2 揭示出，企业应该根据政府部门的 CSR 补贴政策适时地调整发展战略，积极主动地承担 CSR，这样不仅可以响应国家可持续发展的号召，也可以改善自身的经济利益、社会福利及闭环供应链整体的绩效。

命题 9-3 （1）在制造商承担 CSR 的情形下，当 $0 \leq r < r_1^*$ 时，$\pi_m^{M*} > \pi_r^{M*} > \pi_{3p}^{M*}$；当 $r_1^* \leq r < r_2^*$ 时，$\pi_r^{M*} \geq \pi_m^{M*} > \pi_{3p}^{M*}$；当 $r_2^* \leq r \leq 1$ 时，$\pi_r^{M*} > \pi_{3p}^{M*} \geq \pi_m^{M*}$，其中，$r_1^* = \dfrac{2C_L - \beta\Delta_1}{2C_L}$，$r_2^* = \dfrac{8C_L - 2\beta\Delta_1 - \beta(b-A)^2}{4C_L}$。（2）在零售商承担 CSR 的情形下，当 $0 \leq r < r_3^*$ 时，$\pi_m^{R*} > \pi_r^{R*} > \pi_{3p}^{R*}$；当 $r_3^* \leq r \leq 1$ 时，$\pi_m^{R*} > \pi_{3p}^{R*} \geq \pi_r^{R*}$，其中，$r_3^* = \dfrac{4C_L - (b-A)^2\beta}{4C_L}$。

命题 9-3 表明，在制造商承担 CSR 时，若制造商承担 CSR 的程度较低（$0 \leq r < r_1^*$），制造商利润大于零售商利润，第三方的利润最少。若制造商承担 CSR 的程度适中（$r_1^* \leq r < r_2^*$），零售商利润大于制造商利润，第三方的利润最少。若制造商承担 CSR 的程度较高（$r_2^* \leq r \leq 1$），零售商利润大于第三方利润，制造商的利润最少，即随着制造商承担 CSR 程度的增强，制造商更多的让利于零售商和第三方，最终导致其获利最少，且相对于第三方，零售商的获利能力更强。在零售商承担 CSR 时，若零售商承担 CSR 的程度较低（$0 \leq r < r_3^*$），制造商利润大于零售商利润，第三方的利润最少。若零售商承担 CSR 的程度较高（$r_3^* \leq r \leq 1$），制造商利润大于第三方利润，零售商的利润最少，即随着零售商承担 CSR 程度的增强，零售商更多的让利于制造商和第三方，且

无论零售商承担 CSR 的程度如何，相较于零售商和第三方，制造商的获利能力最强。

命题 9 - 3 揭示出，企业承担 CSR 的过程实际上就是让利于其利益相关者的过程，企业承担 CSR 的程度越大则自身纯利润牺牲越多，因此，在实际的生产和经营中，企业应该在承担 CSR 和自身的利益得失之间掌握好平衡，在保障自身利益的前提下追求社会福利最大化。

9.5　数值仿真

本节通过一个数值算例对书中主要结论进行分析和检验。假设书中的需求函数为 $D(p) = 510 - 5p$，其他相关参数分别为 $c_m = 100$，$c_r = 50$，$C_L = 800$，$b = 45$，$A = 20$。根据本书的相关研究结果，具体数值仿真结果如图 9 - 1 至图 9 - 6 所示。

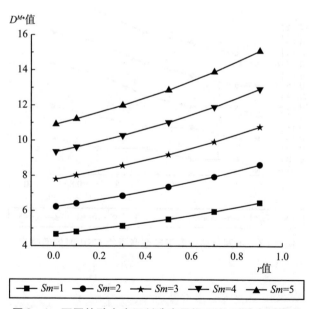

图 9 - 1　不同补贴力度下制造商承担 CSR 时的市场需求

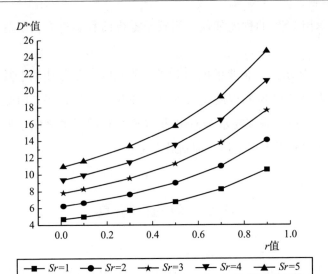

图 9 - 2   不同补贴力度下零售商承担 CSR 时的市场需求

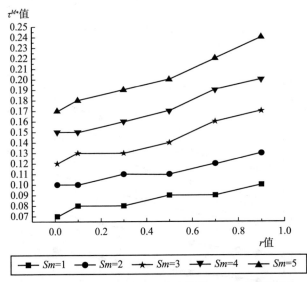

图 9 - 3   不同补贴力度下制造商承担 CSR 时的回收率

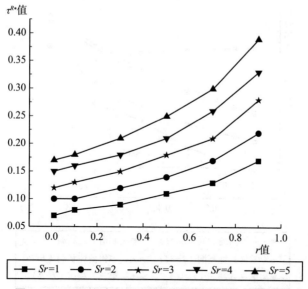

图 9 - 4　不同补贴力度下零售商承担 CSR 时的回收率

　　图 9 - 1 至图 9 - 4 表明，随着制造商或零售商承担 CSR 程度的增加，新产品批发价格和零售价格降低，使得废旧产品的市场需求及回收率增加；政府对制造商或零售商补贴力度的增加，也会使得废旧产品的市场需求及回收率增加。若政府对制造商和零售商采取相同的补贴力度，随着制造商或零售商承担 CSR 程度的增加，新产品零售价格在零售商承担 CSR 时的降低幅度更大，废旧产品回收率及市场需求在零售商承担 CSR 时的增加幅度更大，这也验证了性质 9 - 1 的相关结论。

　　基于命题 9 - 1 和命题 9 - 2 的相关结论，本书假设 $S_m = 4$，$S_r = 2$，以此来验证当政府对零售商和制造商的补贴差额一定时，考虑 CSR 行为闭环供应链成员企业及整体利润的变动规律。在上述相关参数设置的基础上，当 $S_r - S_m = -2$ 时，仅以 $r = 0.3$ 确定的临界值 $S_2^* = 1.18$ 进行验证。此时，满足 $S_r - S_m \leqslant S_2^*$。当零售商和制造商分别承担 CSR 时，零售商的利润分别为 $\pi_r^{R*} = 8.17$，$\pi_r^{M*} = 21.13$，即 $\pi_r^{R*} \leqslant \pi_r^{M*}$，这也验证了命题 9 - 1 及命题 9 - 2 的部分结论，由于政府对制造商和零售商不同补贴力度下，二者承担不同程度 CSR 时的临界值及各方利润均可以通过类似方法计算和验证，此处不再赘述。

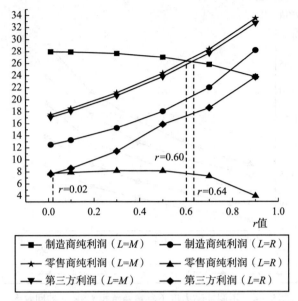

图 9-5　一定补贴力度下制造商和零售商分别承担 CSR 时的各方利润

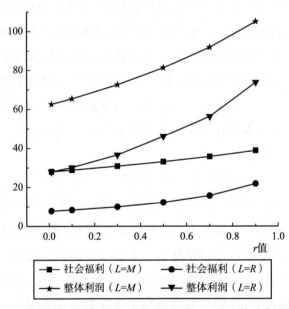

图 9-6　一定补贴力度下制造商和零售商分别承担 CSR 时的社会福利及整体利润

图 9-5 至图 9-6 表明，在政府一定补贴力度下，当制造商承担 CSR 时，若制造商承担 CSR 的程度较低（$0 \leqslant r < r_1^* = 0.60$），制造商利润大于零售商利

润，第三方的利润最少。若制造商承担 CSR 的程度适中（$0.60 = r_1^* \leqslant r < r_2^* = 0.64$），零售商利润大于制造商利润，第三方的利润最少。若制造商承担 CSR 的程度较高（$0.64 = r_2^* \leqslant r \leqslant 1$），零售商利润大于第三方利润，制造商的利润最少。在零售商承担 CSR 时，若零售商承担 CSR 的程度较低（$0 \leqslant r < r_3^* = 0.02$），制造商利润大于零售商利润，第三方的利润最少。若零售商承担 CSR 的程度较高（$0.02 = r_3^* \leqslant r \leqslant 1$），制造商利润大于第三方利润，零售商的利润最少。相较于零售商承担 CSR 时，制造商承担 CSR 时的社会福利及整体利润更大，这也验证了性质 9-2 和命题 9-3 等的相关结论。

9.6　结　束　语

本书针对由一个制造商、一个零售商以及一个第三方构成的闭环供应链，在制造商和零售商分别承担社会责任的情形下，分析政府补贴机制及二者的 CSR 行为对闭环供应定价决策的影响，得到以下主要结论。（1）在政府补贴机制下，无论制造商还是零售商承担 CSR，其承担 CSR 程度的增强，会导致新产品需求量增加、废旧产品回收率提高。（2）在政府补贴机制下，无论制造商还是零售商承担 CSR，承担 CSR 的一方通过牺牲部分纯利润的方式，实现了社会福利、其他成员企业及闭环供应链整体利润的增加。（3）不同 CSR 分担模式下，政府对制造商和零售商补贴差额的大小是决定新产品定价及废旧产品回收率的重要影响因素。（4）相较于不承担 CSR 且不获得政府补贴的情形，政府补贴机制不仅可以鼓励企业积极承担 CSR，也有利于改善闭环供应链成员企业及整体的绩效。（5）无论制造商或零售商承担 CSR，随着承担 CSR 程度的增强，承担 CSR 的一方会更多地让利于其利益相关者，且二者均在对方承担 CSR 时拥有更强的获利能力。

第10章　专利保护下考虑 CSR 投入的闭环供应链定价决策及协调

10.1　问题提出

随着工业4.0时代的到来，制造业正在经历一场翻天覆地的变革。2015年我国正式印发《中国制造2025》计划，明确提出要在2025年对制造业完成升级转型，破解环境和资源制约，推行绿色制造。国际上，施乐公司十年间回收再利用了60%以上的墨盒，使制造成本节约了45%~65%，减少了约30吨的垃圾填埋。与此同时，市场上还出现了专门从事第三方再制造的公司，如Lexmark公司、潍柴动力、中铁工程装备再制造公司。

目前已有大量文献对再制造闭环供应链进行了研究，研究主要集中在回收渠道选择（Savaskan et al.，2004；孙嘉轶等，2013；Liu et al.，2017）、定价决策（Wei et al.，2015）、政府奖惩机制（Chen et al.，2019）、协调机制（Choi et al.，2013；Zheng et al.，2017）等问题。在再制造运作过程中，制造商可以选择自行回收再制造（熊中楷，2013；Matsumoto，2011），由于再制造的高度不确定性，许多制造商将再制造活动外包给再制造商或零售商进行废旧品再制造（Zhang et al.，2016；Huang et al.，2019）。原制造商在委托给其他厂商进行再制造时，再制品占有一定的价格优势，这不可避免地给原制造商生产的新产品带来一定威胁，通常情况下，原制造商采取专利授权是最有效直接的办法。然而近年来专利侵权案和法律纠纷频发，不少学者开始研究闭环供应链中的专利保护等问题。奥拉伊奥普洛斯等（Oraiopoulos et al.，2012）研究了第三方企业在二手市场上进行 IT 产品再制造和交易时，原制造商向第三方企业收取专利授权费用的问题。唐飞等（2019）考虑了消费者对双渠道的不同偏好，研究了零售商实施再制造的双渠道闭环供应链定价决策和协调问题。高攀等（2017）针对市场上新产品、再制造产品以及二手产品存在异质需求，研究了无专利许可和专利许可两种情形下的闭环供应链定价策略。申成然等（2015）分别在制造商许可第三方再制造商、经销商从事再制造的情形下，研究了受专利保护的闭环供应链的最优决策。郑本荣等（2017）基于存在第三方再制造商的假设下，研究了原制造商双渠道销售下受专利保护的闭环供应链决策与协调问题。闻卉等（2017）进一步研究了零售商具有价格领导权结构下，考虑专利保护的闭环供应链定价策略问题。

　　上述研究考虑了再制造过程中的专利保护模式，但没有考虑再制造过程中的企业所承担的社会责任，现实中大量的电器电子企业并没有承担环境保护责任，不正规的回收再制造导致了严重的环境污染和安全隐患。对此，部分学者探讨了企业社会责任行为对再制造闭环供应链的影响。通过梳理可以发现，此方面研究主要分为两大类。一类研究将 CSR 视为外生变量。有学者将社会责任引入闭环供应链的定价决策中，并设计了利润共享契约（Panda et al.，2017）。姚锋敏等（2019）研究了主导制造商具有 CSR 行为意识时的回收渠道选择及定价决策问题。刘亮等（2018）研究了具有双边 CSR 行为意识的闭环供应链定价决策及协调问题。另一类研究将 CSR 视为内生变量。高举红等（2014）在制造商负责废旧产品回收研究时发现，废旧产品的回收率及供应链成员企业的利润均与社会责任效应因子正相关。莫汉莫达克等（2019）从社会捐助的角度，研究了三种回收渠道结构下考虑 CSR 投入的闭环供应链定价决策及协调问题。郑本荣等（2018）研究了不同 CSR 投入对闭环供应链定价与协调决策的影响。研究表明制造商与零售商同时进行 CSR 投入的情形下，市场需求量和产品回收量均高于两者分别投入的方式。然而目前鲜有研究探讨同时考虑专利保护及 CSR 投入的闭环供应链决策及协调等问题。

　　在上述研究基础上，本书基于专利保护模式下第三方再制造商负责废旧产品回收以及再制造的假设，探讨分散及集中模式下制造商和零售商的 CSR 投入对闭环供应链定价决策及回收再制造的影响，设计了"收益共享成本共担"契约，实现了闭环供应链的有效协调；最后，通过数值仿真验证了本书的主要研究结论。

10.2 问题描述及假设

10.2.1 问题描述及符号表示

本书假设闭环供应链由一个制造商、一个零售商及第三方再制造商（简称"第三方"）组成，三者属于完全信息下的 Stackelberg 博弈。制造商是 Stackelberg 博弈的领导者，在正向供应链中，制造商负责新产品的生产，零售商负责新产品和再制产品的销售，在逆向供应链中，第三方负责废旧产品的回收和再制造。[①]

假设制造商以单位成本 c_m 生产新产品并以批发价 w 销售给零售商，第三方以一定的回收价格 c_0 从消费者手中回收废旧产品，全部进行再制造并同样以 w 的批发价销售给零售商，零售商同时以零售价 p 销售制造商生产的新产品和第三方生产的再制造产品。在专利保护下，第三方需向制造商缴纳相应的专利许可费才能获得制造商的专利许可和技术支持，本书专利许可费采用单位专利许可费模式，即第三方每生产一单位再制造产品需缴纳的专利许可费为 f。再制造单位成本为 c_r，假设 $c_m < c_r$，$\Delta = c_m - c_r$，用 π_i 表示成员企业 i 的利润，其中 $i = \{m, r, t\}$ 分别表示制造商、零售商及第三方；π 表示闭环供应链系统的总利润，$\pi = \pi_m + \pi_r + \pi_i$。所述闭环供应链运作流程如图 10–1 所示。

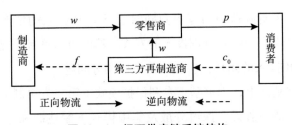

图 10–1 闭环供应链系统结构

---

① 2016 年的《中国废旧电器电子产品回收处理及综合利用行业白皮书》显示，第三方负责废旧品回收的处理量占全部回收量的 90% 以上。在实践中，专业的第三方具备完善的技术与回收服务体系，具有回收成本优势，因此，本书认为研究第三方回收的闭环供应链更具现实意义。

10.2.2　基本假设

假设 10 - 1：新产品和再制造产品无质量和功能差异。参照郑本荣等（2018），假设闭环供应链的需求函数如下：

$$D = a - bp + d(e_m + e_r) \qquad (10-1)$$

式（10-1）中，a 表示市场容量，$a > 0$，p 表示零售商的新产品零售价格，b 表示消费者对价格的敏感系数，d 表示消费者对制造商零售商 CSR 水平的敏感程度，$d > 0$，$b > 0$ 且 $a > bp$。

假设 10 - 2：借鉴申成然（2015）、巴卡尔等（Bakal et al.，2010）的研究，假设废旧产品的回收函数为：

$$G = k + \beta C_0 \qquad (10-2)$$

式中，k 为不向消费者支付任何费用时消费者自愿交给再制造商废旧产品的数量，β 为消费者对回收价格的敏感系数，$\beta > 0$。

假设 10 - 3：参考郑本荣等（2018）的研究，由于制造商与零售商同时 CSR 投入情形下，市场需求量和产品回收量均高于两者分别投入的方式，所以本书假设制造商和零售商同时投入 CSR。同时，参照潘达等（2016）的研究，由于第三方回收再制造的行为本身就是一种 CSR 行为，因此不考虑第三方的 CSR 投入问题。假设制造商和零售商 CSR 投入水平分别为 e_m 和 e_r，则对应的 CSR 投入成本为 $C(e_m) = \frac{1}{2}\lambda_m e_m^2$ 和 $C(e_r) = \frac{1}{2}\lambda_r e_r^2$，其中 λ_m，λ_r 是两者 CSR 投入成本的规模参数，分别代表了制造商和零售商的 CSR 投入效率。为了方便计算，在不影响主要结论的前提下，令 $\lambda_m = \lambda_r = \lambda$。

10.3　专利保护下考虑 CSR 投入的闭环供应链决策模型

10.3.1　集中式决策下的最优决策

在集中式决策下，制造商、零售商、第三方共同制定产品的零售价格 p、

回收价格 c_0 以及 CSR 投入水平 e_m、e_r，以闭环供应链整体的利润最大化为决策目标。此时闭环供应链系统整体的利润函数可以表示为：

$$\pi_c = (p - c_m)(a - bp + d(e_m + e_r)) + (\Delta - c_0)(k + \beta c_0) - \frac{1}{2}\lambda(e_m^2 + e_r^2)$$

$$(10-3)$$

定理 10-1 在考虑专利保护及 CSR 投入的闭环供应链中，当采用集中式决策时，新产品的零售价格为：$p^* = \dfrac{a\lambda + (b\lambda - 2d^2)c_m}{2(b\lambda - d^2)}$，制造商和零售商 CSR 投入均为：$e_m^* = e_r^* = \dfrac{d(a - bc_m)}{2(b\lambda - d^2)}$，第三方的回收价格为：$c_0^* = \dfrac{\beta\Delta - k}{2\beta}$，最优市场需求量和回收量分别为：$D^* = \dfrac{b\lambda(a - bc_m)}{2(b\lambda - d^2)}$、$G^* = \dfrac{\beta\Delta + k}{2}$，闭环供应链系统的总利润为：$\pi^* = \dfrac{\lambda(a - bc_m)^2}{4(b\lambda - d^2)} + \dfrac{(\beta\Delta + k)^2}{4\beta}$。

证明： 由于上述利润函数 π_c 的决策变量为：p，e_m，e_r，c_0，海塞矩阵 $H =$
$$\begin{pmatrix} -2b & d & d & 0 \\ d & -\lambda & 0 & 0 \\ d & 0 & -\lambda & 0 \\ 0 & 0 & 0 & -2\beta \end{pmatrix}$$，易得：$|H_1| < 0$，$|H_2| > 0$，$|H_3| < 0$，$|H_4| > 0$，
海塞矩阵负定，π_c 关于 p，e_m，e_r，c_0 为严格联合凹函数。根据一阶条件，可求得集中式决策下闭环供应链系统的最优零售价格、CSR 投入水平、以及回收价格分别为（将集中式决策下的各种均衡结果统一用加上标"$*$"的形式表示）：

$$p^* = \frac{a\lambda + (b\lambda - 2d^2)c_m}{2(b\lambda - d^2)} \tag{10-4}$$

$$e_m^* = e_r^* = \frac{d(a - bc_m)}{2(b\lambda - d^2)} \tag{10-5}$$

$$c_0^* = \frac{\beta\Delta - k}{2\beta} \tag{10-6}$$

将式（10-4）和式（10-5）代入式（10-1），将式（10-6）代入式（10-2），可求得集中式下市场需求量和回收量。最后，将上述均衡变量

代入式（10 - 3），即可求得闭环供应链系统的总利润，证毕。

10.3.2　分散式决策下的最优决策

在分散式决策下，博弈过程为：制造商首先决定新产品批发价格 w、CSR 投入水平 e_m 和专利授权许可费 f；接着零售商决定产品的零售价格 p 和 CSR 投入 e_r，第三方确定旧产品的回收价 c_0。

此时制造商、零售商及第三方再制造商的利润函数分别表示为：

$$\pi_m = (w - c_m)(a - bp + d(e_m + e_r) - k - \beta c_0) + f(k + \beta c_0) - \frac{1}{2}\lambda e_m^2$$

$$(10 - 7)$$

$$\pi_r = (p - w)(a - bp + d(e_m + e_r)) - \frac{1}{2}\lambda e_r^2 \qquad (10 - 8)$$

$$\pi_t = (w - c_m + \Delta - f - c_0)(k + \beta c_0) \qquad (10 - 9)$$

定理 10 - 2　在考虑专利保护及 CSR 投入的闭环供应链中，当采用分散式决策时，新产品的批发价格为：$w^{**} = \dfrac{a(2b\lambda - d^2) + 2bc_m(b\lambda - d^2)}{b(4b\lambda - 3d^2)}$；

制造商的专利保护费为：$f^{**} = \dfrac{(2b\lambda - d^2)(a - bc_m)}{b(4b\lambda - 3d^2)} + \dfrac{\beta\Delta + k}{2\beta}$；制造商和零售

商的 CSR 投入水平均为：$e_r^{**} = e_m^{**} = \dfrac{d(a - bc_m)}{4b\lambda - 3d^2}$；新产品零售价格为：$p^{**} = $

$\dfrac{a(3b\lambda - d^2) + bc_m(b\lambda - 2d^2)}{b(4b\lambda - 3d^2)}$；第三方的回收价格为：$c_0^{**} = \dfrac{\beta\Delta - 3k}{4\beta}$；最优市场

需求量及回收量分别为：$D^{**} = \dfrac{b\lambda(a - bc_m)}{4b\lambda - 3d^2}$、$G^{**} = \dfrac{\beta\Delta + k}{4}$；制造商的纯利润

为：$\pi_m^{**} = \dfrac{\lambda(a - bc_m)^2(4b\lambda - 3d^2)}{2(4b\lambda - 3d^2)^2} + \dfrac{(\beta\Delta + k)^2}{8\beta}$；零售商的纯利润为：$\pi_r^{**} = $

$\dfrac{\lambda(a - bc_m)^2(2b\lambda - d^2)}{2(4b\lambda - 3d^2)^2}$；第三方的纯利润为：$\pi_t^{**} = \dfrac{(\beta\Delta + k)^2}{16\beta}$；闭环供应链系

统整体的利润为：$\pi^{**} = \dfrac{16b\lambda(a - bc_m)^2(3b\lambda - 2d^2) + 3(\beta\Delta + k)^2(4b\lambda - 3d^2)^2}{16\beta(4b\lambda - 3d^2)^2}$。

证明：根据上述的博弈顺序，采用逆向递推法求解。容易证明第三方的利

润函数 $\pi_t(c_0)$ 关于 c_0 为严格凹函数，零售商的利润函数 $\pi_r(p, e_r)$ 关于 p，e_r 为严格凹函数，由一阶条件，可求得零售商及第三方关于制造商的最佳反馈函数为：

$$c_0 = \frac{\beta(w - c_m + \Delta - f) - k}{2\beta} \qquad (10-10)$$

$$e_r = \frac{d(a + de_m - bw)}{2b\lambda - d^2} \qquad (10-11)$$

$$p = w + \frac{\lambda e_r}{d} \qquad (10-12)$$

将上述最优反馈函数代入式（10-7），不难发现，$\pi_m(w, f, e_m)$ 关于 w，f，e_m 为严格凹函数。根据一阶条件，可求得三个变量的均衡结果。进一步，将上述三者分别代回式（10-10）、式（10-11）和式（10-12）中，可依次求得 c_0^{**}、e_r^{**}、p^{**}，根据式（10-1）和式（10-2），可以求得分散式下最优市场需求量 D^{**} 和回收量 G^{**}。最后，将上述均衡变量分别代入各成员企业的目标函数中，即可求得闭环供应链各成员及系统整体的最大利润，证毕。

10.4　均衡结果分析

性质 10-1　（1）$\dfrac{\partial w^{**}}{\partial d} > 0$，$\dfrac{\partial f^{**}}{\partial d} > 0$，$\dfrac{\partial e_m^{**}}{\partial d} > 0$；（2）$\dfrac{\partial p^{**}}{\partial d} > 0$，$\dfrac{\partial D^{**}}{\partial d} > 0$，$\dfrac{\partial e_r^{**}}{\partial d} > 0$；（3）$\dfrac{\partial \pi_m^{**}}{\partial d} > 0$，$\dfrac{\partial \pi_r^{**}}{\partial d} > 0$，$\dfrac{\partial \pi^{**}}{\partial d} > 0$；（4）$\dfrac{\partial c_0^{**}}{\partial d} = 0$，$\dfrac{\partial G^{**}}{\partial d} = 0$，$\dfrac{\partial \pi_t^{**}}{\partial d} = 0$。

证明：根据定理 10-2，易得：

$$\frac{\partial w^{**}}{\partial d} = \frac{4b^2 d\lambda(a - bc_m)}{(4b^2\lambda - 3bd^2)^2} > 0$$

$$\frac{\partial f^{**}}{\partial d} = \frac{4b^2 d\lambda(a - bc_m)}{(4b^2\lambda - 3bd^2)^2} > 0$$

$$\frac{\partial e_m^{**}}{\partial d} = \frac{\partial e_r^{**}}{\partial d} = \frac{(4b\lambda + 3d^2)(a - bc_m)}{(4b\lambda - 3d^2)^2} > 0$$

$$\frac{\partial p^{**}}{\partial d} = \frac{10b^2 d\lambda (a - bc_m)}{(4b^2\lambda - 3bd^2)^2} > 0$$

$$\frac{\partial D^{**}}{\partial d} = \frac{6bd\lambda (a - bc_m)}{(4b\lambda - 3d^2)^2} > 0$$

$$\frac{\partial \pi_m^{**}}{\partial d} = \frac{12d\lambda (a - bc_m)^2}{(8b\lambda - 6d^2)^2} > 0$$

$$\frac{\partial \pi_r^{**}}{\partial d} = \frac{d\lambda (a - bc_m)^2 (8b\lambda - 3d^2)}{(4b\lambda - 3d^2)^3} > 0$$

证毕。

性质 10 - 1 表明，在考虑专利保护及 CSR 投入的闭环供应链中，随着消费者对制造商及零售商 CSR 投入敏感程度的增加，新产品的批发价格、零售价格以及需求量、制造商与零售商的 CSR 投入水平，专利费用都会随之提高；同时，制造商、零售商及系统整体的利润也会随之增大。在逆向供应链中，第三方的回收价格、回收量及利润不受消费者对 CSR 投入敏感程度的影响。

事实上，当市场对企业 CSR 水平越来越敏感时，此时，制造商和零售商就会投入更多的时间、精力和资金用于从事 CSR 活动。随着企业 CSR 投入水平不断提高，较高的 CSR 投入成本促使制造商提高批发价格及专利保护费来获取回收再制造中的一部分利润，零售商也会通过提高零售价格的方式弥补自身在 CSR 投入方面的损失，然而零售价格的上涨并不会显著影响消费者的需求①消费者更愿意为积极承担 CSR 的企业买单。同时在逆向供应链中，制造商和零售商 CSR 投入行为并不能影响回收价格、回收量及第三方的利润，表明在此种情形下消费者更在乎的是制造商和零售商在正向供应链中的 CSR 投入行为。

此性质揭示出在制造商主导的闭环供应链中，制造商和零售商共同进行 CSR 的投入能够对正向供应链带来一定的正向影响，所以制造商作为主导者，可以积极地与零售商合作共同进行 CSR 的投入。现实中，京东在 2017 年携手品牌商苹果公司举办公益盛典，苹果公司对京东的采购给予部分让利，同时还给予消费者一定优惠（活动期间苹果公司爆品满 1000 减 100），而京东承诺每

---

① 郑本荣等（2018）的研究也表明 CSR 投入会导致新产品零售价格上升，但同时价格上升所导致的需求减少效应要小于 CSR 投入增加带来的需求增加效应。

销售一台苹果公司产品，直接捐出 5 元爱心款，苹果公司产品当天销售额达到日均销售额的 10 倍。[①] 京东与苹果公司以不同的方式进行 CSR 投入，不仅刺激了市场需求，还实现了供应链整体绩效的提高。

性质 10 − 2 （1）$\dfrac{\partial w^{**}}{\partial \lambda}<0$，$\dfrac{\partial f^{**}}{\partial \lambda}<0$，$\dfrac{\partial e_m^{**}}{\partial \lambda}<0$；（2）$\dfrac{\partial p^{**}}{\partial \lambda}<0$，$\dfrac{\partial D^{**}}{\partial \lambda}<0$，$\dfrac{\partial e_r^{**}}{\partial \lambda}<0$；（3）$\dfrac{\partial \pi_m^{**}}{\partial \lambda}<0$，$\dfrac{\partial \pi_r^{**}}{\partial \lambda}<0$，$\dfrac{\partial \pi^{**}}{\partial \lambda}<0$；（4）$\dfrac{\partial c_0^{**}}{\partial \lambda}=0$，$\dfrac{\partial G^{**}}{\partial \lambda}=0$，$\dfrac{\partial \pi_t^{**}}{\partial \lambda}=0$。

性质 10 − 2 表明，在考虑专利保护及 CSR 投入的闭环供应链中，随着制造商及零售商 CSR 投入成本的规模参数增加，制造商零售商的 CSR 投入水平、新产品的零售价格、市场需求、专利费用随之减少；制造商、零售商及系统总的利润也随之减少。回收价格、回收量及第三方的利润不受 CSR 投入规模参数的影响。

事实上，CSR 投入成本的规模参数越大，表明相同的 CSR 水平下所要投入的费用就越多，制造商和零售商的利润越小，作为 CSR 投入的主体会通过减少 CSR 费用投入的方式来降低成本，CSR 费用的减少会直接导致 CSR 水平的降低，不利于新产品的销售，导致市场需求量减少；此时，零售商会通过降低新产品零售价格的方式来增加市场需求，制造商同时会考虑其他成员的利润，也会降低一定的批发价格。与性质 10 − 1 相同，在逆向供应链中，随着制造商零售商 CSR 投入成本的规模参数增加，两者 CSR 投入行为并不能影响回收价格、回收量及第三方的利润，表明在此种情形下消费者更在乎的是制造商和零售商在正向供应链中的 CSR 投入行为。

性质 10 − 3 $\dfrac{\partial f^{**}}{\partial k}>0$，$\dfrac{\partial c_0^{**}}{\partial k}<0$，$\dfrac{\partial G^{**}}{\partial k}>0$，$\dfrac{\partial \pi_m^{**}}{\partial k}>0$，$\dfrac{\partial \pi_t^{**}}{\partial k}>0$，$\dfrac{\partial \pi^{**}}{\partial k}>0$。

性质 10 − 3 表明，随着消费者环保意识的增强，回收价格随之减少，回收数量及专利保护费用随之增加，制造商和第三方的利润及系统的利润随之增加。这主要是因为消费者环保意识越强，自愿返回的废旧产品数量就越多，在供求关系影响下，其回收价格自然就越低，制造商此时会提高专利保护费来获取再制造的一部分利润，此时制造商、第三方及系统利润一直在增加；消费者环

---

① 京东超级品牌日 Apple 产品盛典　爆品每满千减百 . 搜狐网，https：//www. sohu. com/a/136522106_310397。

保意识越强，越有利于闭环供应链系统进行废旧产品的回收再制造。第三方更应该发展再制造业务，同时，也更应该加强对消费者环保意识的宣传，提升消费者环保意识，进而促进再制造业务发展，提升整个闭环供应链系统的收益。

命题 10 - 1　在考虑专利保护及 CSR 投入的闭环供应链中，$p^* < p^{**}$，$c_0^* > c_0^{**}$，$D^* > D^{**}$，$G^* > G^{**}$；$e_m^* > e_m^{**}$；$e_r^* > e_r^{**}$；$\pi^* > \pi^{**}$。

证明：由定理 10 - 1 和定理 10 - 2，容易发现：

$$p^* - p^{**} = \frac{(bc_m - a)(b\lambda(2b\lambda - 5d^2) + 2d^4)}{2b(b\lambda - d^2)(4b\lambda - 3d^2)} < 0$$

$$c_0^* - c_0^{**} = \frac{\beta\Delta + k}{4\beta} > 0$$

$$D^* - D^{**} = \frac{b\lambda(a - bc_m)(2b\lambda - d^2)}{2(b\lambda - d^2)(4b\lambda - 3d^2)} > 0$$

$$G^* - G^{**} = \frac{\beta\Delta + k}{4} > 0$$

$$e_m^* - e_m^{**} = \frac{d(a - bc_m)(2b\lambda - d^2)}{2(b\lambda - d^2)(4b\lambda - 3d^2)} > 0$$

$$e_r^* - e_r^{**} = \frac{d(a - bc_m)(2b\lambda - d^2)}{2(b\lambda - d^2)(4b\lambda - 3d^2)} > 0$$

$$\pi^* - \pi^{**} = \frac{4\beta\lambda(a - bc_m)^2(2b\lambda - d^2)^2 + (\beta\Delta + k)(b\lambda - d^2)(4b\lambda - 3d^2)^2}{16\beta(4b\lambda - 3d^2)^2(b\lambda - d^2)} > 0$$

证毕。

命题 10 - 1 表明，从正向供应链角度，集中式决策能够有效降低新产品零售价、提高 CSR 投入水平；从逆向供应链角度，可以提高废旧品回收价格、增大回收量，从而显著提升社会绿色效应。较之分散式决策，集中式决策可以避免"双重边际"效应所导致的效率损失。

10.5　协 调 机 制

为了解决分散式决策造成的"双重边际"问题，本书在传统收益分享契约的基础上，设计了"收益共享成本共担"契约。实施办法如下：零售商自

已获得 $\phi_1 pD$ 的收益，分享 $(1-\phi_1)pD$ 收益给制造商，同时第三方承担 $\phi_2 C_o G$ 的成本，制造商承担 $(1-\phi_2)C_o G$ 的回收成本。其中，ϕ_1，$\phi_2 \in [0, 1]$，同时，为了完美实现闭环供应链的协调，需要令新产品销售价格、废旧产品回收价格、制造商和零售商的 CSR 投入水平均等于集中式决策下的相应结果。

在上述契约下，制造商、零售商和第三方的利润函数分别为：

$$\pi_m = (1-\phi_1)pD - (1-\phi_2)C_o G + (w-c_m)D + fG - \frac{1}{2}\lambda e_m^2 \quad (10-13)$$

$$\pi_r = \phi_1 pD - wD - \frac{1}{2}\lambda e_r^2 \quad (10-14)$$

$$\pi_t = (\Delta - f)G - \phi_2 C_o G \quad (10-15)$$

闭环供应链的总利润函数为：

$$\pi_c = (p-c_m)(a-bp+d(e_m+e_r)) + (\Delta-c_0)(k+\beta c_0) - \frac{1}{2}\lambda(e_m^2+e_r^2) \quad (10-16)$$

定理 10 - 3 在考虑专利保护及 CSR 投入的闭环供应链中，当制造商提供契约为 $(w^s, f^s) = (\phi_1 c_m, \Delta - \phi_2 \Delta)$ 时，闭环供应链可以实现协调。

证明：分别使式（10 - 14）、式（10 - 15）中 $\frac{\partial \pi_r}{\partial p} = 0$，$\frac{\partial \pi_t}{\partial c_0} = 0$，可以求得（将契约下的各种均衡结果用加上标"$s$"的形式表示）：

$$p^s = \frac{wb + (a+de_m+de_r)\phi_1}{2b\phi_1} \quad (10-17)$$

$$c_0^s = \frac{\beta(\Delta-f) - \phi_2 k}{2\beta\phi_2} \quad (10-18)$$

要使该契约下整个闭环供应链的利润能够达到集中式决策下的水平，必须满足 $p^s = p^*$，$c_0^s = c_0^*$，$e_m^s = e_m^*$，$e_r^s = e_r^*$。进一步，可得 $w^s = \phi_1 c_m$，$f^s = \Delta - \phi_2 \Delta$，将式（10 - 17）、式（10 - 18）代入式（10 - 13）至式（10 - 16），可得：

$$\pi_m^s = \frac{\lambda(a-bc_m)^2(2b\lambda(1-\phi_1)-d^2)}{8(b\lambda-d^2)^2} + (1-\phi_2)\frac{(\beta\Delta+k)^2}{4\beta} \quad (10-19)$$

$$\pi_r^s = \frac{\lambda(a-bc_m)^2(2b\lambda\phi_1-d^2)}{8(b\lambda-d^2)^2} \quad (10-20)$$

$$\pi_t^s = \frac{\phi_2(\beta\Delta+k)^2}{4\beta} \quad (10-21)$$

闭环供应链的总利润为：$\pi^s = \pi_r^s + \pi_t^s + \pi_m^s = \dfrac{\lambda(a - bc_m)^2}{4(b\lambda - d^2)} + \dfrac{(\beta\Delta + k)^2}{4\beta} = \pi^*$。

证毕。

定理 10 - 4　在考虑专利保护及 CSR 投入的闭环供应链中，在"收益共享成本共担"契约下，（1）$w^s < w^{**}$，$p^s = p^* < p^{**}$；（2）$f^s < f^{**}$，$c_0^s = c_0^* > c_0^{**}$；（3）$e_m^s = e_m^*$，$e_r^s = e_r^*$；（4）$\pi_r^S \geqslant \pi_r^{**}$，$\pi_t^S \geqslant \pi_t^{**}$，$\pi_m^S \geqslant \pi_m^{**}$，$\pi^S = \pi^* \geqslant \pi^{**}$。

证明：根据以上结果，可得：

$$w^{**} - w^s = \frac{a(2b\lambda - d^2) + c_m(2b^2\lambda(1 - 2\phi_1) + bd^2(3\phi_1 - 2))}{b(4b\lambda - 3d^2)} > 0$$

$$p^{**} - p^s = \frac{(a - bc_m)(b\lambda(2b\lambda - 5d^2) + 2d^4)}{2b(b\lambda - d^2)(4b\lambda - 3d^2)} > 0$$

限于篇幅，其他结论的证明过程省略，证毕。

定理 10 - 4 表明，较之分散式决策，在"收益共享成本共担"契约下，新产品的批发价和销售价格更低，制造商和零售商的 CSR 投入更高；专利许可费更低，废旧产品的回收价格更高；制造商、零售商、第三方及系统整体的利润更高，即实现了专利保护下闭环供应链的协调，使各方的利润均有所增加。

10.6　结　　论

本书针对由一个制造商、一个零售商和一个第三方再制造商组成的闭环供应链，研究了专利保护下考虑制造商和零售商 CSR 投入的闭环供应链定价决策及协调问题。得到以下主要结论。（1）制造商和零售商 CSR 的投入对正向供应链有一定的促进作用，逆向供应链不受 CSR 投入影响。（2）CSR 投入成本的规模参数的增加不利于提高新产品的需求量及废旧品回收量，也不利于闭环供应链成员及系统整体利润最大化。（3）较之分散式决策，集中式决策下的新产品零售价格更低、废旧产品回收价格和制造商和零售商的 CSR 投入水平更高。（4）"收益共享成本共担"契约不仅能完美实现闭环供应链的协调，还能使制造商和零售商提高 CSR 投入水平，消费者也从中获得更多利益，从而有利于闭环供应链系统的良好运作。

参 考 文 献

[1] 曹晓刚，黄美，闻卉. 考虑公平关切的闭环供应链差别定价决策及协调策略 [J]. 系统工程理论与实践，2019，39 (9)：2300 - 2314.

[2] 陈章跃，王勇，陈晓旭. 制造商双向公平关切下闭环供应链的竞争分析 [J]. 管理学报，2016，13 (5)：771 - 780.

[3] 程发新，袁猛，孙立成，等. 复合碳减排政策下闭环供应链网络均衡决策 [J]. 系统工程学报，2019，34 (4)：483 - 496.

[4] 丁雪峰，魏芳芳，但斌. 零售商公平关切下闭环供应链定价与协调机制 [J]. 计算机集成制造系统，2014，20 (6)：1471 - 1480.

[5] 丁志刚，陈涵，徐琪. 碳交易与碳税双重风险下供应链低碳技术采纳时机决策研究 [J]. 软科学，2020，34 (7)：101 - 107.

[6] 董淑兰，简欣媛. 民营企业社会责任与政府部门博弈研究 [J]. 商业会计，2018 (4)：89 - 90.

[7] 杜少甫，杜婵，梁樑，等. 考虑公平关切的供应链契约与协调 [J]. 管理科学学报，2010，13 (11)：41 - 48.

[8] 段华薇，严余松，张亚东. 考虑企业社会责任的物流服务供应链定价与协调 [J]. 控制与决策，2016，31 (12)：2287 - 2292.

[9] 樊文平，王旭坪，刘名武，许茂增. 不同减排合同下企业间纵向持股对供应链决策的影响 [J]. 管理工程学报，2021，35 (1)：189 - 200.

[10] 范建昌，倪得兵，唐小我. 企业社会责任与供应链产品质量选择及协调契约研究 [J]. 管理学报，2017，14 (9)：1374 - 1383.

[11] 付红，李良强. 考虑强势下游企业持股弱势上游企业的供应链决策与协调 [J]. 工业工程与管理，2020，25 (2)：172 - 178.

[12] 高举红，韩红帅，侯丽婷，等．考虑产品绿色度和销售努力的零售商主导型闭环供应链决策研究 [J]．管理评论，2015，27（4）：187－196．

[13] 高举红，韩红帅，侯丽婷，等．考虑社会责任的闭环供应链决策与协调 [J]．计算机集成制造系统，2014，20（6）：1453－1461．

[14] 高攀，丁雪峰．考虑二手产品专利保护的闭环供应链竞争策略 [J]．计算机集成制造系统，2017，23（9）：2028－2039．

[15] 国家发展改革委员会．关于推进再制造产业发展的意见 [Z]．2010．http：//www. gov. cn/zwgk/2010－05/31/content_1617310. html.

[16] 韩小花，吴海燕，张毕西，等．基于多种实际决策行为的闭环供应链定价模型 [J]．管理评论，2015，27（2）：187－196．

[17] 韩小花，周维浪，沈莹，后锐．"以旧换再"闭环供应链策略选择及其定价协调研究 [J]．管理评论，2018，30（1）：177－194．

[18] 黄松，杨超，刘慧．指数需求下考虑绝对公平关切的供应链定价模型 [J]．计算机集成制造系统，2013，4（19）：823－831．

[19] 金亮，郝冠淞．考虑社会责任的线上零售供应链定价与促销策略研究 [J]．软科学，2018，32（8）：106－111．

[20] 经有国，申诗谣，刘震．消费者公平关切下入侵制造商渠道策略研究 [J]．工业工程与管理，2020，25（5）：83－93，112．

[21] 蓝必祠．沃尔沃集团广西首个再制造项目落户东盟经开区 [EB/OL]．[2015－01－21]．http：//biz. xinmin. cn/2015/01/21/26573480. html.

[22] 李波，李宜楠，侯丽婷，等．具有公平关切的零售商对双渠道供应链决策影响分析 [J]．控制与决策，2015，30（5）：955－960．

[23] 李昌兵，杨宇，何亚辉．基于企业社会责任的闭环供应链超网络均衡模型 [J]．统计与决策，2017（5）：172－177．

[24] 李辉，汪传旭，徐朗，欧卫．闭环供应链碳减排和低碳宣传决策与协调 [J]．计算机集成制造系统，2018，24（5）：1279－1291．

[25] 李辉，汪传旭，徐朗．不同竞争结构下闭环供应链碳减排和低碳推广决策 [J]．控制理论与应用，2019，36（10）：1776－1790．

[26] 李金华．企业社会责任差异化对供应链竞争影响的博弈分析 [J]．系统科学学报，2017，25（2）：62－66．

[27] 李新然，李长浩. 消费者双重偏好下闭环供应链渠道差异研究 [J]. 系统工程理论与实践，2019，39（3）：695-704.

[28] 李新然，王奇琦. 政府补贴下考虑销售努力的闭环供应链研究 [J]. 科研管理，2017，38（8）：51-63.

[29] 李新然，王琪. 考虑零售商服务水平和公平关切的闭环供应链决策研究 [J]. 管理评论，2019，31（4）：228-239.

[30] 李余辉，倪得兵，唐小我. 基于企业社会责任的供应链企业质量信号传递博弈 [J]. 中国管理科学，2017，25（7）：38-47.

[31] 廖治通. 考虑消费者公平关切的制造商渠道选择策略 [J]. 工业工程与管理，2019，24（4）：72-80.

[32] 林杰，曹凯. 双渠道竞争环境下闭环供应链定价模型 [J]. 系统工程理论与实践，2014，34（6）：1416-1424.

[33] 刘静，聂佳佳，袁红平. 考虑消费者公平偏好的竞争供应链歧视定价研究 [J]. 中国管理科学，2022，30（5）：204-215.

[34] 刘静，聂佳佳，袁红平. 消费者公平偏好对制造商开通直销渠道的影响研究 [J]. 运筹与管理，2020，29（6）：220-227.

[35] 刘亮，李斧头. 零售商视角下的双边社会责任闭环供应链最优决策与协调研究 [J]. 工业工程与管理，2018，23（6）：173-181.

[36] 刘名武，樊文平，付红. 零售商持股制造商减排投资的运作与优化策略 [J]. 科技管理研究，2017，37（16）：260-266.

[37] 刘名武，樊文平，许以撒. 碳交易政策下零售商持股制造商减排投资决策 [J]. 工业工程与管理，2017，22（4）：40-48.

[38] 刘珊，姚锋敏，陈东彦，滕春贤. 不同权力结构下闭环供应链 CSR 分摊机制及定价策略 [J]. 控制与决策，2020，35（6）：1525-1536.

[39] 刘咏梅，李立，刘红莲. 行为供应链研究综述 [J]. 中南大学学报（社会科学版），2011，17（1）：80-88.

[40] 刘志，李帮义，龚本刚，等. 再制造商公平关切下闭环供应链生产设计决策与协调 [J]. 控制与决策，2016，31（9）：1615-1622.

[41] 刘志，李帮义，汪磊，等. 差异化竞争下考虑再制造专利许可的闭环供应链生产决策 [J]. 运筹与管理，2018，27（5）：66-74.

[42] 刘作义，查勇．行为运作管理：一个正在显现的研究领域 [J]．管理科学学报，2009，12 (4)：64 –74．

[43] 马利军．具有公平偏好成员的两阶段供应链分析 [J]．运筹与管理，2011，20 (2)：37 –43．

[44] 马晓平，刘志，李帮义，唐娟，郑小雪．不同担保模式下考虑零售商公平关切的闭环供应链博弈模型 [J]．控制与决策，2021，36 (6)：1489 – 1498．

[45] 倪得兵，李璇，唐小我．供应链中 CSR 运作：相互激励、CSR 配置与合作 [J]．中国管理科学，2015，23 (9)：97 –105．

[46] 聂佳佳，石纯来．零售商纵向持股对制造商直销渠道选择的影响 [J]．软科学，2016，30 (3)：130 –135．

[47] 彭昊，魏凤．制造业企业政府补助与企业社会责任相关性实证研究 [J]．财会通讯，2013 (36)：68 –70．

[48] 浦徐进，诸葛瑞杰．考虑供应商过度自信和公平关切的供应链双边努力行为研究 [J]．计算机集成制造系统，2014，20 (6)：1462 –1470．

[49] 人民网．企业应将履行社会责任提升到战略高度 [OL]．http：//theory. people. com. cn/GB/n1/2017/0724/c40531 –29423329. html，[2017 –7 –24]．

[50] 申成然，熊中楷，孟卫军．考虑专利保护的闭环供应链再制造模式 [J]．系统管理学报，2015，24 (1)：123 –129．

[51] 申成然，熊中楷，彭志强．专利保护与政府补贴下再制造闭环供应链的决策和协调 [J]．管理工程学报，2013，27 (3)：132 –138．

[52] 宋杰珍，黄有方，谷金蔚．具有社会责任意识的单生产商 – 两零售商供应链均衡决策研究 [J]．管理学报，2016，13 (10)：1571 –1578．

[53] 孙嘉轶，陈伟，杨双飞，王成东．考虑消费者偏好及公平关切的闭环供应链决策研究 [J/OL]．计算机集成制造系统：1 – 17 [2022 –08 –02]．http：//kns. cnki. net/kcms/detail/11. 5946. tp. 20210320. 1814. 002. html．

[54] 孙嘉轶，滕春贤，陈兆波．基于微分变分不等式的再制造闭环供应链网络动态模型 [J]．系统工程理论与实践，2015，35 (5)：1155 –1164．

[55] 孙嘉轶，滕春贤，陈兆波．基于再制造的多周期闭环供应链网络均衡模型 [J]．运筹与管理，2014，23 (4)：25 –32．

［56］孙嘉轶，滕春贤，陈兆波．基于回收价格与销售数量的再制造闭环供应链渠道选择模型［J］．系统工程理论与实践，2013，33（12）：3079－3086.

［57］孙嘉轶，滕春贤，姚锋敏．需求扰动下闭环供应链回收决策及协调策略［J］．系统工程学报，2017，32（5）：699－709.

［58］孙嘉轶，姚锋敏，滕春贤．竞争闭环供应链的均衡结构选择模型研究［J］．中国管理科学，2015，23（S1）：551－556.

［59］唐飞，许茂增．考虑专利保护和渠道偏好的再制造双渠道闭环供应链决策与协调［J］．运筹与管理，2019，28（6）：61－69.

［60］王竟竟，许民利．不同权力结构和联盟策略下风险规避型闭环供应链决策［J］．中国管理科学，2021，29（9）：12.

［61］王文宾，达庆利，聂锐．考虑渠道权力结构的闭环供应链定价与协调［J］．中国管理科学，2011，19（5）：29－36.

［62］王文宾，张梦，赵蕾，等．第三方回收商公平关切下闭环供应链决策模型［J］．系统工程学报，2019，34（3）：409－421.

［63］王文利，程天毓．碳交易背景下供应链运营决策的演化博弈分析［J］．系统工程理论与实践，2021，41（5）：1272－1281.

［64］王旭坪，樊文平，阮俊虎，等．考虑纵向持股的现代农业供应链运营决策与协调优化研究［J］．中国管理科学：1－12［2021－08－21］.

［65］闻卉，曹晓刚，陶建平，等．零售商价格领导权结构下考虑专利保护的闭环供应链定价策略［J］．运筹与管理，2017，26（8）：109－114.

［66］闻卉，郑本荣，曹晓刚，黎继子．不同渠道权力结构下的双渠道闭环供应链定价与协调决策［J］．运筹与管理，2020，29（6）：65－74.

［67］吴定玉．供应链企业社会责任管理研究［J］．中国软科学，2013（2）：55－63.

［68］夏良杰，孔清逸，李友东，徐春秋．考虑交叉持股的低碳供应链减排与定价决策研究［J］．中国管理科学，2021，29（4）：70－81.

［69］厦门市人民政府．柯达：一次性相机可回收20次［EB/OL］.（2005－10－15）. https：//schlr. cnki. net/Detail/index/SJWDLAST/SJWD00001190940.

［70］夏西强，李飚．政府碳税与补贴政策对外包再制造影响研究［J/

OL]. 中国管理科学：1 - 12 [2022 - 07 - 29].

[71] 刑伟，汪寿阳，赵秋红等. 考虑渠道公平的双渠道供应链均衡策略 [J]. 系统工程理论与实践，2011，7 (31)：1249 - 1256.

[72] 熊中楷，黎雪. 专利保护对考虑市场细分闭环供应链的影响 [J]. 工业工程，2013，16 (3)：1 - 7.

[73] 许民利，莫珍连，简惠云，等. 考虑低碳消费者行为和专利保护的再制造产品定价决策 [J]. 控制与决策，2016，31 (7)：88 - 97.

[74] 姚锋敏，陈兆波，李永华，等. 公平关切下零售商主导的供应链决策及协调模型 [J]. 运筹与管理，2016，25 (5)：115 - 122.

[75] 姚锋敏，刘珊，陈东彦，等. 具有企业社会责任的闭环供应链回收及定价决策 [J]. 控制与决策，2019，34 (9)：1981 - 1990.

[76] 姚锋敏，刘珊，孙嘉轶，等. 公平关切下具有广告效应的闭环供应链定价决策模型 [J]. 控制与决策，2018，33 (8)：1505 - 1513.

[77] 姚锋敏，滕春贤. 公平关切下的两零售商竞争闭环供应链决策模型 [J]. 计算机集成制造系统，2017，23 (8)：1731 - 1738.

[78] 姚锋敏，徐素波，滕春贤. 双回收渠道下零售商主导闭环供应链决策模型 [J]. 计算机集成制造系统，2016，22 (9)：2195 - 2203.

[79] 易余胤. 不同主导力量下的闭环供应链模型 [J]. 系统管理学报，2010，19 (4)：389 - 396.

[80] 张伸，孟庆春，安国政. 电商平台扣点率影响下的双渠道供应链协调定价研究 [J]. 中国管理科学，2019，27 (10)：44 - 55.

[81] 张克勇，吴燕，侯世旺. 零售商公平关切下闭环供应链定价策略研究 [J]. 山东大学学报（理学版），2013，5 (48)：83 - 91.

[82] 张克勇，吴燕，侯世旺. 具有公平关切零售商的闭环供应链差别定价策略研究 [J]. 中国管理科学，2014，22 (3)：51 - 58.

[83] 张楠，周宗放. 供应商持股制造商的供应链协调 [J]. 系统工程，2016，34 (4)：89 - 93.

[84] 张伸，孟庆春. 销售商持股制造商的闭环供应链价值创造研究 [J]. 软科学，2020，34 (4)：119 - 126.

[85] 张跃平，石肖然. 考虑损失规避与公平关切的供应链协调问题 [J].

南京工业大学学报（社科版），2011，4（10）：69－73.

[86] 郑本荣，杨超，杨珺. CSR 投入对闭环供应链定价与协调决策的影响 [J]. 中国管理科学，2018，26（10）：64－78.

[87] 郑本荣，杨超，杨珺. 专利保护下双渠道闭环供应链的定价与协调决策 [J]. 系统工程学报，2017，32（1）：105－115.

[88] 中华人民共和国国家发展和改革委员会. 我国再制造产业转入规范化、规模化发展新阶段 [EB/OL].（2020－08－13）. https：//www. ndrc. gov. cn/fggz/hjyzy/fzxhjj/202008/t20200813_1236076. html.

[89] 朱庆华，夏西强，李幻云. 政府补贴与专利费用下制造与再制造博弈模型. 系统工程学报，2017，32（1）：8－18.

[90] Alok R. Erratum to "Socially Responsible Governance Mechanisms for Manufacturing Firms in Apparel Supply Chains" [J]. International Journal of Production Economics, 2018, 196 (1), 135－149.

[91] Amaeshi K M, Osuji O K, Nnodim P. Corporate social responsibility in supply chains of global brands: A boundaryless responsibility? clarifications, exceptions and implications [J]. Journal of Business Ethics, 2008, 81 (1), 223－234.

[92] Ata A T, Nima A B, Seyed T A N. A closed-loop supply chain considering carbon reduction, quality improvement effort, and return policy under two remanufacturing scenarios [J]. Journal of Cleaner Production, 2019, 232: 1230－1250.

[93] Bakal I S, Akcali E. Effects of random yield in remanufacturing with price-sensitive supply and demand [J]. Production & Operations Management, 2010, 15 (3): 407－420.

[94] Bazan E, Jaber M Y, Zanoni S. Carbon emissions and energy effects on a two-level manufacturer-retailer closed-loop supply chain model with remanufacturing subject to different coordination mechanisms [J]. International Journal of Production Economics, 2016, 183: 394－408.

[95] Benjaafar S, Li Y Z, Daskin M. Carbon footprint and the management of supply chains: Insights from simple models [J]. IEEE Transactions on Automation Science and Engineering, 2013, 10 (1): 99－116.

[96] Bolton G E. A comparative model of bargaining: Theory and evidence [J]. American Economic Review, 1991, 81 (5): 1096 – 1136.

[97] Cao X G, Wang X J, Wen H. Managing new and remanufactured products with remanufacturing degree under patent protection [J]. Kybernetes, 2019, 49 (3): 707 – 731.

[98] Chang X Y, Xia H Y, Zhu H Y et al. Production decisions in a hybrid manufacturing-remanufacturing system with carbon cap and trade mechanism [J]. International Journal of Production Economics, 2015, 162: 160 – 173.

[99] Chen C K, Akmalul Ulya M. Analyses of the reward-penalty mechanism in green closed-loop supply chains with product remanufacturing [J]. International Journal of Production Economics, 2019, 210 (1): 211 – 223.

[100] Chen Y X, Cui T H. The benefit of uniform price for branded variants [J]. Marketing Science, 2013, 32 (1): 36 – 50.

[101] Chiang W Y K, Chhajed D, Hess J D. Direct marketing, indirect orofits: A Strategic analysis of dual-channel supply-chain design [J]. Management Science, 2003, 49 (1): 1 – 20.

[102] Choi T M, Li Y J, Xu L. Channel leadership, performance and coordination in closed loop supply chains [J]. International Journal of Production Economics, 2013, 146 (1): 371 – 380.

[103] Cui T H, Raju J S, Zhang Z J. Fairness and Channel Coordination [J]. Management Science, 2007, 53 (8): 1303 – 1314.

[104] Dong C W, Shen B, Chow P S et al. Sustainability investment under cap-and-trade regulation [J]. Annals of Operations Research, 2016, 240: 509 – 531.

[105] Dou G, Cao K. A joint analysis of environmental and economic performances of closed-loop supply chains under carbon tax regulation [J]. Computers & Industrial Engineering, 2020, 146: 1 – 13.

[106] Fehr E, Schmidt K M. A theory of fairness, competition and cooperation [J]. Quarterly Journal of Economics, 1999, 114 (3): 817 – 868.

[107] Fu H, Ma Y K, Cai X Q. Downstream firm's investment with equity holding in decentralized assembly systems [J]. Omega, 2018, 75: 1 – 30.

[108] Fu H, Ma Y. Optimization and coordination of decentralized supply chains with vertical cross-shareholding [J]. Computers & Industrial Engineering, 2019, 132: 23 – 35.

[109] Gao J H, Han H S, Hou L T et al. Pricing and effort decisions in a closed-loop supply chain under different channel power structures [J]. Journal of Cleaner Production, 2016, 112 (A): 2043 – 2057.

[110] Gilvan C S. Closed-loop supply chains: A critical review and future research [J]. Decision Science, 2013, 44 (1): 7 – 38.

[111] Govindan K, Soleimani H, Kannan D. Reverse logistics and closed-loop supply chain: A comprehensive review to explore the future [J]. European Journal of Operational Research, 2015, 240 (3): 603 – 626.

[112] Gu W J, Dilip C, Nicholas C P et al. Quality design and environmental implications of green consumerism in remanufacturing [J]. International Journal of Production Economics, 2015, 162 (4): 55 – 69.

[113] Guide V D R, Wassenhove L N V. The evolution of closed-loop supply chain research [J]. Operations Research, 2009, 57 (1): 10 – 18.

[114] Guo X M, Jiang B J. Signaling through price and quality to consumers with fairness concerns [J]. Marketing Research, 2016, 53 (5): 988 – 1000.

[115] He Q D, Wang N M, Yang Z et al. Competitive collection under channel inconvenience in closed-loop supply chain [J]. European Journal of Operational Research, 2019, 275 (1): 155 – 166.

[116] Heydari J, Govindan K, Jafari A. Reverse and closed loop supply chain coordination by considering government role [J]. Transportation Research Part D, 2017, 52: 379 – 398.

[117] Ho T H, Zhang J J. Designing pricing contracts for boundedly rational customers: Does the framing of the fixed fee matter? [J]. Management Science, 2008, 54 (4): 686 – 700.

[118] Hong I H, Yeh J S. Modeling closed-loop supply chains in the electronics industry: A retailer collection application [J]. Transportation Research Part E, 2012, 48 (4): 817 – 829.

[119] Hong X P, Govindan K, Xu L et al. Quantity and collection decisions in a closed-loop supply chain with technology licensing [J]. European Journal of Operational Research, 2017, 256 (3): 820 – 829.

[120] https: //wiki. mbalib. com/wiki/XEROX.

[121] Hu X, Yang Z J, Sun J et al. Carbon tax or cap-and-trade: Which is more viable for chinese remanufacturing industry? [J]. Journal of Cleaner Production, 2020, 243: 1 – 16.

[122] Hua Z S, Li S J. Impacts of demand uncertainty on retailer's dominance and manufacturer-retailer supply chain cooperation [J]. The International Journal Management Science, 2008, 36 (5): 697 – 714.

[123] Huang Y T, Wang Z J. Closed-loop supply chain models with product take-back and hybrid remanufacturing under technology licensing [J]. Journal of Cleaner Production, 2017, 142: 3917 – 3927.

[124] Huang Y T, Wang Z J. Pricing and production decisions in a closed-loop supply chain considering strategic consumers and technology licensing [J]. International Journal of Production Research, 2019, 57 (9): 2847 – 2866.

[125] Jena S K, Sarmah S P. Price competition and cooperation in a duopoly closed-loop supply chain [J]. International Journal of Production Economics, 2014, 156 (5): 346 – 360.

[126] Kahneman D, Knetsch J L, Thaler R. Fairness, competition on profit seeking: Entitlements in the market [J]. American Economics Review, 1986, 76 (4): 728 – 741.

[127] Kahneman D, Tversky A. Advances in prospect theory: Cumulative representation of uncertainty [J]. Journal of Risk and Uncertainty, 1992 (5): 297 – 324.

[128] Kahneman D, Tversky A. Prospect theory: An analysis of decision under risk [J]. Econometrica, 1979, 47 (2): 263 – 292.

[129] Kannan G, Hamed S, Devika K. Reverse logistics and closed-loop supply chain: A comprehensive review to explore the future [J]. European Journal of Operational Research, 2015, 240 (3): 603 – 626.

［130］Katok E, Pavlov V. Fairness in supply chain contracts: A laboratory study ［J］. Journal of Operations Management, 2013, 31 （3）: 129 - 137.

［131］Kumar N, Scheer L K, Steenkamp J E M. The effects of supplier fairness on vulnerable retailers ［J］. Marketing Research, 1995, 32 （3）: 54 - 65.

［132］Lau A H L, Lau H S, Wang J C. Pricing and volume discounting for a dominant retailer with uncertain manufacturing cost information ［J］. European Journal of Operational Research, 2007, 183 （2）: 848 - 870.

［133］Lee D. Who drives green innovation? A game theoretical analysis of a closed-loop supply chain under different power structures ［J］. International Journal of Environmental Research and Public Health, 2020, 17 （7）: 2274 - 2300.

［134］Li H, Wang C X, Shang M, Ou W et al. Cooperative decision in a closed-loop supply chain considering carbon emission reduction and low-carbon promotion ［J］. Environmental Progress & Sustainable Energy, 2019, 38 （1）: 143 - 153.

［135］Li J, Gong S. Coordination of closed-loop supply chain with dual-source supply and low-carbon concern ［J］. Complexity, 2020 （5）: 1 - 14.

［136］Li K, Jain S. Behavior-based pricing: an analysis of the impact of peer-induced fairness ［J］. Management Science, 2016, 62 （9）: 2705 - 2721.

［137］Li X, Shi D, Li Y J et al. Impact of carbon regulations on the supply chain with carbon reduction effort ［J］. IEEE Transactions on Systems Man and Cybernetics Systems, 2019, 49 （6）: 1218 - 1227.

［138］Liu L W, Wang Z J, Xu L et al. Collection effort and reverse channel choices in a closed-loop supply chain ［J］. Journal of Cleaner Production, 2017, 144 （1）: 492 - 500.

［139］Loch C H, Wu Y Z. Social preferences and supply chain performance: An experimental study ［J］. Management Science, 2008, 54 （11）: 1835 - 1849.

［140］Ma J H, Ai X Z, Yang W et al. Decentralization versus coordination in competing supply chains under retailers' extended warranties ［J］. Annals of Operations Research, 2019, 275 （2）: 485 - 510.

［141］Ma P, Li Kevin W, Wang Z J. Pricing decisions in closed-loop supply chains with marketing effort and fairness concerns [J]. International Journal of Production Research, 2017, 55 (22): 6710 - 6731.

[142] Maiti T, Giri B C. Two-way product recovery in a closed-loop supply chain with variable markup under price and quality dependent demand [J]. International Journal of Production Economics, 2017, 183 (1): 259 - 272.

[143] Mark E, Ferguson L, Beril T. The effect of competition on recovery strategies [J]. Production and Operations Management, 2006, 15 (3): 351 - 368.

[144] Mathies C, Gudergan S P. The role of fairness in modeling customer choice [J]. Australasian Marketing Journal, 2011, 19 (1): 22 - 29.

[145] Matsumoto M, Umeda Y. An analysis of remanufacturing practices in Japan [J]. Journal of Remanufacturing, 2011, 1 (1): 1 - 11.

[146] Modak N M, Panda S, Sana, S S et al. Corporate social responsibility, coordination and profit distribution in a dual-channel supply chain [J]. Pacific Science Review, 2014, 16 (4), 235 - 249.

[147] Modak N M, Kazemi N, Cárdenas-barrónc L E. Investigating structure of a two-echelon closed-loop supply chain using social work donation as a corporate social Responsibility practice [J]. International Journal of Production Research, 2019, 207 (1): 19 - 33.

[148] Mohajeri A, Fallah M. A carbon footprint-based closed-loop supply chain model under uncertainty with risk analysis: A case study [J]. Transportation Research Part D, 2016, 48: 425 - 450.

[149] Mohammadreza N, Seyyed-Mahdi H, Joshua I, Mark G, Mojtaba S N. Coordinating a socially responsible pharmaceutical supply Chain under Periodic Review Replenishment Policies [J]. Journal of Cleaner Production, 2018, 72 (1), 25 - 40.

[150] Mohammed F, Selim S Z, Hassan A et al. Multi-period planning of closed-loop supply chain with carbon policies under uncertainty [J]. Transportation Research Part D Transport & Environment, 2017, 51: 146 - 172.

[151] Ni D B, Li K W, Tang X W. Social responsibility allocation in two-echelon supply chains: Insights from wholesale price contracts [J]. European Jour-

nal of Operational Research, 2010, 207 (3): 1269 – 1279.

[152] Ni D B, Li K W. A Game-theoretic analysis of social responsibility conduct in two-echelon supply chains [J]. International Journal of Production Economics, 2012, 138 (2): 303 – 313.

[153] Oraiopoulos N, Ferguson M E, Toktay L B. Relicensing as a secondary market strategy [J]. Management Science, 2012, 58 (5): 1022 – 1037.

[154] Panda S, Modak N M, Cárdenas-Barrónc L E. Coordinating a socially responsible closed-loop supply chain with product recycling [J]. International Journal of Production Economics, 2017, 188 (1): 11 – 21.

[155] Panda S, Modak N M. Exploring the effects of social responsibility on coordination and profit division in a supply chain [J]. Journal of Cleaner Production, 2016, 139 (1), 25 – 40.

[156] Panda S. Coordination of a socially responsible supply chain using revenue sharing contract [J]. Transportation Research Part E-Logistics and Transportation Review, 2014, 67: 92 – 104.

[157] Pedram A, Pedram P, Yusoff N B et al. Development of closed-loop supply chain network in terms of corporate social responsibility [J]. Plos One, 2017, 12 (4): 1 – 20.

[158] Pino G, Amatulli C, DE Angelis M et al. The Influence of Corporate Social Responsibility on Consumers' Attitudes and Intentions Toward Genetically Modified Foods: Evidence from Italy [J]. Journal of Cleaner Production, 2016, 112 (1), 2861 – 2869.

[159] Rabin M. Incorporating fairness into game theory and economics [J]. American Economic Review, 1993, 83 (5): 1281 – 1302.

[160] Ruffle B J. More is better, but Fair is fair: Tipping in dictator and ultimatum games [J]. Games and Economics Behavior, 1998, 23: 247 – 265.

[161] Savaskan R C, Bhattacharya S, Wassenhove L K V. Closed-loop supply chain models with product remanufacturing [J]. Management Science, 2004, 50 (2): 239 – 252.

[162] Servaes H, Tamayo A. The Impact of Corporate Social Responsibility on

Firm Value: The Role of Customer Awareness [J]. Management Science, 2013, 59 (5), 1045 – 1061.

[163] Souza G C. Closed-Loop supply chains: a critical review, and future research [J]. Decision Sciences, 2013, 44 (1): 7 – 38.

[164] Taleizadeh A A, Alizadeh B N, Niaki S T A. A closed-loop supply chain considering carbon reduction, quality improvement effort, and return policy under two remanufacturing scenarios [J]. Journal of Cleaner Production, 2019, 232: 1230 – 1250.

[165] Taleizadeh A A, Zerang E S, Choi T M. The effect of marketing effort on dual-channel closed-loop supply chain systems [J]. IEEE Transactions on Systems, Man, and Cybernetics: Systems, 2018, 48 (2): 265 – 276.

[166] Taylor T A. Supply chain coordination under channel rebates with sales effort effects [J]. Management Science, 2002, 48 (8): 992 – 1007.

[167] Wan P, Ma L X, Liu J N. Analysis of carbon emission reduction and pricing for sustainable closed-loop supply chain considering the quality of recycled products [J]. Applied Ecology and Environmental Research, 2017, 17 (4): 9947 – 9963.

[168] Wang Q P, Zhao D Z, He L F. Contracting emission reduction for supply chains considering market low-carbon preference [J]. Journal of Cleaner Production, 2016, 120: 72 – 84.

[169] Wang Y, Hazen B T. Consumer product knowledge and intention to purchase remanufactured products [J]. International Journal of Production Economics, 2016 (18): 460 – 469.

[170] Wang Z, Wu Q. Carbon emission reduction and product collection decisions in the closed-loop supply chain with cap-and-trade regulation [J]. International Journal of Production Research, 2020 (1): 1 – 25.

[171] Wei J, Govindan K, Li Y J et al. Pricing and collecting decisions in a closed-loop supply chain with symmetric and asymmetric information [J]. Computers and Operations Research, 2015, 54 (1): 257 – 265.

[172] Wu Y, Li H, Gou Q et al. Supply chain models with corporate social

responsibility [J]. International Journal of Production Research, 2017, 55 (22):
6732 - 6759.

[173] Xiao T J, Qi X T. Price competition, cost and demand disruptions and
coordination of a supply chain with one manufacturer and two competing retailers [J].
Omega, 2008, 36 (5): 741 - 753.

[174] Xing E F, Shi C D, Zhang J X et al. Double third-party recycling
closed-loop supply chain decision under the perspective of carbon trading [J]. Jour-
nal of Cleaner Production, 2020, 259: 1 - 11.

[175] Xiong Y, Zhao Q W, Zhou Y. Manufacturer-remanufacturing vs suppli-
er-remanufacturing in a closed-loop supply chain [J]. International Journal of Pro-
duction Economics, 2016, 176 (1): 21 - 28.

[176] Xu H, Zhao J Y, Jun Sun et al. Carbon tax or cap-and-trade: Which
is more viable for Chinese remanufacturing industry? [J]. Journal of Cleaner Produc-
tion, 2020, 243: 1 - 16.

[177] Yang Y X, Xu X. A differential game model for closed-loop supply
chain participants under carbon emission permits [J]. Computers & Industrial Engi-
neering, 2019, 135: 1077 - 1090.

[178] Yenipazarli A. To collaborate or not to collaborate: Prompting upstream
eco-efficient innovation in a supply chain [J]. European Journal of Operational Re-
search, 2017, 260 (2): 571 - 587.

[179] Yi P X, Huang M, Guo L J et al. Dual recycling channel decision in
retailer oriented closed-loop supply chain for construction machinery remanufacturing
[J]. Journal of Cleaner Production, 2016, 137 (10): 1393 - 1405.

[180] Yi Z L, Wang Y L, Liu Y et al. The impact of consumer fairness see-
king on distribution channel selection: direct selling vs. agent selling [J]. Produc-
tion and Operations Management, 2018, 27 (6): 1148 - 1167.

[181] Yuan K F, Dong H. Pricing and decision of carbon emission reduction
for closed-loop supply chain considering carbon trading mechanism [J]. Ecological
Economy, 2019, 15 (1): 39 - 44.

[182] Zerang E S, Taleizadeh A A, Razmi J. Analytical comparisons in a

three-echelon closed-loop supply chain with price and marketing effort-dependent demand: game theory approaches [J]. Environment, Development and Sustainability, 2018, 20 (1): 451 -478.

[183] Zhang C T, Ren M L. Closed-loop supply chain coordination strategy for the remanufacture of patented products under competitive demand [J]. Applied Mathematical Modelling, 2016, 40 (13 -14): 6243 -6255.

[184] Zhang D Y, Zhang X M, Shi B et al. Collection and remanufacturing of waste products under patent protection and government regulation [J]. Sustainability, 2018, 10 (5): 1402 -1424.

[185] Zhang F, Hu K F. Benefit analysis on dual channel closed-loop supply chain with different power Structures [J]. Journal of Physics: Conference Series, 2019, 1168 (2): 1 -5.

[186] Zhang J X, Liu G W, Zhang Q et al. Coordinating a supply chain for deteriorating items with a revenue sharing and cooperative investment contract [J]. Omega: International Journal of Management Science, 2015, 56 (4): 37 -49.

[187] Zhang S, Meng Q C, An G Z. Coordinated pricing in the dual channel supply chain with the commission rate of the e-commerce platform [J]. Chinese Journal of Management Science, 2019, 27 (10): 44 -55. (in Chinese)

[188] Zhang S, Meng Q C. Electronics closed-loop supply chain value co-creation considering cross-shareholding [J]. Journal of Cleaner Production, 2021, 278: 1 -16.

[189] Zhao J J, Wang C X, Xu L. Decision for pricing, service, and recycling of closed-loop supply chains considering different remanufacturing roles and technology authorizations [J]. Computers & Industrial Engineering, 2019 (132): 59 -73.

[190] Zheng B R, Yang C, Yang J et al. Dual-channel closed loop supply chains: forward channel competition, power structures and coordination [J]. International Journal of Production Research, 2017, 55 (12): 3510 -3527.

[191] Zheng X X, Li D F, Liu Z et al. Coordinating a closed-loop supply chain with fairness concerns through variable-weighted shapley values [J]. Trans-

portation Research Part E-Logistics and Transportation Review，2019，126：227 – 253.

［192］ Zheng X X，Liu Z，Li K W et al. Cooperative game approaches to coordinating a three-echelon closed-loop supply chain with fairness concerns ［J］. International Journal of Production Economics，2019（212）：92 – 110.

［193］ Zhu X D，Wang Z，Wang Y et al. Incentive policy options for product remanufacturing：Subsidizing donations or resales？［J］. International Journal of Environmental Research & Public Health，2017，14（12）：1496 – 1512.

［194］ Zhu X D，Yu L F. Differential pricing decision and coordination of green electronic products from the perspective of service heterogeneity ［J］. Applied Sciences，2018，8（7）：1207 – 1226.

［195］ Zhuang P，Chen K B. Coordination mechanisms in a dominant-retailer supply chain with asymmetric information and disruption ［C］. 2nd International Conference on Information Science and Engineering（ICISE），2010：188 – 191.